지식인문학교양총서
(시민강좌1)

동아시아 전통 지식 이론의 발전과 그 근대적 굴절

이 저서는 2017년 대한민국 교육부와 한국연구재단의 지원을 받아 수행된
연구임 (NRF-2017S1A6A3A01079180)

〈집필진〉

김세종: 단국대학교 일본연구소 HK연구교수
윤지원: 단국대학교 일본연구소 HK연구교수
송종서: 경희대학교 후마니타스 칼리지 강사
이진용: 연세대학교 철학과 부교수
김원명: 한국외국어대학교 철학과 부교수
연재흠: 공군사관학교 교수
조원일: 전남대학교 철학과 교수
이행훈: 한림대학교 철학과 부교수
황종원: 단국대학교 철학과 부교수
조봉래: 인천대학교 철학과 교수,.

〈자료 번역〉

김경남: 단국대학교 일본연구소 HK연구교수
허재영: 단국대학교 교육대학원 교육학과 부교수(일본연구소장·HK+ 사업 연구책임자)

지식인문학교양총서(시민강좌1)

동아시아 전통 지식 이론의 발전과 그 근대적 굴절

© 단국대학교 일본연구소 HK+ 사업단, 2019

1판 1쇄 인쇄_2019년 06월 01일
1판 1쇄 발행_2019년 06월 05일

기 획_단국대학교 일본연구소 HK+ 사업단
지은이_황종원·김세종·윤지원·송종서·이진용·김원명·연재흠·조원일·이행훈·조봉래·김경남·허재영
펴낸이_양정섭

펴낸곳_도서출판 경진
     등록_제2010-000004호
     이메일_mykyungjin@daum.net
     사업장주소_서울특별시 금천구 시흥대로 57길(시흥동) 영광빌딩 203호
     전화_070-7550-7776 팩스_02-806-7282

값 21,000원
ISBN 978-89-5996-254-9 03000

지식인문학교양총서
(시민강좌1)

동아시아 전통 지식 이론의 발전과 그 근대적 굴절

단국대학교 일본연구소 HK+ 사업단 기획

황종원 외 지음

발간사

　본 총서는 한국연구재단의 2017년 HK+ 인문기초학문 분야 지원 사업에 선정된 단국대학교 일본연구소의 "지식 권력의 변천과 동아시아 인문학: 한·중·일 지식 체계와 유통의 컨디버전스" 사업 수행 결과물을 정리·보급하는 차원에서 기획된 총서의 하나이다. 본 사업은 15세기 이후 20세기 초까지 한·중·일 지식 체계의 형성·변화 및 지식 유통의 메커니즘을 규명함으로써 그와 관련된 지식 권력의 형성과 지형 변화 등을 연구하는 데 목표를 두고 있다.

　지식이란 사물이나 대상에 대한 인간의 명료한 의식 전반을 일컫는 용어로, 실증적 학문 이론뿐만 아니라 때로는 종교적이거나 형이상학적 인식을 지칭하는 용어이다. 동서양의 지식 관련 담론과 서적은 이루 헤아릴 수 없을 정도로 많고 다양하다. 지식의 탄생과 진화, 지식의 체계와 구조 등에 대한 연구 성과도 마찬가지이다. 이는 인간 사회와 역사에서 지식의 영향력이 그만큼 크다는 것을 의미한다. 곧 지식은 그 자체로서 이데올로기성을 띨 뿐만 아니라 권력과 밀접한 관련을 맺고 있다는 뜻이다.

　본 연구소의 HK플러스 사업팀이 15세기를 기점으로 동아시아 지식 지형과 권력의 상관성을 키워드로 하여 한국 지식사를 규명하고자 한 의도는 한국 학문 발전사뿐만 아니라 한·중·일의 지식 교류사, 지식의 영향력, 지식 사회의 미래 등을 집중적으로 연구할 수 있는 토대를 갖추고, 이를 기반으로 본 연구소를 세계적인 지식 담론의 생산처로 발돋움하게 하는 데 있다. 본 연구소에서 다루어야 할 지식 담론은 전근대의 한·중·일 지식 현상뿐만 아니라 본 대학의 위치한 경기 동남부를 중심으로 한 각 지역의 지역학, 이를 기반으로 한 국내 각 지방의 지역학 네트워크 구축, 인접 국가인 중국과 일본의 지역학 등을 포함한다.

본 연구소의 총서는 학술총서와 교양총서(자료총서 포함)로 구분되어 있다. 교양총서는 '시민강좌', '해외 석학 초청 특강', '학문 후속 세대를 위한 명사 초청 특강' 등의 사회적 소통 성과를 바탕으로 본 사업단의 아젠다 연구 성과를 보급·확산하는 데 목표를 두고 있다. 특히 이 총서는 본 사업단의 지역인문학센터인 '향기인문학(鄕氣人文學)센터'의 다양한 교육 프로그램과 연계하여 아젠다를 심화하는 데 중요한 역할을 한다.

이번에 발행하는 『동아시아 전통 지식 이론의 발전과 그 근대적 굴절』은 본 사업단의 일반(공동) 연구원인 철학과 황종원 교수가 기획하여, 강좌 형태로 개발한 성과물이다. 황 교수는 2017년부터 2018년까지 한국연구재단의 일반공동연구 '한국에 영향을 미친 중국 근대 지식과 사상'을 성공적으로 수행함으로써 그 결과를 본 사업단 발전의 초석으로 삼을 수 있는 데이터를 제공해 주었다.

이번 총서의 주요 콘텐츠 또한 공동연구의 성과물과도 밀접한 관련이 있다.

강좌는 '묵가와 순자의 지식에 대한 적극적 긍정'(김세종), '장자와 지식 권력'(윤지원), '무위적 지혜와 유위적 지식의 종합'(송종서) 등 동아시아 전통 지식 이론의 본질이 무엇인지를 밝히고자 하는 제1부, '위진현학의 지식과 지혜 이론'(이진용), '앎에 대한 불교 이야기'(김원명), '앎의 문제를 통해 본 주자의 불교 비판과 선진 유학 이론의 계승·발전'(연재흠), '양명학의 주자학적 지식론 비판 및 지행합일론'(조원일) 등의 불교 또는 유교 지식 이론의 상관 관계를 전달하고자 하는 제2부, '조선 실학자들의 지식 수용 및 주체적 변용'(이행훈), '동학의 서학 및 유학의 지식 체계 비판과 그 창조적 전환'(황종원), '중국의 마르크스주의의 인식－실천론 수용 및 그 중국적 변용'(조봉래) 등의 서구 근대 지식 이론과 전통 지식 이론의 길항 관계를 설명하고자 한 제3부로 구성되었다. 또한 서구적 근대 지식의 유입과 전통 지식의 충돌·융합 등을 보여주는 근대 한국의 대표적인 종교 지식 담론의 하나인 '동서양 각국 종교 원류'(『황성신문』 1902년 8월 11일~8월 23일자 9회 연재 논설)를 부록에 수록하기로 하였다.

지식인문학의 관점에서 지식 생산과 기반에 관한 체계적인 이론을 정립하는 일은 쉬운 일이 아니다. 인간의 다양한 의식이나 경험, 고대와 중세의 박물학적 지식을 비롯하여, 근대의 다양한 분과 학문의 전문화, 21세기 정보화 사회와 제4차 산업혁명으로 일컬어지는 인공지능, 빅데이터 등 끊임없는 전환 시대에 지식의 유형과 지식 생산의 기반을 설명하고자 하는 노력이 어느 하나의 이론으로 정립될 수 있을 것이라고는 생각하지 않는다. 그럼에도 지식 생산의 기반을 논의하고, 그에 대한 사적 고찰을 해야 하는 이유는 과거로부터 현재, 그리고 미래 시대에서 지식의 본질과 가치를 규명하기 위한 기본적인 작업이라고 믿기 때문이다. 본 총서는 연구계획서에 기반한 첫걸음에 해당하며, 이 걸음을 떼는 과정에서도 다소의 시행착오가 있었다. 이 시행착오는 아마도 2차 연도 이후의 총서 개발에서도 다시 반복될 소지가 있다.

그럼에도 사회적 소통 차원에서 시민 강좌를 계획하고, 지역 인문학 센터를 통해 연구 성과를 보급하며, 지역 사회의 지식 담론을 수용하여 아젠다 연구를 보완하는 일은 매우 중요한 일로 생각한다. 아무리 어렵고 힘든 일일지라도 첫 걸음을 떼는 일은 매우 중요하다. 지식인문학 교양강좌를 담당하고, 또 총서에 기꺼이 원고를 주신 여러 선생님과 책임 편집을 맡은 윤지원 연구교수께 감사드린다. 또한 이 책이 간행되기까지 많은 조언을 해 주신 공동연구원 교수님, 수고해 주신 사업단의 연구교수와 연구보조원, 그리고 경진출판 양정섭 사장님께 감사의 말씀을 드린다.

2019년 5월 10일
단국대학교 일본연구소장(HK+ 사업 연구책임자) 허재영

목차

제2부 불교적 지식 이론의 유입
및 유교적 지식 이론과의 충돌, 융합

제3부 서구적 근대 지식 이론의 유입 및 전통 지식 이론과의 충돌, 융합

[부록] 동서양東西洋 각국各國 종교 원류宗敎源流

제1부 동아시아 전통 지식 이론의 원형

묵자와 순자의 지식에 대한 적극적 긍정

김세종

1. 서론

지식이 개인적 영역을 넘어 사회적으로 공유되기 시작하면 그것은 이미 개인적 앎이 아니라 사회적 지식이 되고, 사회화된 지식은 이른바 사상으로 자리잡게 됩니다. 그리고 사상은, 그것에 몸담은 여러 사람들에 의해 구현됨과 동시에 반성적·자각적 체계를 갖추게 마련입니다. 여기에서 '반성적·자각적'이라는 말에 유의할 필요가 있는데, 이 말에서 사상에 대한 두 가지 특징이 포착됩니다.

먼저, 반성하고 자각한다는 말은 사상 자체가 스스로를 반성하고 자각한다는 것이 아닙니다. 지식과 사상을 반성하고 자각하는 것은 그것을 향유하는 한 사람 개인, 지식인입니다. 그런 점에서 사상은 사회적 개인에 의해 운용되고 전승되는 것이며, 따라서 사상의 역사적·사회적 존재 양태는 개인에 크게 의존해 있습니다. 사상은 그것을 향유하는—반성하고 자각하는—사람에 의해서만 존재할 수 있다는 당위가 이 말에 담겨 있습니다.

다른 한 가지 특징은, 하나의 사상은 필연적으로 독창성과 시대성을 함유한다는 것입니다. 독창성은 공시적(共時的) 맥락이고 시대성은 통시적(通時的) 맥락입니다. 사상은 개인적 앎이 사회에 공유되면서 반성적이고 자각적인 체계를 갖춘 구조물입니다. 따라서 사상은 어디까지나 개인의 앎을 기초로 하고 있는데, 개인적 앎은 삶의 현장에서 요청되고 파악되거나 깨닫게 된 내용의 결과물입니다. 그런 점에서 개인적 지식은 개인 삶의 과정을 반영하는 것이며, 이러한 맥락에서 사상은 사회화된 지식의 특징을 온전히 포함합니다. 그래서 사상은 시대적 특징을 반영하며, 그 특징적인 요소 때문에 독창성을 갖습니다. 그러나 시대의 변화는 당연히 새로운 요구를 낳고, 새로운 요구는 또 새로운 지식을 창출하는 기초가 됩니다. 결과적으로 사상이 역사적으로 존재한다는 것은 그것이 시대에 따라 무수한 변화를 수용하며 정체성을 형성해 왔다는 말이 되며, 따라서 하나의 사상이 역사에 존재한다는 것은 통시적 맥락의 시대성을 함유하게 됩니다.

이와 같이 반성과 자각이라는 말에 유의하고 보면, 사상은 그 안에 독창성과 시대성을 함유합니다. 그러나 이 맥락에서 하나의 사상이 쇠퇴하고 소멸하는 메커니즘 역시 추론됩니다. 사상이 독창성과 시대성을 반영하지 못할 때, 즉 개인의 요구와 사회적 요청에 부응하지 못하면 사상은 더 이상 존속할 수 없다는 것입니다.

사상과 사회의 관계, 사상과 개인의 관계에 대한 이러한 사유는 역사적으로 여러 지역에서 실현되어 왔지만, 동아시아 전통에서 사상의 형성과 발전, 쇠퇴와 소멸을 여실히 보여주는 시대가 바로 춘추전국시대입니다. 춘추전국시대는 잘 알려져 있다시피 공자가 저술했다고 알려진 『춘추』라는 역사서와 전한시대의 유향이 저술한 『전국책』의 기사 기록에 의존한 역사 구분입니다만 실질적으로 이러한 시대 구분은 나름의 의미를 갖기도 합니다. 춘추 시기의 대표적인 인물은 공자와 묵자입니다. 이들은 동아시아 초기에 형성된 지식 이론의 선구자들입니다. 공자와 묵자 이후 전국 시기의 지식은 우리에게 제자백가 혹은 백가쟁명으로 알려진 많은 사상들에 의해 형성됩니다. 노자와 장자의 도가를 비롯해서 맹자와 순자의 유가, 그 외에도 병가, 음양가, 명가, 농가, 법가 등이 이 시기에 형성된 지식 이론들입니다. 앞서 말했듯이 이러한 다양한 지식들은 당대 어느 만큼의 무리를 형성하면서 사상으로 자리잡았고, 그런 점에서 모두 독창적인 이론을 갖추고 시대의 문제의식을 반영하고 있습니다.

이러한 다양한 지식과 사상 중에서 이 글은 춘추시대의 마지막 주자인 묵자와 전국시대의 마지막 주자인 순자의 지식을 논의하려 합니다. 겸애라는 보편적 사랑을 주장한 묵자와 인간 본성을 불신하여 성악을 주장한 것으로 알려진 순자를 나란히 놓고 보니 공교로운 면도 보입니다. 보편적 사랑과 본성의 악함은 나란히 놓기에 그다지 좋은 조합이 아니어 보입니다. 그러나 양자가 추구하는 사

회가 모두 '사람이 평화롭고 행복하게 잘 사는 사회'라는 점에서
보면 이들의 차이는 방법론의 차이이지 목표의 차이가 아니라는
생각입니다. 그런 점에서 이 둘을 함께 서술하는 것도 의미가 있어
보입니다.

하나의 사상이 개인적 앎에 그치지 않고 사회적 맥락을 포함하
고 있다는 점에서 보면 하나의 사상에 대해 말하기 위해서는 당대
의 역사적·사회적 현실은 물론 그것이 걸쳐 있는 당대의 시대성
역시 고려되어야 합니다. 그러나 그것은 이 글에서 모두 다룰 수
없을뿐더러 이 책의 목적에도 벗어나고 또 필자의 역량을 넘어서
는 것이기도 합니다. 이 글은 지식 이론에 대한 묵자와 순자의 긍정
적 태도에 집중해서 이들의 독창적인 이론을 살피면서 그 이론의
역사성과 사회성, 그리고 철학적 의의 등을 서술하는 정도에 그치
게 될 것입니다.

2. 묵자와 『묵자』 소개

묵자(墨子, 기원전 480~420)는 본래의 성씨와 이름조차 확실하게
전해지지 않습니다. 흔히 묵적(墨翟)이라고 알려져서 성이 묵(墨),
이름이 적(翟)이라고 전해지지만, 일설에 적(翟)이 원래의 성씨이
고 묵(墨)은 형벌을 받았다는 의미라고 전해지기도 합니다. 흔히
교실에서 키 큰 친구를 그 친구 이름으로 부르지 않고 '키다리'라
고 부르는 것과 비슷한 경우입니다. 그러나 묵자 학파의 성격을

상기해 보면 이 일설이 가볍게 치부될 수만은 없습니다. 묵형(墨刑)은 얼굴에 먹물을 새기는 무거운 형벌로서 일종의 낙인입니다. 그런데 부끄러워야 할 이 형벌을 오히려 이름에 넣어 같이 부른다는 데에 주목할 필요가 있습니다. 만약 묵자가 묵형 받은 사실을 일부러 드러낸 것이라면 그것은 자신에게 형벌을 가한 정치권력에 대한 저항의식의 표명일 수 있습니다. 그리고 뒤에서 이야기하겠지만 묵자 학파가 춥고 굶주린 백성들을 대변하는 사상이라는 점에서 지배 권력에 대한 저항의식은 어쩌면 당연한 결과일 수 있습니다. 정리하면, 묵자는 주(周)나라에게 멸망한 은(殷)나라 유민들의 거주지인 송(宋)나라 출신이며 혈연적 위계를 중시한 주나라의 계급 사회를 반대하고 주나라보다 훨씬 이전에 존재했던 하(夏)나라의 공동체 사회를 지향한 것으로 알려져 있습니다. 또 평생을 백성들이 입던 검은 옷만 입었으며 전쟁을 적극 반대하고 사회의 평화와 백성들의 평등을 주장한 사상가로 평가됩니다. 어쨌건 묵자는 공자보다 조금 후대에 활동했으며 정확한 이름 대신 묵적이라는 명칭으로 알려져 있습니다. 그래서 그런지 사마천(司馬遷)도『사기』에서 묵자를 다음과 같이 간략하게 평가했을 뿐입니다.

묵적은 송나라 대부로서 성(城)을 방위하는 기술이 뛰어났으며 절용을 주장했다. 공자와 동시대 또는 후세의 사람이다.

현재의 우리가 묵자의 사상을 살펴볼 수 있는 거의 유일한 자료는『묵자』문헌입니다. 공자의『논어』가 그렇듯이 고대의 문헌이란 자신의 직접 저술이 아니라 후대의 제자들이 스승의 언행을 모아 편찬한 것입니다. 오래된 언행록인 셈인데, 『논어』 문헌에서는 공자를 만날 수 있는 것과 마찬가지로 『묵자』 문헌에서도 우리는 묵자를 만날 수 있습니다. 반고(班固)가 지은 『한서』 「예문지」의 기록에는 원래 71편이었다고 전해지지만 현재는 53편만 남아 있습니다. 『묵자』 문헌은 상당히 오랫동안 어둠 속에 방치되어 있었는데, 그 이유는 묵가 학파가 사회로부터 외면 받음과 동시에 역사에서 갑작스럽게 쇠퇴·소멸했기 때문에 문헌을 보존하고 전승할 수 있는 루트가 없었고, 또 오랫동안 도가의 경전인 『도장(道藏)』 속에 삽입되어 있어서 독립적인 학파로 인식되기 어려웠습니다. 그러다가 청나라 때에 이르러 필원(畢沅)에 의해 『묵자주(墨子注)』 16권이 출간되어 알려지기 시작했고, 1894년에 손이양(孫詒讓)이 『묵자한고(墨子閒詁)』 15권을 출간하면서 본격적인 연구가 가능해졌습니다. 이어 양계초, 호적 등이 묵자 연구에 참여하여 주석과 분류 작업을 시도한 결과 오늘날 우리가 보는 『묵자』 문헌으로 전승되기에 이르렀습니다.

3. 원문과 해설

3.1. 보편적 사랑: 겸애(兼愛)

지금 시대에 천하의 폐해 가운데 무엇이 가장 큰가? 대답은 이렇다.

"대국이 소국을 공격하고, 큰 종족이 작은 종족을 침범하고, 강자가 약자를 겁박하고, 다수가 소수를 폭압하고, 배운 자가 어리석은 자를 속이고, 높은 신분의 사람이 백성을 오만하게 대하는 게 그것이다. 이것이 천하의 폐해이다. 또한 군주가 되어 은혜롭지 않고, 신하가 되어 충성스럽지 않고, 부모가 되어 자애롭지 않고, 자녀가 되어 효성스럽지 않은 경우가 있다. 이 또한 천하의 폐해이다. 그밖에도 지금의 백성들처럼 날카로운 무기나 독약, 물, 불 등을 들고 서로를 해치는 경우가 있다. 이 또한 천하의 폐해이다."

잠시 시험삼아 이런 여러 폐해가 생겨나는 근원을 헤아려 보자. 과연 이런 폐해는 어디서 생겨나는 것일까? 남을 사랑하고 이롭게 하는데서 생겨나는 것일까? 반드시 '그렇지 않으며', 오히려 반드시 '남을 미워하고 해치는 데서 생겨난다.'고 말할 것이다. 천하에 남을 미워하고 해치는 자들을 분별해 그 특징을 찾아보기로 하자. 그들은 과연 남과 두루 어울리는가, 아니면 서로 차별을 하는가? 반드시 '차별을 한다.'고 말할 것이다. 그렇다면 차별을 하는 자들은 과연 천하의 큰 폐해를 빚어내는 자들일 것이다. 차별은 그릇된 짓이다.

묵자가 말했다. "남을 그르다고 하는 자는 반드시 대안을 제시할 수 있어야 한다. 남을 그르다고 하면서 대안을 제시하지 못하면 비유컨대 마치 물로 홍수를 막고, 불로 화재를 막고자 하는 것과 같다."

그런 이론은 반드시 받아들여지지 않을 것이다. 묵자는 이같이 말했다. "두루 아우르는 것으로 차별하는 것을 대신하라!"

묵자사상을 대표하는 「겸애」편의 한 구절입니다. 묵자에 대해 이야기하려면 먼저 묵자가 살던 당대의 상황을 알아야 합니다. 주나라는 비교적 평화롭게 왕조가 유지되던 서주(西周) 시기와 혼란한 상황이 잦았던 동주(東周) 시기로 구분되는데 공자와 묵자 등이 활동했던 춘추시대는 동주 시기에 해당합니다. 특히 서주와 동주 교체기에는 사회가 혼란한 틈에 주나라 왕실에 소속되어 있던 많은 지식인들이 주변의 제후국으로 이동했고, 그 결과 주 왕실은 지식과 정보의 독점력이 약화된 상황이었습니다. 당시의 지식과 정보는 주로 역법(曆法)이나 천문학 등과 관계되어 기후에 대한 지식이 중요한 부분을 차지하고 있었고, 그것은 농업 생산량에 직결되는 것이어서 지식의 독점이 권력 유지의 중요한 수단이었던 사회였습니다. 따라서 지식인들이 제후국으로 하이(下移)했다는 것은 왕실 지배력의 약화를 의미하는 것이면서 동시에 지식인을 확보한 제후국에게는 나라를 부강하게 할 수 있는 기회가 됩니다. 또 이때에는 의례와 권위의 상징으로 사용되던 청동기와는 별개로 철을 생산할 수 있는 야금기술이 발달하게 됩니다. 철기는 청동기에 비해 제작이 용이하고 청동기에 비해 단단해서 빠르게 청동기를 대체하기 시작합니다. 철기의 실질적 용도는 무기와 기구인데 철기를 보유한 제후국들은 그렇지 못한 나라에 비해 전쟁에서 우위를 점할 수 있었고, 또 농업 분야에서도 생산량의 비약적인 증대를 이루게 됩니다. 생산량의 증대는 잉여생산물의 유통을 가져왔고 상업을 발달시켜 도시의 상업화가 진전되고, 이러한 현상은 인구의 유입에도 영향을 미쳐 결과적으로 춘추시대는 기존의 혈연 중심의 귀족적 신분 질서에 균열이 발생합니다. 즉 신분에 따른 계급이 아니라 경제력과 전쟁 수행 능력에 따라 권력 구도가 재편

되기 시작하는 시점이 바로 공자와 묵자가 살던 춘추시대입니다.

이러한 상황이었기 때문에 사회는 혼란한 요소가 많았고, 실제의 경제력과 전쟁능력에 의해 크고 작은 분쟁이 많이 일어나기 시작하던 사회였습니다. 위의 인용문은 이러한 당대 상황에 대한 묵자의 염려가 드러납니다. 묵자에게 있어 사회와 세상의 가장 큰 문제는 언제든 전쟁이 일어날 수 있다는 것입니다. 그리고 그것은 대등한 양측의 대립이 아니라 강하고 크고 높은 지위의 한 쪽에 의해 약하고 작고 낮은 지위의 다른 쪽이 핍박받고 있다는 사실이었습니다. 그리고 묵자가 판단하기에 이러한 문제 상황을 야기한 근본적인 원인은 바로 나와 남을 구별하여 내 친족을 먼저 챙기는 태도, 즉 별애(別愛)에 있다고 생각하고 이를 해결하기 위해 제시한 것이 바로 나와 남을 구별하지 않는 보편적 사랑, 즉 겸애(兼愛)입니다.

사실 묵자가 별애를 비판하는 데에는 단순히 보편적 사랑과 차별적 사랑이라는 표면적 대비에만 그치지 않습니다. 별애는 당대의 유가를 대표하는 표어입니다. 혈연 중심의 종법제 사회 체제에 기반을 두고 있던 유가 입장에서 혈연적 위계 질서는 그대로 사회적 신분이 되었고, 따라서 혈연적 유대감과 질서는 사회 유지의 근간이었습니다. 따라서 별애가 말하는 차별적 사랑은 나의 친족만 챙긴다는 이기적인 태도가 아니라 남에 비해 나의 친족에게 더 마음이 쓰인다는 말인데, 묵자는 이러한 사유가 바로 당대 사회에 발생하는 억압과 환란의 기초라고 주장하면서 은연 중에 유가의 사회 정책을 비판하고 있는 것입니다. 차별적 태도가 지속되는 한 사회의 문제는 해소될 수 없다는 말의 속뜻은, 유가사상은 혼란을 일으키고 가중시킬 뿐이라는 비판입니다. 이것이 묵자의 겸애입니다.

더구나 묵자가 말하는 겸애는 사랑하고 아낀다는 인간의 본연적 감정이 본격적으로 철학사에 등장하는 시점이기도 합니다. 중요한 것은 사랑이라는 감정의 문제를 인간 개인의 영역에서 다루지 않고 사회적으로 공론화하여 제도화하려 하고 있다는 것입니다.

> 남을 사랑하는 자는 반드시 남도 그를 사랑하고, 남을 이롭게 하는 자는 반드시 남도 그를 이롭게 한다. 남을 미워하는 자는 반드시 남도 그를 미워하고, 남을 해치는 자는 반드시 남도 그를 해친다. 두루 서로 사랑하며 이롭게 하는 일에 무슨 어려움이 있겠는가? 단지 군주가 이를 정치에 도입하지 않고, 선비가 이를 실행하지 않고 있을 뿐이다.

묵자의 겸애 이론은 사회적 여건과 인간 이해의 경향 때문에 제도화되기 어려운 면이 많았지만 이러한 태도만은 이후의 유가와 철학사에 영향을 미쳐 마음과 감정에 대한 이해가 사회 안정과 정치 제도에 중요한 요소라는 점을 인식하고 탐구하기 시작한 계기가 됩니다. 어찌되었건 묵자는 현대적 의미의 종교인이 아니었음에도 종교에서나 할 법한 '서로 사랑하라'를 주장했고, 그것을 개인적 맥락을 넘어 사회 제도화까지 꾀하고 있다는 데에 특징이 있다 하겠습니다.

3.2. 전쟁 반대: 비공(非攻)

지금 어떤 사람이 남의 과수원에 들어가 그곳의 복숭아나 자두를 훔치면 이 얘기를 들은 사람들 모두 이를 비난할 것이고, 위정자 또한 그를 잡아 처벌할 것이다. 이는 무슨 까닭인가? 남을 해치면서 자신을 이롭게 했기 때문이다. 남의 개나 닭, 돼지를 훔친 자는 그 불의(不義)가 남의 과수원에 들어가 복숭아나 자두를 훔친 것보다 더 심하다. 이는 무슨 까닭인가? 남을 해롭게 한 게 더 많기 때문이다. 남을 해롭게 한 게 많을수록 불인(不仁)도 더 심해지고 그 죄 또한 더욱 많아진다. 적군으로 나온 무고한 사람을 죽여 갑옷을 벗기고 갖고 있던 무기까지 빼앗으면 그 불의가 남의 마구간에 들어가 말이나 소를 훔친 것보다 훨씬 심하다. 이는 무슨 까닭인가? 남을 해롭게 한 게 더 많기 때문이다. 남을 해롭게 한 게 많을수록 그 불인도 더 심해지고, 그 죄 또한 더욱 많아진다. 이 경우 천하의 군자들 모두 이를 알면 크게 비난하며 '불의'라고 말한다. 지금 남의 나라를 공격하는 불의를 저지르면서 비난을 할 줄도 모르고, 오히려 칭송하며 '의'라고 말한다. 이를 두고 어찌 '의'와 '불의'를 분별할 줄 안다고 말할 수 있겠는가?

전국시대에 활약한 많은 학파들은 여러 기준에 의해 구분될 수 있는데, 전쟁에 대한 입장만을 놓고 보면 주전파와 반전파로 나뉩니다. 법가와 병가는 전쟁의 긍정적인 면모를 인정합니다. 심지어 유가도 의로운 동기에서 시작되는 전쟁을 긍정합니다. 반면 무위를 주장한 도가는 당연히 전쟁을 반대했습니다. 이러한 반전파의 시초에 해당하는 인물이 묵자입니다. 인용문에서 보다시피 묵자는 전쟁을 '무조건' 반대합니다. 무조건이라는 말은 조건부조차 허용하지 않는다는 말입니다. 유가가 표방하는 의로운 전쟁이나 병가와 법가가 추구하는 전쟁의 효과 등은 일절 고려되지 않습니다. 묵자 입장에서 전쟁은 어떠한 수식어를 붙여도 나쁜 것입니다. 왜냐하면 전쟁이 가져오는 여러 효과와 이익의 수혜자는 오로지 소수의 지배층일 뿐, 기층 백성들의 입장에서 전쟁은 추위와 배고픔과 고생과 이별의 현장이자 죽음으로 귀결되는 사건일 뿐이기 때문입니다.

전쟁을 반대하는 묵자의 이러한 태도에서 묵자사상이 누구를 대변하고 있는가를 생각하게 됩니다. 묵자의 전쟁 반대는 그것이 가져올 손해 때문입니다. 여기에서 손해는 경제적·물질적 손해만이 아니라 백성들의 무수한 생명과 노동력의 손실까지를 의미합니다. 전쟁에서 승리하건 패배하건 백성들에게는 아무런 이득도 없이 오로지 손해뿐입니다. 그런 점에서 묵자는 철저하게 당대 사회의 기저를 이루는 백성들의 입장을 대변합니다. 춘추전국시대의 여러 사상 중에서 묵자만큼 이토록 철저하게 백성들의 입장만을 대변하는 철학은 거의 없습니다. 유가의 민본과 도가의 자연주의가 일견 백성들의 삶을 중시하는 듯 하지만 기실 그 사상의 실질적 전승자는 백성이 아닙니다. 게다가 묵자는 의(義)와 불의(不義)를 가르는 기준도 백성들의 이익을 기준으로 판단합니다. 유가가 표방하는 의로움은 소수 지배층의 추상적인 것일 뿐, 묵자에게 중요한 것은 삶의 현장 실질에 관한 것입니다. 그래서 모든 전쟁은 불의한 것일 뿐, 의로운 전쟁이란 없습니다. 의로운 것은 평화입니다.

평화는 백성들이 안정적으로 노동해서 이로움을 늘릴 수 있기 때문입니다. 지배층의 입장은 하등의 관련이 없습니다.

전쟁과 이로움을 밀접하게 연관시키는 묵자의 이러한 반전 평화론은 현대의 경제질서를 상기시킵니다. 다른 많은 학자들도 지적하고 있듯이 우리 시대의 자본주의 시스템은 오로지 확장을 통해서만 유지됩니다. 달리 말해서 현상 유지란 재화 유통의 현상태 유지를 통해서가 아니라 끊임없는 시장 확대와 자본 축적에 의해서만 가능하다는 말입니다. 제국주의 식민지 시대에 자본주의가 건강할 수 있었던 것은 시장의 엄청난 확대와 자본의 과도한 축적이 있었기에 가능한 것이었습니다. 그러나 현대 사회에서 시장의 물리적 확대는 불가능한 것이 되었기에 각국은 시장을 공유하는 무역협정(FTA)이라는 장치를 만들어 시장 확대를 꾀하는가 하면, 지구 밖 탐사를 통해 자원 확보와 자본 축적의 가능성을 만들려 노력하고 있습니다. 그뿐만 아니라 전쟁은 자본주의가 활기를 가질 수 있는 최대의 기회이기도 합니다. 전쟁으로 인한 무수한 재화 소비와 폐허가 된 전쟁 지역의 재건 작업은 그대로 시장의 확대이면서 자본 유통의 기회가 됩니다. 잘 살자고 만들어낸 자본주의가 파괴와 폐허의 전쟁 덕을 보며 생명력을 이어간다는 아이러니는 이미 반세기 전부터 학자들에 의해 우려되어 왔던 것이기도 합니다. 그런 점에서 모든 전쟁은 막대한 손실일 뿐이며, 그래서 불의한 것일 뿐이라는 묵자의 반전론은 수천 년의 시간을 격하고서도 오늘날의 우리 이야기를 하는 듯 생생하게만 들립니다. 게다가 묵자의 반전 주장은 전쟁의 실질적 폐해를 고발하는 것이기도 합니다.

지금 만승(萬乘)의 병거를 보유한 대국의 경우 텅 비어 있는 성읍의 수가 천 단위에 이르러 일일이 쳐들어가 점거할 수 없을 정도이다. 광활한 땅 또한 만 단위에 이르러 일일이 개간할 수 없을 정도이다. 땅은 남아돌고, 백성은 부족한 것이다. 지금 무수한 전사자를 내며 텅 비어 있는 성을 다툼으로써 위정자와 백성 모두에게 재앙을 만드는 것은 부족한 것을 방치하고, 오히려 남아도는 것을 중히 여기는 짓이다. 이는 나라의 급한 일이 아니다.

묵자의 반전론은 철저하게 보병전의 산물입니다. 주나라 초기, 즉 서주 시기에는 전쟁에도 일정한 예법과 규율이 있어서, 명분을 내세워 상대의 불의함을 밝히거나 외교만으로도 승부를 가릴 수 있었습니다. 또 전쟁의 주체가 귀족이고 실제의 전쟁 양상도 전차전이었기 때문에 많은 백성이 동원되기는 해도 실제 싸우다 죽는 경우가 전국시대에 비해 많지 않았습니다. 그러나 동주 시기부터 전쟁은 보병전 양상으로 바뀌어 백성들은 한 번 동원되면 장기간 복무해야 했고, 실제 전쟁에서 죽는 사람도 늘어나는 한편 농사지을 인력이 부족해서 흉년이 이어졌습니다. 따라서 전쟁은 국가적으로 사활을 걸고 치러야 하는 극단적인 수단이었지만 전쟁을 피할 수만도 없는 상황이 많았기 때문에 백성들은 늘 전쟁의 위협 속에 살고 있었습니다.

위의 인용문은 잦은 전쟁이 가져온 실질적 결과를 여실히 고발합니다. 땅을 차지하기 위한 전쟁이 잦아지자 땅은 남아돌고 백성은 사라집니다. 애초에 넓은 땅을 차지하려던 욕심은 많은 백성을 거느려 부강한 나라가 되고자 하는 것이었으나 전쟁은 그 반대의 결과를 낳습니다. 묵자의 반전론은 이와 같이 매우 현실적인 것이었습니다.

그럼에도 불구하고 모든 나라가 전쟁의 필수불가결을 고집하고 있는 당대의 상황에서 묵자의 반전론은 많은 반대에 직면합니다. 당장 이웃 나라가 자기 나라를 침범하는 상황에서 전쟁을 회피할 방법은 그리 많지 않습니다. 그래서 묵자는 성을 수비하는 여러 계책들을 갖춥니다. 실제로 묵자를 따랐던 많은 무리들은 모두 수성(守城) 전문가들이어서 당대에 침략 전쟁이 일어나면 이들은 침략받은 국가로 몰려가 같이 성을 지킨 것으로 유명하고, 이러한 실제 행동 덕분에 묵가 학파는 여러 지역의 백성들에게 환영을 받은 것도 사실입니다. "가장 큰 학파는 유가와 묵가이다[一世之顯學 儒墨也]"라는 한비자의 전언이나 "공자와 묵자의 제자들이 천하에 가득하다[孔墨之弟子徒屬 滿天下]"라는 『여씨춘추』의 기록은 묵자에 대한 당시 백성들의 호응을 사실적으로 보여주는 것입니다.

3.3. 절약: 절용(節用), 절장(節葬), 비악(非樂)

부를 배로 늘이는 것은 영토를 빼앗아 늘리는 게 아니다. 국가의 형편에 따라 쓸데없는 비용을 없애는 식으로 늘린다. 성왕은 정치를 펴면서 정령을 발해 사업을 일으키고, 백성을 동원해 재화를 사용할 때 하나같이 실용을 감안하지 않은 채 사업을 벌인 적이 없다. 재화의 사용에 낭비가 없고, 백성이 고생스럽게 수고하지 않고, 이익을 만들어내는 게 매우 많았던 이유이다.

묵자의 반전론은 전쟁이 가져오는 막대한 손실에 대한 경고였
다면 절용은 낭비를 줄이고 필요한 곳에 재화를 사용해서 이익을
도모하자는 것입니다. 즉 반전론은 나라 밖의 낭비를 줄이는 것이
라면 절용은 나라 안의 낭비를 줄이자는 것입니다. 어느 것이나
모두 손실을 최소화하고 이익은 최대화하여 백성들의 삶을 안정
되게 유지하자는 취지에는 변함이 없습니다. 몇 구절을 더 보겠습
니다.

　　본래 의식(衣食)은 살아가는데 반드시 필요한 것이지만 절도가 있어야
　한다. 장례 역시 사자에 대한 예우로 필요한 것이지만 어찌 절도가 없을
　수 있겠는가? 묵자는 장례의 법도를 만들면서 이같이 말했다.
　　"관은 세 치 두께로 해 시신의 뼈가 쉽게 썩도록 하면 족하고, 수의는
　세 벌로 해 시신의 살이 쉽게 썩도록 하면 족하다. 무덤의 깊이는 아래로
　시신이 지하수에 젖지 않고, 위로 시신 썩는 냄새가 안 날 정도면 된다.
　봉분의 높이는 위치를 알아볼 수 있는 정도에 그친다. 곡을 하며 장례를
　치른 뒤 집으로 돌아가서는 먹고 입는 재화를 생산하는데 힘쓰면서 제수(祭
　需)를 마련하는데 소홀하지 않고, 부모에게 효성을 다해야 한다."
　　'묵자의 법도는 생사를 불문하고 이로움을 잃지 않고 있다.'고 말하는
　것은 바로 이 때문이다.

절장(節葬), 즉 간소한 장례는 지금 우리의 정서로서는 그다지

공감되지 않을 수 있습니다. 현재 우리나라의 장례문화를 돌아보면 이는 문화라고 부르기도 민망할 정도로 간소하고 형식화되어 있습니다. 종교에 따라 장례 절차에는 차이가 있지만 그 기간은 3일에서 5일을 넘지 않고 망자를 수습하는 여러 절차도 실은 장례식 혹은 상조회에 의해 매뉴얼대로 진행됩니다. 장례식에서 망자의 가족들이 할 역할은 그다지 없습니다. 가족들만 그런 것이 아니라 조문객 역시 그다지 할 일이 없습니다. 망자는 다른 곳에 모신 채 꽃으로 장식한 사진을 앞에 두고 절하고 위로하는 게 전부입니다.

그러나 묵자 시대를 상기할 것 없이, 조선시대만 하더라도 장례는 오랜 기간 여러 절차에 의해 진행됩니다. 게다가 그 절차상의 엄밀함도 무시할 수 없는 것이어서 조선시대의 이름난 정쟁은 많은 경우에 왕실의 장례 절차와 관련을 맺고 있을 정도입니다.

조선 시대의 장례문화가 이처럼 엄격해진 것은 유가사상의 영향 때문입니다. 흔히 알려져 있듯이 관혼상제로 대표되는 인간의 사회적 의례는 유가의 산물입니다. 유가는 묵자 당시에도 이미 이러한 의례 전문가였습니다. 특히 장례의 경우 공자 이전부터 복잡한 절차가 전승되어 왔지만 유가 집단은 이러한 의례를 자기들의 역할로 포섭하여 예(禮)라는 이름하에 형식적인 절차를 세우고 사회적으로 제도화해 놓았습니다. 이러한 장례문화가 높은 신분의 지배층을 위한 것임은 당연했고, 백성들의 입장을 대변하는 묵자의 입장이 장례 절차의 간소화로 귀결되는 것도 당연한 것일 수밖에 없습니다. 묵자가 보기에 당시의 장례 문화가 끼치는 폐단은 너무도 많은 재화와 인력이 투입된다는 것입니다. 이에 대한 묵자의 태도는 간결합니다. 번잡한 장례 절차[厚葬久喪]를 고수하는 사회는 첫째, 부자가 될 수 없고, 둘째, 백성을 늘릴 수 없으며, 셋째, 형정을 다스릴 수 없고, 넷째, 대국의 소국 침공을 막을 수 없다는 것입니다. 결과적으로 이로운 게 하나도 없으니 번잡한 장례는 사회와 백성에게 손해만을 끼칠 뿐 이익을 주지 못합니다.

따라서 묵자의 절장 주장은 역시 유가를 의식한 결과입니다. 묵자 이후 활동한 맹자는 유가의 장례 절차가 허례허식이 아니라 망자를 애도하는 인간의 기본적 심성을 문화적으로 제도화해 놓은 것이라는 본질론을 주장합니다. 그러나 묵자는 망자에 대한 애도가 물질적 낭비를 수반해야 하는가라는 근본적인 물음을 제기합니다. 묵자에게는 망자보다 현재 백성들의 삶이 중요합니다. 과거보다는 현실이 중요하며 원론적인 이론도 백성들의 삶보다 중요할 수는 없다는 것입니다. 문화가 고귀한 것이라는 것을 모르지 않지만 그것이 백성들의 삶을 희생시키는 수단이 될 수는 없다는 것입니다. 이러한 태도는 음악에 대한 입장에도 고스란히 나타납니다.

백성에게는 세 가지 우환이 있다. 첫째, 굶주리는 자가 먹을 것을 얻지 못하는 것이다. 둘째, 헐벗은 자가 옷을 구하지 못하는 것이다. 셋째, 수고로운 자가 쉬지 못하는 것이다. 이들 세 가지가 바로 백성들의 큰 우환이다. 만일 위정자가 큰 종을 두드리며, 북을 치고, 거문고를 연주하며, 생황 등을 불고, 문무(文舞)와 무무(武舞)를 추는데 열중하면 백성들이 먹고 마시는 재화는 어디서 얻을 수 있겠는가? 반드시 그리할 수 없을 것으로 생각한다.

백성의 입장을 대변하는 묵자의 현실 인식은 매우 적나라합니다. 백성들의 세 가지 우환은 실은 백성에게 가장 절실한 것입니다. 백성들이 굶주리고 추위에 떨며 쉴 새 없이 노동하고 있는 상황에서 정치를 담당하는 지배층이 악기와 춤 등의 공연을 즐기고 있다면 이는 보편적 사랑[兼愛]이 아닐뿐더러 서로를 이롭게 할 수[交利]도 없습니다. 음악의 아름다움과 맛있는 음식의 행복, 안락한 거처의 편안함 등을 묵자 역시 인정합니다. 그것은 사람이라면 누구나 추구하는 것입니다. 그러나 문제는 그것을 향유하기 위해 백성들을 희생시키는 사회 구조에 문제를 제기합니다. 묵자의 비악 주장은 음악과 문화에 대한 부정이 아닌 것입니다. 그런 점에서 "묵자는 실용에 눈이 가려 문화를 모른다[墨子蔽於用而不知文]."는 순자의 평가는 묵자를 오해한 면이 없지 않아 보입니다. 묵자가 실용을 중시한 것은 사실이지만 실용은 사람을, 사람의 안락하고 평화로운 삶을 중심에 두는 사유이며, 문화는 인간의 산물이지 문화를 위해 인간이 수단화되는 것을 묵자는 반대하고 있는 것입니다. 이러한 점에서 묵자야말로 오로지 사람을 중심에 두고 사상이 구성되어 있음을 확인하게 됩니다.

3.4. 주체의식: 비명(非命)

어떤 자가 묵자에게 물었다.
"운명론의 시비를 분명히 따지고자 하면 과연 어찌해야 합니까?"
묵자가 대답했다.

"반드시 기준을 세워야 한다. 말을 하면서 기준이 없으면 마치 도자기를 빚을 때 돌리는 녹로 위에서 동서의 방향을 정하는 것처럼 어려운 일이다. 이같이 해서는 시비와 이해를 제대로 가릴 길이 없다. 반드시 세 가지 기준인 삼표(三表)가 있어야 한다고 말하는 이유다."

"무엇이 삼표입니까?"

"근본을 뜻하는 본표(本表), 탐구를 뜻하는 원표(原表), 활용을 뜻하는 용표(用表)가 그것이다."

"무엇이 본표입니까?"

"위로 옛날 성왕의 사적을 거슬러 올라가는 일이다."

"무엇이 원표입니까?"

"아래로 성왕의 사적을 토대로 백성의 일상적인 삶을 살펴보는 일이다."

"무엇이 용표입니까?"

"형정을 공평히 시행하며 나라와 백성의 이익을 상세히 살피는 일이다. 이것이 이른바 '삼표'이다."

주나라의 신분제도는 혈연관계를 중심으로 사회적 지위가 계승되던 사회였습니다. 이른바 종법제도라는 것인데, 간단히 말해서 아버지의 사회적 지위가 아들에게 그대로 승계되는 것입니다. 아버지가 왕이면 아들도 왕이 되는 사회입니다. 이러한 사회는 일견 안정적일 것 같지만 신분 변동이 애초에 불가능한 사회는 어떠한 생동력도 기대하기 어렵습니다. 뛰어난 인물이 있어도 신분이 낮으면 사회에 기여할 수 있는 방법이 제한적이기 때문입니다. 그래서 개인의 노력은 별다른 의미를 갖지 못하고 따라서 학문과 지식이 발달하기 어렵습니다.

명(命)은 뜻밖에도 이러한 입장을 옹호하는 경향이 수반됩니다. 흔히 운명, 숙명이라고도 부르는데 태어날 때에 거의 모든 것이 정해져 있다는 사유입니다. 특히 사회적 신분이 태어나면서 이미 정해져 있다는 것은 주나라의 신분제도를 유지하는 강력한 틀이었습니다. 그러나 춘추시대에 접어들어 묵자 시대에 이르면 앞서 말했듯이 철기의 발명과 농업기술의 발달로 인해 새로운 권력이 형성되고 전통적인 체제가 흔들리기 시작합니다. 기층 백성들의 입장을 대변하는 묵자의 입장에서 운명론은 부당한 것일 수밖에 없습니다. 보편적 사랑, 겸애라는 것은 사실 모든 사람은 평등하다는 입장을 전제합니다. 왕의 자녀로 태어났건 농민의 자녀로 태어났건 서로 아끼고 이익을 나누어야 한다는 사실에는 변함이 없습니다. 따라서 묵자에게 있어 중요한 것은 '어떻게 태어났는가'가 아니라 '얼마나 노력했는가'입니다. 즉 운명론에 의구심을 품기 시작한 당대의 사회 분위기 속에서 묵자는 한 사람 개인의 주체성에 주목하고 운명론을 배격하기 시작합니다.

인용문은 운명론의 대안을 설명하려 합니다. 운명론을 부정하고 나면 사람의 주체성과 사회의 판단 기준이 요구됩니다. 묵자의 사상에서 개인의 주체성은 판단의 주체가 개인과 사회가 된다는 말이고, 그러한 판단의 기준으로 삼표, 즉 본, 원, 용을 제시합니다. 달리 말하면 역사와 현실, 그리고 이익 증대의 실제적 효용입니다. 판단의 기준을 명확히 하려는 이유는 역시 사회 안정을 추구하기 위해서이고, 사회의 안정은 백성들의 삶이 기준입니다. 판단의 기준이 없는 사회는 회전하는 물레 위에서 동서남북 방향을 정하려는 것처럼 위태롭다는 것이 묵자의 입장입니다. 묵자사상이 무수한 백성들을 대변한다는 취지 하에 일관되게 구성되어 있다는 것을 확인하게 됩니다.

사실 주체성은 개인의 역량이 중시되는 사유이고 묵자는 관계와 집단을 중시한다는 점에서 일견 모순적인 태도라고 여겨지기도 합니다. 그러나 개인의 주체성이 상정되지 않는 집단은 관계의 본질을 상실합니다. 집단은 주체적 개인의 집합이고, 그것은 집단 구성원을 동등하게 생각하는 데에 기반을 둡니다. 따라서 태어나면서 사회적 신분이 결정되는 구조에서는 구성원의 수직적 관계만 가능할 뿐이고 거기에서 만민 평등의 보편적 사랑을 이야기할 수는 없습니다. 오히려 운명론은 유가의 것이기도 합니다. 공자와 묵자의 활동 시기가 크게 격해 있지 않음에도 불구하고 혈연 중심의 신분제도는 수직적 구조를 가질 수밖에 없고 그런 점에서 공자는 어느 정도 운명론을 인정하는 듯한 태도를 보이기도 합니다[君君臣臣父父子子]. 이러한 신분제도는 역시 백성들의 희생을 전제하는 지배층의 입장을 대변할 뿐입니다. 보편적 사랑과 그로 인해 얻게 되는 상호간의 이익은 수직적 구조가 아니라 수평적 구조에서만 가능하고, 그것이야말로 사회 구성원의 상생을 도모할 수 있는 유일한 길입니다. 그리고 그것을 가능하게 하는 근본적인 전제가 개인의 주체성에 대한 긍정입니다. 묵자의 비명론은 역시 유가의 입장을 비판하는 것이면서 동시에 당시의 사회구조에 대한 엄밀한 반성이기도 합니다. 묵자의 이러한 태도는 상당한 설득력을 갖고 있고 또 이후의 사회가 개인의 주체성을 긍정하는 방향으로 나아가기 때문에 묵자의 비명론은 이후 맹자와 순자에게 크게 영향을 주게 됩니다.

4. 묵가 학파의 쇠퇴

묵자의 겸애와 비공을 중심으로 묵자의 사상을 살펴보았습니다. 그러나 『묵자』 문헌에는 묵자의 사상을 대표하는 편들이 더 있습니다. 「상현」, 「상동」, 「천지」, 「명귀」, 「비유」 등이 그것입니다. 지면 관계상 자세히 다루지 못했지만 그것 역시 백성들을 대변하고 사람을 중시하며 동등하고 수평적 관계를 추구하는 묵자의 사상이 녹아 있습니다. 마지막으로는 묵자사상과 유가사상의 차이를 확인할 수 있는 일화 두 가지를 읽겠습니다.

묵가의 지도자인 복돈이 진나라에 머물 때 그의 아들이 사람을 죽였다. 진 혜왕이 말했다. "선생은 나이도 많고 다른 아들을 두지도 않으셨으니 과인이 이미 형리에게 처벌하지 말도록 지시해 두었습니다. 선생께선 이와 같은 제 뜻을 따르십시오."
복돈이 대답했다. "묵가의 법에, 남을 죽인 자는 사형에 처하고, 남을 해친 자는 형벌을 내립니다. 이것은 남을 죽이거나 해치는 것을 금하기 위한 것입니다. 남을 죽이거나 해치는 것을 금지하는 것은 천하의 대의입니다. 왕께서 비록 사면해 주셔서 형리에게 처벌하지 말라고 명하셨으나 저는 묵가의 법을 행하지 않을 수 없습니다."

이후 혜왕의 뜻을 따르지 않고 결국 제 자식을 처형했다.

제자 도응이 물었다. "순임금이 천자로 있을 때 순임금의 아버지 고수가 살인을 저지르면 어떻게 되겠습니까?"

맹자가 답했다. "잡아들일 뿐이다."

"그럼 순임금이 저지하지 않는 것입니까?"

"순임금이 어째서 저지하겠는가? 받아들일 뿐이다."

"그러면 순임금은 어떻게 하시겠습니까?"

"순임금은 천하를 헌 짚신 버리듯 포기할 수 있는 분이다. 몰래 아버지를 업고 도망쳐 멀리 바닷가에 살면서 종신토록 기뻐하면서 천하를 잊고 살 것이다."

철학사에서 묵가와 유가의 대표적인 차이는 겸애와 별애입니다. 겸애는 만민 평등과 호혜를 주장하고, 별애는 민본 덕치와 혈연 관계를 중시합니다. 위의 두 사례는 규범 준수의 엄격함을 두고 묵가와 유가의 현격한 차이를 보여줍니다. 일견 겸애를 주장하는 묵자에게서 인간적인 면모를 기대하고 규범 적용의 느슨함을 기대할 수 있을지도 모르지만, 사실 만민을 고루 사랑한다는 말의 이면은 규범의 적용 역시 차별을 두지 않는다는 의미가 됩니다. 그래서 묵가 학파는 규범 적용에 예외를 두지 않습니다. 예외는 오히려 유가에게서 자연스럽습니다. 맹자의 일화와 비슷한 예가 『논어』의 양 훔친 아버지 일화에서도 비슷하게 재연됩니다. 유가가 주장하는 별애는 사랑의 차별을 이야기하지만 그것은 동시에 형벌의 차별도 가능하게 합니다. 그러나 이는 다시 차별적 특권을 수반하고 결국 사회 불평등 구조를 강화할 뿐이라는 것이 묵가의 입장입니다.

어쨌건 묵자를 따르는 묵가 일파는 엄격한 규범 준수를 강령으로 하고 있었는데, 이와 같은 강고한 실천성은 묵자 일파의 장렬한 최후에도 그대로 재현됩니다. 기원전 381년, 묵가의 지도자 맹승은 초나라 양성군과 깊은 교우를 맺고 나라의 수비도 맡습니다. 그런데 초나라가 양성군을 공격하는 상황이 벌어집니다. 양성군이 피신하고 성주 떠난 빈 성을 지키려는 맹승에게 그의 제자인 서약(徐弱)이 말합니다. '만약 우리가 죽어서 양성군에게 유익하다면 죽는 것도 괜찮습니다. 그러나 무익하다면 세상에서 묵가의 명맥을 끊는 것이니 죽어선 안 됩니다.' 그러자 맹승은 다음과 같이 대답합니다.

양성군과 나는 스승 이전에 벗이었고, 벗 이전에 신하였다. 우리가 여기에서 죽지 않는다면 앞으로 사람들이 엄격한 스승을 구할 때 묵가는 반드시 제외될 것이고, 현명한 벗을 구할 때도 묵가는 반드시 제외될 것이며, 어진 신하를 구할 때도 묵가는 반드시 제외될 것이다. 여기에서 죽는 것은 묵가의 의(義)를 실천하고 우리의 업(業)을 계승하기 위한 것이다.

다 인용하진 않았으나 『여씨춘추』는 맹승이 전양자에게 지도자 자리를 물려주고 자결한 것으로 나옵니다만 위의 기사는 묵가 학파의 엄밀한 논리와 굳은 조직력, 엄격한 실천성을 여실히 보여줍니다. 그들의 실천성은 죽음 앞에서도 물러남이 없습니다. 목숨보다 더한 의리와 실천력입니다. 『회남자』는 이러한 묵가 학파를 두고, "묵가는 불 속에도 뛰어들고 칼날 위에도 올라설 뿐 아니라 죽는 한이 있더라도 발길을 돌리는 법이 없었다[皆可使赴火踏刃 死不旋踵]."라고 기록해 놓기까지 했습니다. 대단한 실천력이라고 해야 할 것입니다.

사실 묵가 학파는 한나라 초기까지 명맥을 유지한 것으로 알려져 있습니다. 그러나 사상의 생성과 쇠퇴가 묵가사상만큼 뚜렷한 경우도 드문데, 묵가 학파의 소멸은 시대 변화에 따른 사회적 가치관의 변화가 가장 큰 원인입니다. 묵자 학파의 지지층은 사회를 떠받치는 하부의 백성들이었습니다. 그러나 춘추전국시대의 격동기가 진한(秦漢)에 의해 정리되면서 사회는 토지의 사유를 중심으로 관료체제의 신분제가 정착됩니다. 이러한 사회 구조 안에서 계층 차별의 철폐를 주장하며 평등과 상호 이익을 외친 묵가사상은 수용되기 힘든 것입니다. 게다가 혈연 관계를 무시하고 모두를 호혜적으로 대하자는 주장은 전쟁의 격동기 사회에서는 용납될 수 있는 것이지만 정비된 사회에서는 비현실적인 것으로 치부되기 쉽습니다. 이와 같은 요인들로 묵가사상은 빠르게 등장했던 것처럼 순식간에 자취를 감춥니다. 요컨대, 묵자에 대한 평가는 겸애와 비공, 그리고 강고한 실천력으로 후대에 전해지는데, 묵자를 비판하면서도 많은 영향을 받은 맹자는 "묵가는 보편적 사랑을 주장하여 정수리에서 발꿈치까지 다 닳아 없어진다 하더라도 천하를 이롭게 하는 일이라면 그것을 행동에 옮기는 사람들이다."라는 평을 남겼고, 장자는 "살아서는 죽도록 일만 하고 죽어서도 후한 장례 대신 박장(薄葬)에 만족해야 했으니, 그 길은 너무나 각박했다."라는 평을 남겨 묵자에 대한 인상을 정리했습니다.

5. 순자와 『순자』 소개

순자는 법가적 경향을 가진 조(趙)나라 출신으로 이름은 황(況)이고, 순경(荀卿) 혹은 손경(孫卿)으로 불렸습니다. 생몰 연도는 대략 기원전 321~230년 정도로 추정되는데, 그의 나이 50세를 전후하여 약 10년간 제(齊)나라의 직하(稷下)에 머물며 세 차례나 좨주(祭酒)를 맡았다고 전해집니다. 좨주는 제사와 의례의 책임자를 말하는 것이지만 직하의 학자 집단에서 가장 존경받는 직책이기도 합니다. 즉 당대 학계의 거두라 할 만합니다. 그의 말년에는 초(楚)나라의 춘신군(春申君)에게 초빙되어 난릉령(蘭陵令)에 부임했다가 은퇴후 그곳에서 죽었다고 전합니다.

그가 철학사에 남긴 대표적인 사상은 예론(禮論)입니다. 순자는 기존의 예에 대한 관념을 새롭게 정의한 인물입니다. 흔히 안정된 사회에서 예는 개인의 인격이나 가문의 예절의 의미를 띠지만 혼란한 사회에서 예는 사회적 제도와 시스템의 의미를 갖습니다. 전국시대의 혼란기를 살았던 순자에게서 예는 분명 제도와 시스템의 의미에 가깝습니다. 진나라 시황제가 대륙을 통일할 수 있었던 근본적인 이유 중 하나가 조직화된 중앙집권 통치 체제 덕분인데 그것을 가능하게 했던 법가의 이사(李斯)가 순자의 문하라는 것은 우연이 아닙니다. 그래서 순자는 법가의 할아버지 격이 됩니다.

기실 순자의 이러한 예론은 사회적 요구를 반영한 것이기도 합니다. 무기의 발명과 상업의 발달은 결과적으로 세습적 신분제도의 균열을 일으켰고, 사회는 신분의 유동성이 증가합니다. 그러한 상황에서 패권 경쟁을 치르는 각지의 군주와 제후들에게 공자 맹자의 유가가 주장하는 왕도정치와 인정(仁政)은 아름다운 것이긴 해도 실질적인 효용을 기대할 수 없는 것이었습니다. 그런데 순자는 유가 안에서 당대 군주들의 요구를 충족시킬 수 있는 시스템을 예라는 이름으로 표명했고, 그것은 실제로 여러 군주들에게 상당 부분 수용되기도 합니다. 그가 당대의 패권국가인 제나라에서 직하의 좨주를 역임한 것은 이러한 분위기를 보여주는 것이기도 합니다. 실제로 순자의 사상은 사회적 신분제도의 모순과 재화의 균등 분배 등 통치 질서에 대한 내용을 상당 부분 포함하고 있습니다. 이러한 점에서 순자의 사상은 개인의 윤리적 영역을 넘어 사회정치제도의 영역까지를 포괄하는 넓은 범위에 걸쳐 있고 그만큼 많은 영향을 미친 것이 사실입니다.

한편, 순자는 성악설(性惡說)을 주장한 것으로 알려져 있습니다. 인간의 본성이 악하다는 것입니다. 순자의 사상에서 본성의 문제는 커다란 화두가 아닙니다. 오히려 태어난 이후에 인간이 스스로의 노력에 의해 이룩할 성취에 훨씬 집중합니다. 그래서 순자는 본성 혹은 선천적인 것, 그리고 천(天)이라는 전통적인 가치에 대해 거리를 두고 인간의 주체성과 능동성에 집중합니다. 그의 천에 대한 입장은 공자나 맹자와 달리 자연적 원리로서의 천에 머물 뿐, 인격적으로 이해되진 않습니다. 그러고 나면 이제 인간은 하늘에 종속된 존재가 아니라 스스로 기준을 찾고 가치를 창출해 가야 하는 존재입니다. 그래서 그에게서는 학문이 중요하고 학문을 통해 사회제도와 규범으로서의 예를 익혀 성숙한 인간, 현명한 존재로 나아가는 진취성이 중요합니다. 순자에게서 특히 학문이 강조되고 예에 의한 인간의 육성과 제도의 정착 및 욕망의 절제 등이 중요하게 여겨지는 것은 이 때문입니다.

순자는 그가 철학사에 남긴 영향에 비해 그의 역사적 실존을 파악할 수 있는 자료가 상당히 적습니다. 『사기』에 소략한 설명이 있을 뿐이며, 근래에 이루어진 문헌학적 연구 덕분에 문헌 구성과 전승에 대한 정보가 밝혀져 있을 뿐입니다. 게다가 천에 대한 전통적인 관념을 부정했고 이러한 맥락에서 본성에 대해 전통적인 관념을 따르지 않았기 때문에 송대(宋代)의 유학이 성리학으로 재구성되는 과정에서 도통 계보에서 빠지게 됩니다. 그러한 사정으로 송대 이후 근래까지 순자는 유가 내에서도 이단으로 취급되며 공자나 맹자에 비해 덜 주목받았던 것이 사실입니다. 다행히 소수의 학자들에 의해 순자에 대한 연구가 이어져왔고, 현재 우리가 『순자』 문헌을 볼 수 있는 것은 당대(唐代)의 양경(楊倞)이 당시 전승된 문헌의 순서를 재조정하여 『순자주(荀子注)』를 편찬한 공로 덕분입니다.

6. 원문과 해설

6.1. 주체적 인간: 천론(天論)

하늘의 운행에는 원칙[常]이 있으니, 요임금 때문에 존재하는 것도 아니고 걸왕 때문에 없어지는 것도 아니다. 거기에 다스림으로 호응하면 길하고, 어지러움으로 호응하면 흉하다. 농사에 힘쓰고 쓰는 것을 절약하면 하늘도 가난하게 할 수 없고, 잘 보양하고 제때에 움직이면 하늘도 병들게 할 수 없으며, 올바른 도를 닦아 도리에 어긋나지 않으면 하늘도 재난을 당하게 할 수 없다. 그러므로 장마와 가뭄도 그런 사람을 굶주리게 할 수 없고, 추위와 더위도 그런 사람을 병들게 할 수 없으며, 요괴도 그런 사람을 불행하게 할 수 없다. (…중략…)

타고난 세상은 잘 다스려지던 시대와 같은데도 재앙과 재난은 잘 다스려지던 시대와는 다르니 이것을 두고 하늘을 원망해서는 안 된다. 그들의 행동 방법이 그렇게 만든 것이다. 그러므로 하늘과 사람의 구분에 밝으면 그를 지인(至人)이라 말할 수 있다.

앞서 밝힌 바와 같이 동양의 기나긴 철학사에서 순자의 특색으로 꼽을 수 있는 내용은 그의 천론입니다. 순자가 이해하는 하늘은 전통적인 하늘과는 다릅니다. 물론 공자의 천론 역시 그 이전, 즉 춘추 시기 이전 서주 전통의 천론과는 일정한 차이를 두어 인문적인 영역을 발견한 특색을 갖습니다. 그러나 인용문에 보이는 바와 같이 순자에게 있어 하늘이란 결코 사람의 길흉화복과 관계가 없습니다. 사람에게 일어나는 길흉화복은 하늘의 판단에 의한 것이 아니라 자연적 원리로 작용하는 하늘의 원칙에 사람이 어떻게 대응하는가에 따른 결과라는 것입니다. 큰 비가 내릴 전조가 보이면 그에 따른 대비를 함으로써 홍수의 피해를 대비함과 동시에 그것으로써 가뭄에 대비해야 한다는 식입니다. 자연의 원리를 알면 알수록 인간 세계의 흉(凶)은 줄이고 길(吉)은 늘릴 수 있다는 것입니다. 따라서 사람에게 일어나는 길흉화복은 하늘의 의도에 의한 것이 아니라 사람이 만들어낸 결과일 뿐입니다. 이러한 식으로 빈부(貧富), 요수(夭壽), 병전(病全) 등도 모두 사람 스스로 만들어가는 것일 뿐이고, 결과적으로 하늘은 비인격적 존재이자 인간 세계에 적극적으로 개입하는 것이 아니라는 것입니다. 이러한 태도는 순자의 언어로 천인지분(天人之分), 즉 하늘과 인간의 구분입니다. 이는 하늘과 인간을 형이상학적·가치론적으로 매우 밀접하게 사유하던 그 이전의 전통에 대한 반기이고, 이러한 맥락에서 훗날 순자가 이단 취급을 받게 되는 근본적인 이유가 됩니다.

그러나 천인지분을 말하는 순자가 강조하고자 하는 것은 분(分) 자체에 있는 것이 아닙니다. 순자가 천인지분을 통해 강조하고자 하는 것은 인간의 능동성과 그것으로 이룩할 인간과 하늘의 조화입니다. 하늘이 절대시되는 사회에서 인간의 능동성은 매우 제한적일 수밖에 없습니다. 특히 타고난 것이 긍정되는 사회일수록 세습적 신분제가 공고해집니다. 순자가 처한 전국시대 말기는 더 이상 주 왕조의 종법제도가 의미를 갖지 못합니다. 수많은 인물들이 저마다의 재능에 기대어 각지의 군주들에게 자신을 유세했고, 이러한 경향 속에서 전국시대는 온갖 지식의 경연장이 되어 사회의 유동성과 활기가 증대됩니다. 타고난 신분은 더 이상 큰 의미가 없습니다. 어떠한 재능을 성취했고 어떠한 능력을 보여줄 수 있는가에 따라 높은 지위에 오를 수 있는 시대입니다. 능동적 노력과 성취가 곧 사회적 성패의 요건이 됩니다. 저마다 전문지식을 추구하는 유래없는 물결이 일어난 것입니다. 물론 이러한 경향이 수많은 영토 전쟁에 일조한 것이 사실이지만 당시의 지식 교류는 동양 철학사에 유래가 없고 전무후무한 지식 생산과 교류의 장이 되었다는 것도 간과할 수 없는 사실입니다. 지식의 폭발적 확산이라 할 수 있습니다. 어쨌든 인간의 능동성을 강조하는 이러한 사유는 하늘과 인간의 관계가 인간의 주도적인 노력에 의해 조화를 달성한다는 데에 목적이 있는 것입니다.

군자는 자기에게 달린 일에 힘쓰고 하늘에 달린 일은 흠모하지 않기 때문에 날로 발전한다. 소인은 자기에게 달린 일은 버려두고 하늘에 달린 일을 흠모하기 때문에 날로 퇴보한다. 그러므로 군자가 날로 발전하는 까닭과 소인이 날로 퇴보하는 까닭은 동일하다. 군자와 소인의 거리가 서로 멀어지는 이유는 여기에 있을 뿐이다.

인용문은 학자로서 순자의 철저한 태도를 보여줍니다. 군자와 소인은 전통적인 용어입니다. 그러나 순자는 그가 이룩한 새로운 천론의 근거 위에서 전통 용어인 군자와 소인의 의미를 새롭게 규정합니다. 군자는 하늘과 사람의 구분에 철저한 사람입니다. 하늘의 원리와 인간의 역할을 명확하게 구분할 줄 알기에 그는 하늘을 향해 기도하지 않습니다. 자연의 원칙을 파악하여 자신이 할 수 있는 일을 최대한 노력합니다. 그러기에 나날이 발전합니다. 능동적 인간의 전형입니다. 소인은 하늘과 인간의 구분에 어둡습니다. 순자 입장에서 보면 전통적인 지식인입니다. 그래서 자신의 역할을 찾기보단 하늘을 향해 기도합니다. 순자가 보기에 전혀 합리적이지 않습니다. 군자와 소인의 차이는 여기에 있습니다. 바람직한 인간은 하늘의 원칙을 철저히 파악하여 적극적으로 이용합니다. 이른바 인간의 조작에 의해 인간과 하늘이 조화를 이룹니다. 거듭 말하지만 하늘과 인간의 명확한 구분은 결과적으로 인간에 의해 인간과 하늘의 조화로운 화합에 목적이 있는 것입니다. 그래서 순자는 다음과 같은 서술을 여러차례 보여줍니다.

그의 행위가 빈틈없이 모든 것을 잘 다스리고, 그의 보양이 빈틈없이 모두가 적절하면, 그의 삶은 손상되지 않는다. 이것을 두고 지천(知天)이라 한다.

군자의 행위는 궁극적으로 빈틈없이 모든 영역에서 적절합니다. 그러한 상태를 '하늘을 안다', 즉 지천(知天)이라 부릅니다. 순자에게 있어 하늘은 하늘 자체보다 하늘로 대표되는 자연적 원칙일 뿐입니다. 인간의 역할은 이러한 자연적 원칙을 알고 적극적으로 이용함으로써 삶을 손상시키지 않고 잘 보전하는 것입니다. 이것이 순자 천론의 특색입니다.

6.2. 가치의 기준: 예론(禮論)

물을 건너는 사람은 깊은 곳에 표식을 세우는데, 표식이 분명치 않으면 물에 빠진다. 백성을 다스리는 사람은 도를 표식으로 세우는데, 표식이 분명치 않으면 어지러워진다. 예가 바로 표식이다. 예에 어긋나면 세상이 어두워지고, 세상이 어두워지면 크게 어지러워진다.

순자는 가치의 기준과 근거이며 궁극적 본질이라고 인식되던 하늘을 탈피합니다. 하늘은 그저 인간이 알고 이용해야 할 원칙의 수준으로 내려옵니다. 따라서 가치의 기준과 근거가 새롭게 설정되어야만 하는데 이 역할이 예에 부여됩니다. 인용문에서 서술하고 있다시피 표식으로서의 예는 사리 분별과 가치 판단의 기준입니다. 예가 아니면 세상은 기준을 잃어 혼란스러워질 뿐이라는 것입니다.

예는 어디에서 생겨나는가? 사람은 태어나면서 욕(欲)을 갖게 되는데, 바라면서도 얻지 못하면 구하지 않을 수 없고, 구하면서도 법도와 분계가 없다면 다투지 않을 수 없다. 다투면 혼란해지고 혼란해지면 궁해진다. 선왕은 혼란함을 싫어했기 때문에 예(禮)와 의(義)를 제정하여 그것을 구분함으로써 사람의 욕(欲)을 길러주고 사람들이 구하는 것을 공급해 주었다. 그렇게 함으로써 욕(欲)이 반드시 물건에 궁해지지 않게 하고 물건은 반드시 욕(欲)에 부족하지 않게 하여 이 두 가지가 서로 의지하여 자라도록 하였으니, 이것이 예가 생겨난 이유이다. 그러므로 예란 길러주는 것이다.

순자의 예론이 갖는 특징은 위의 인용문에 드러납니다. 순자에게 있어 예는 양(養), 즉 기르는 것입니다. 여기에서 주관주의와 객관주의의 구분을 말할 수 있습니다. 맹자를 위시한 철학자들은 주관주의자라고 말할 수 있습니다. 천부적이고 태생적으로 내재되어 있는 것을 긍정하기 때문입니다. 순자와 같은 객관주의자들은 내재된 것에 관심을 두기보다는 태어난 이후에 겪게 되는 문화와 제도 등의 사회 시스템을 통해 인간의 품위를 양성하고자 합니다. 그래서 예는 인간이 만든 기준이면서 동시에 인간을 사회적 존재로 양성하는 시스템입니다. 특히 인용문에서 보다시피 순자는 한정적인 사회적 재화와 무한한 인간의 욕구라는 대립적 성격의 두 항 사이에 예라는 매개를 설정함으로써 적절하게 중재하여 결과적으로 조화를 달성하고자 합니다. 그러기 위해서 사회적으로는 신분과 직분의 구분을 분명히 하고자 하고 개인적으로는 욕구의 무한한 남용을 제한하고자 합니다. 흔히 평화로운 사회에서는 예가 개인의 수양이나 내적인 도덕에 관한 의미를 갖지만, 혼란한 사회에서는 예가 사회 제도적 규범의 의미를 갖곤 합니다. 순자의 예는 사람을 양성하는 사회의 제도적·규범적 의미를 갖는다는 점으로 볼 때 전국시대 말기의 사회가 어떠한 사회였는가를 추측할 수 있게 됩니다. 그렇다면 과연 예는 무엇을 기르는가 하는 물음이 따릅니다. 순자는 다음과 같이 설명합니다.

예의와 문화는 정(情)을 기르기 위한 것임을 잘 알아야 한다. (…중략…) 그러므로 사람이 예(禮)와 의(義)로 일관되면 두 가지(예라는 형식과 인간의 정(情)과 욕(欲))를 다 얻게 되고, 정(情)과 성(性)으로 일관되면 두 가지를 다 잃게 될 것이다.

예는 사람을 양성하는 수단이자 과정입니다. 인용문에 보다시피 순자는 사람의 정과 성에 큰 관심을 둡니다. 앞선 인용문에서도 욕의 남용이 사회의 혼란을 유발하기 때문에 그것을 절제하고 바르게 양성하는 것이 예의 목적이었습니다. 인용문에 의하면 예를 통해 기르고자 하는 대상은 사람의 정과 성입니다. 성은 사람이 타고난 것이고, 정은 타고난 것이 표출된 것입니다. 정과 성을 자연적으로 놓아두면 욕구의 남용으로 이어져 혼란을 야기하기 때문에 예를 통해 정을 바르게 길러야 하는 것입니다. 사실 정이란 인간 실존의 근거입니다. 희로애락도 정이고 욕구도 정입니다. 사람이 일상을 영위하는 모든 순간이 정으로 표현됩니다. 정에 의해 살아 있음을 느끼고 정에 의해 본성도 가늠하게 됩니다. 그런데 아무런 기준이나 규칙 없이 정을 자연스럽게 놓아둘 경우 정이 갈팡질팡 하다가 문제를 일으킨다고 순자는 본 것입니다. 그래서 정을 잘 길러주어 성숙한 인간으로 성장시켜야 사회적 존재로서의 한 개인이 성립할 수 있다고 보는 것입니다. 그래서 예는 정을 기르는 것입니다. 그리고 여기에서 더 나아가 순자는 인간이 만드는 모든 방면의 문화는 정에 입각해서 만들어진다고까지 말합니다[稱情而立文]. 따라서 순자에게 있어서 정은 억제하거나 제거할 대상이 아니라 잘 양성시켜야 하는 것이며 문화의 원천이라고 말할 수 있는 것입니다.

결과적으로 예는 인간을 배제한 채 만들어진 사회 규범이 아니라 인간의 욕구를 사회에 적절하게 투영하기 위해 욕구와 정 자체를 기르는 것이고, 그러한 기름과 양성을 통해 사회의 제한된 재화를 균등하게 분배함으로써 분쟁의 실마리를 미연에 방지하고자 하는 적극적인 사회 체제론입니다. 즉 순자의 예론은 사회적 성격의 전제 위에서 정치론의 성격을 강하게 표방하고 있습니다.

6.3. 지식의 전승: 권학(勸學)

군자들은 "학문은 그만둘 수 없는 것이다."라고 말한다. 푸른 물감은 쪽에서 얻지만 쪽보다 더 푸르다. 얼음은 물에서 얻지만 물보다 더 차다. 나무가 곧아 먹줄에 들어맞아도 구부려 수레바퀴를 만들면 그 곡률은 굽은 자에 들어맞는데 비록 바짝 마른다해도 다시 펴지지 않는 것은 굽혀놓았기 때문이다. 그러므로 나무는 먹줄을 받아들이면 곧아지고, 쇠는 숫돌을 취하면 날카로워지며, 군자는 널리 배워 날마다 자기를 살피면 앎이 밝아져 행동에 허물이 없을 것이다. 그러므로 높은 산에 오르지 않으면 하늘의 높음을 알지 못하고, 깊은 골짜기에 가보지 않으면 땅의 두터움을 알지 못하며, 선왕들이 남긴 말씀을 듣지 않으면 학문의 위대함을 알지 못한다.

인용문은 우리에게 익숙한 성어 '청출어람(靑出於藍)'이 실려 있는 곳입니다. 예가 인간이 제정한 기준이자 인간을 양성하는 것이라면 이제 인간이 해야 할 일은 열심히 예를 배워 알아야 하는 것이 됩니다. 즉 학문을 통해 전승된 지식을 습득하는 것이 중요해집니다. 그래서 순자는 무엇보다 학문을 매우 중시합니다. 위의 인용문은 『순자』 문헌의 첫 구절이고 이 편의 이름은 「권학」, 학문에 대한 권유입니다. 유가의 역사에서 학문에 대한 중시는 공자 이래로 일관됩니다. 공자는 매우 겸손한 사람이어서 제자들이 존경의 마음으로 부르는 좋은 칭호들에 대해서는 모두 감당하지 못한다고 말했지만 자기 스스로 양보하지 않고 제일 잘하는 것이라고까지 말한 것은 호학, 즉 배우기를 좋아한다는 칭호였습니다. 그래서 『논어』의 첫 구절도 배움에 대한 이야기로 시작됩니다[學而時習之 不亦說乎]. 유가를 유가로 규정하는 정체성이자 동아시아 누천년의 역사에서 유가 지식인을 관통하고 있는 가장 근본적인 태도는 학문에 대한 중시였습니다. 학문을 통해 전승되는 유가의 정체성을 도통계보로 표현하고 있는 것이며, 그것은 긴 시간을 격하고서도 유가라는 동일한 철학 체계를 계승하는 것이기도 합니다. 그런 점에서 순자의 학문 중시는 순자가 아무리 이단으로 도외시된다 하더라도 순자를 결코 유가가 아니라고 말할 수 없는 이유이기도 합니다.

한편, 학문이라는 것은 인간의 내재적 본성을 긍정할 때와 외재적 제도를 긍정할 때, 즉 주관주의인가 객관주의인가에 따라 다른 양상으로 나타납니다. 즉 맹자를 위시한 주관주의자들처럼 인간에게 내재된 것을 긍정하면 학문의 성격과 효용은 내재되어 있는 것이 제대로 발현될 수 있도록 도와주는 역할로 규정됩니다. 그러나 순자와 같은 객관주의자들처럼 내재된 것보다는 외재적으로 습득하는 것을 중시하면 학문은 역사와 전통 안에서 이미 만들어져 있는 것을 안으로 흡수하여 차곡차곡 쌓는 일로 규정됩니다. 내재성의 철학에서는 인간 자신에게 도덕의 희망이 이미 존재하지만 외재성의 철학에서는 내재된 것은 없고 오직 외부로부터 습득함으로써만 도덕의 희망이 형성됩니다. 그런 점에서 순자가 말하는 학문은 인간의 역사가 누적한 지식이고, 그것은 예라는 형태로 계승됩니다. 즉 학문의 내용이자 목적은 예의 전승입니다. 그것을 통해 개인의 몽매함을 걷어내고 사회적 존재로 성장하는 것입니다. 그러므로 학문은 인간을 양성한다는 예의 구체적 형태가 됩니다. 위의 인용문 아래에는 "쑥대가 삼밭에서 자라면 붙잡아주지 않아도 곧다. 흰모래를 진흙 속에 넣으면 함께 검어진다."라는 구절도 있습니다. 역시 유명한 이야기인데, 역사적으로 전승된 학문이 인간을 양성한다는 내용입니다. 결국 학문이란 개체적 존재로서의 인간이 문화를 습득함으로써 사회적 존재가 되어 인간 사회의 평화와 안녕, 행복을 추구할 수 있게 된다는 것입니다. 이런 점에서 보면 결국 학문은 개인적 영역에서 시작하는 것이지만 그것의 효용은 사회적 맥락으로 가늠되어야만 하는 것입니다. 이른바 효용을 중시하는 실천론의 성격을 띱니다.

6.4. 인지의 주체: 마음[心]

사람은 어떻게 도를 아는가? 마음이다.

마음은 어떻게 도를 아는가? 텅 비고 한결같고 고요하기 때문이다.

마음에는 여러 가지가 저장되어 있지만 텅 빈 상태가 있다. 마음은 여러 가지가 섞여 있지만 한결같은 상태가 있다. 마음은 계속해서 활동하지만 고요한 상태가 있다.

사람은 나면서부터 지각이 있고, 지각이 있으면 기억이 있게 된다. 기억이란 저장하는 것이다. 그러나 이른바 텅 빈 상태가 있다. 이미 쌓여 있는 것으로써 새로 받아들일 것에 해를 끼치지 않는다. 이것을 텅 빈 상태라 한다.

마음은 나면서부터 지각이 있고, 지각이 있으면 여러 가지를 분별하게 된다. 분별하는 것은 동시에 겸하여 알게 한다. 동시에 겸하여 알게 되면 두 가지를 다 생각하게 된다. 그러나 이른바 한결같은 상태가 있다. 둘 중 하나가 다른 하나를 방해하지 않는다. 이것을 한결같음이라 한다.

마음은 잠잘 때는 꿈을 꾸고, 멍청히 있을 때는 스스로 이리저리 다니며, 그것을 사용하면 헤아리는 작용을 한다. 그러므로 마음은 움직이지 않을 때가 없다. 그러나 이른바 고요한 상태가 있다. 꿈이나 잡다한 생각 때문에 지각이 어지럽혀지지 않는다. 이것을 고요함이라 한다.

순자의 천론은 하늘에 종속적인 인간이 아니라 인간의 주체적이고 능동적인 면모를 강조한 이론입니다. 그러한 맥락에서 가치의 기준(禮)도 인간이 제정하는 것이고, 그것은 학문을 통해 역사적으로 전승되는 것이었습니다. 여기에서 인간 능동성의 핵심으로 순자가 조명하고 있는 것이 바로 심(心)입니다. 심을 철학사에 등장시킨 인물은 순자보다 조금 앞선 시대를 살았던 맹자입니다. 맹자는 사람이 남의 고통을 가만히 참을 수 없다는 불인인지심(不忍人之心)을 설명했고, 그러한 맥락에서 인간에게는 기본적으로 측은지심

(惻隱之心)이 내재되어 있음을 말했습니다. 모두 심, 즉 마음입니다. 이러한 마음으로 보아 인간에게 내재되어 있는 것이 본래 선하다는 주장을 하게 된 것입니다.

순자는 그의 학문론이 보여주듯이 자기 안에 내재된 것을 발현하기보다는 역사적으로 전승된 것을 학습하고 깨닫는 것에 더욱 치중합니다. 따라서 순자가 주목하는 심은 학습하고 깨닫는 중추입니다. 오늘날로 하면 인식론의 한 주제인 '우리는 어떻게 무언가를 알 수 있는가'의 문제, 즉 인식 주체가 외재의 대상을 인식할 수 있는 근거와 과정에 치중합니다. 위의 인용문은 그러한 맥락에서 심의 인식 기능에 대해 설명합니다. 심은 온갖 것을 다 기억하고 있어도 텅 비어 있는 상태가 있기 때문에 새로운 것을 수용할 수 있고, 여러 일을 동시에 생각하고 있어도 한결같은 상태가 있기 때문에 갈팡질팡하지 않으며, 가만히 있거나 분주하게 움직이면서도 고요한 상태가 있기 때문에 평정한 중심을 잃지 않는다는 것입니다. 인식 주체로서 최고의 모범이자 인간이 보다 나은 사람이 되고 보다 평화로운 사회를 이루어갈 수 있는 희망의 근거입니다. 따라서 인간이 노력해야 할 부분은 심이 치우치거나 가려지지 않게 보존하고 관리하는 능동적인 성찰입니다.

마음을 제대로 쓰지 않으면 희거나 검은 것이 바로 앞에 있다 해도 눈이 보지 못하고, 천둥소리가 옆에서 울린다 해도 귀가 듣지 못한다. 하물며 심(心)이 가려진 사람이야 어떻겠는가?

이상의 논의에서 보다시피 인간을 하늘에 의존하는 존재가 아니라 스스로의 노력으로 운명을 개척해 가는 존재로 규정하는 순자의 사상에서 지식은 매우 중요한 것입니다. 학문은 지식의 전승과 습득의 과정이며, 그러한 지적 과정의 중추가 바로 심입니다.

그러나 순자의 심론을 맹자와 비교하면 몇 가지 특징적인 면이 감지됩니다. 우선 내재된 것을 인정하는 맹자는 하늘에 대해 순종적인 태도를 취합니다. 이는 공자가 말한 '종심소욕불유구(從心所欲不踰矩)', 즉 개인의 마음은 이미 천의 규범에 합치되어 있는 마음, 달리 말하면 천의 원칙에 속해 있는 마음을 그대로 계승하는 것입니다. 그러나 순자의 사상은 하늘에 기대지 않고 인간의 역사가 만든 지식에 기댑니다. 그래서 종속적이 아니라 스스로 주인이 된 마음입니다. 그러나 윤리의 원칙을 항상 외부에서 배워야만 하기 때문에 오히려 외부의 것에 종속적인 성격을 띠고 뜻밖에 주체성의 의미가 약화됩니다. 학문과 지식의 중시도 좋고, 주체성의 중추로서 심을 설정한 것도 좋지만 결정적으로 천을 밀어내고 인간에게 내재된 것을 인정하지 않음으로 인해 능동성과 주체성의 근거가 약화된 것입니다.

그럼에도 불구하고 순자는 이상과 현실의 관계에 대해서 이상은 현실이라는 과정을 부단히 노력함으로써 얻게 되는 결실, 즉 결과라고 여기고 그러한 이상을 위해 학문과 지식을 익히고 부단히 실천함으로써 이상의 실현을 강조합니다. 즉 강고한 실천론이자 결과론입니다. 이러한 맥락에서 한 사람 개인은 특수한 개체이지만 지식 습득의 부단한 노력으로 보편성을 획득하고 결국 성인에 도달하게 된다는 구도를 설정함으로써 인간의 능동적 노력에 당위성을 부여했습니다.

7. 결론

사상은 개인적 앎의 성취가 사회에 공유되면서 반성적이고 자각적인 체계를 갖춘 하나의 구조입니다. 그래서 지식은 개인적 삶의 과정을 반영하며, 사회화된 지식으로서의 사상도 그 출발점은 개인에서 비롯합니다. 한 시대의 사상은 언제나 개인적 삶의 문제의식을 전제하며, 그러한 요소 때문에 시대적 특성과 함께 독창성을 갖습니다. 그러므로 지식은 개인의 소유물이 될 수 없습니다. 언제나 공적 영역으로 자연스럽게 확장되고, 따라서 지식은 사회의 산물입니다.

전국 시대 제자백가의 다양한 사상은 모두 당대 사회를 살아간 개인들의 성취입니다. 당연히 개인적 시대의식과 문제 상황이 녹아 있고, 그러한 기초의 집적은 전국 시대 당대를 비추는 거울입니다. 그런 점에서 보면 제자백가의 사상이 제각각 독창성을 갖는다 하더라도 그들이 갖는 공통의 문제의식은 생명에 대한 중시, 즉 중생주의입니다. 묵자와 묵가 학파가 목숨을 바쳐가며 고수하려 한 겸애와 절용 및 전쟁에 대한 반대는 모두 고달픈 백성들의 삶을 개선시키기 위한 적극적인 운동이었으며, 맹자의 성선 이론도 굶주림에 시달리다 길에서 죽어가는 백성들의 삶을 구제하기 위한 것이었습니다. 전국 시대 말기를 살았던 순자 역시 오랜 전쟁과 지배층의 횡포에 시달리는 혼란한 사회를 위계를 갖춘 조직적인 사회로 만들기 위해 고심한 학자였습니다. 그 와중에 이 글은 묵자와 순자의 사상을 살펴 그들이 보여주는 지식에 대한 긍정적 태도를 살피려는 데에 목적을 두었습니다.

묵자와 순자의 사상이 갖는 차이점은 이들이 각각 사회적으로 어떤 신분의 사람들을 대변하는 가로 드러납니다. 이미 서술했다시피 묵자의 사상은 사회의 하층, 노동하는 백성들을 대변합니다. 묵자 자신부터 이미 지배층보다는 피지배층의 위치에 자리합니다. 그래서 당시의 정치·신분제도를 옹호하기 보다는 반체제적인 성격을 갖습니다. 그러나 순자의 사상은 그의 광범위한 사상이 보여주다시피 정치를 전제한 규범과 체제를 강하게 옹호합니다. 그것이 비록 신분 변동의 가능성을 열어둔 것이긴 하지만 어디까지나 지배층을 대상으로 하는 사상입니다. 체제 순응적인 유가사상의 일면을 충실히 계승합니다. 따라서 지식 확산의 대상과 범주가 묵자는 피지배층임에 반해 순자는 지배층입니다. 양자가 모두 인간의 적극적인 노력과 실천성을 중시하면서도 그 세부적인 내용과 태도 및 관점에 있어서 다를 수밖에 없음이 당연합니다. 게다가 묵자와 순자의 사상이 이상적인 인간상으로 설정하고 있는 성인(聖人)도 다릅니다. 묵자는 하나라의 우임금을 찬양하는 데에 비해 순자는 주나라의 주공을 흠모합니다. 하나라는 국가 성립 이전의 작은 공동체 사회였지만 주나라는 계급 체제가 뚜렷한 국가 사회였고, 우임금은 스스로 노동하는 지도자였지만 주공은 관리하는 지도자였다는 점이 다릅니다. 이런 점에서 묵자는 상호호혜의 평등주의를 주장했고, 순자는 신분과 직위가 엄격하게 나뉜 위계질서를 주장했습니다.

묵자와 순자 두 사람이 이와 같은 분명한 대비를 보임에도 불구하고 지식의 맥락에서 보면 양자는 공통점을 가집니다. 묵자와 순자는 각자가 처한 시대적 문제의식과 자신이 처한 신분상의 고민을 자기 지식의 기점으로 삼습니다. 즉 각자의 철학은 자기 상황의 구체적 반성과 자각을 통해 형성되었다는 것입니다. 제자백가 모두가 사회·정치적 지식인임이 사실이지만 춘추 시대 말기의 묵자와 전국 시대 말기의 순자가 보여주는 뚜렷한 공통점은 인간의 강고한 실천성입니다. 그러한 실천성은 뚜렷한 이론 체계와 종교적 믿음에 가까운 뚜렷한 신념 위에서 가능한 것인데, 묵자와 순자는 모두 지식의 구조물을 형성함으로써 개인적 지식의 사회적 확산을 도모하고 개인적 앎이 사회적으로 구현되어 현실의 문제 상황이 개선될 수 있도록 헌신한 지식인이었음을 확인하게 됩니다.

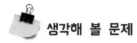

생각해 볼 문제

1. '지식'은 우리에게 익숙한 말로 '앎'입니다. 안다는 것은 모름의 반대이고, 앎과 모름은 그 중간을 상정하지 않습니다. 즉 알면 알고 모르면 모르는 것이지 앎과 모름의 중간 단계는 없습니다. 게다가 앎과 모름은 꼭 붙어 있는 것이어서 앎과 모름은 항상 붙어 다닙니다. 만일 앎과 모름의 관계가 이와 같다면 우리는 아는 것이 많아지면 모르는 것이 적어질까요, 아니면 아는 것이 많아지면 모르는 것 역시 늘어나는 것일까요?

2. 지식에 있어서 객관성은 매우 중요한 것입니다. 근현대 학문의 기초가 바로 이 객관성입니다. 그런데 지식은 개인적 문제의식에서 발단하여 사회적으로 확산된다고 했습니다. 그렇다면 엄밀한 의미에서 지식은 객관적인 것일까요 주관적인 것일까요? 또 객관적이라고 말할 때 객관은 어떤 과정에서 필요한 태도일까요? 같은 맥락에서 보편과 특수의 관계도 생각해 보면 좋을 것입니다.

3. 지식의 사회적 존재 양태는 지식인입니다. 즉 지식은 그것 자체로 존재한다기보다는 지식인에 의해 존재합니다. 그런 점에서 지식인의 책무는 지식의 현실적 구현입니다. 이는 일반적인 언어로 '앎과 행위' 혹은 '지식과 실천'이라고 부를 수 있습니다. 아는 것이 힘든 것이 아니라 행하는 것이 힘들다라는 말이 있듯이 일반적으로는 행위의 문제를 어렵게 여깁니다. 그러나 앎과 행위가 이와 같이 둘로 구분될 수 있는 것일까요? 구분된다면 어떤 것이 더 어려운 것이며, 구분되지 않는다면 앎과 행위의 관계는 어떻게 설명될 수 있을까요?

더 읽어보면 좋을 책

1. 송영배, 『제자백가의 사상』, 현음사, 1994.

춘추전국시대 사상가들의 사유와 사상을 원전에 충실하게 고찰한 책입니다. 공자, 묵자, 손자, 맹자, 노자, 장자, 순자, 한비자 등 서로 대립되거나 계승되는 철학적 이론을 펼쳤던 사상가들의 본모습을 보여주려 노력하고 있는데, 특히 각 사상에 대한 간결한 요약과 함께 번역문과 원문을 선별해 실어 놓아 독자로 하여금 제자백가사상의 다양성과 진수를 쉽게 알 수 있도록 했습니다.

2. 신영복, 『담론』, 돌배개, 2015.

시대의 지성이라 일컬어진 신영복 교수는 이 책에서 동양고전을 '관계론'의 사유로 읽으며 세계를 인식하고 자기를 알아가도록 인도합니다. 특히 저자 자신이 겪은 다양한 일화들과 생활의 소소한 이야기들을 이용해 동양철학의 여러 개념들과 구절들을 설명하고 있어 동양철학을 쉽게 만날 수 있습니다. 게다가 그가 엮어낸 사유의 명징함과 깊은 울림은 철학과 지식이 한 사람 개인에게 어떠한 영향을 미치고, 또 한 사람 개인이 성취할 수 있는 지식과 사상이란 어떠한 것인가를 깨닫게 합니다.

3. 易中天, 심규호 옮김, 『백가쟁명』, (주)에버리치홀딩스, 2010.

이 책은 중국문화의 핵심적 가치관이 춘추전국 시대 제자백가들이 벌인 다양한 논쟁, 즉 백가쟁명을 통해 형성되었음을 설명하려는 책입니다. 유가와 묵가, 유가와 도가, 유가와 법가 등의 논쟁을 통해 각 사상의 연합과 분열, 성행과 쇠퇴 등을 설명하며 각 사상의 특징과 지혜 등을 정리했고, 장단점을 요약하여 결론으로 도출하고 있습니다. 특히 쉬운 문체로 서술되어 있어 동양철학과 철학사를 쉽게 만날 수 있는 책입니다.

장자와 지식 권력

윤지원

1. 들어가는 말

일반적으로 지식이란 경험적 인식을 통해 객관적 타당성을 요구할 수 있는 이론이나 법칙을 이야기하며 권력은 남을 복종시키거나 지배할 수 있는 공인된 권리와 힘 또는 강제력을 의미합니다.[1] 그리고 지식 권력은 특정 지식이 미칠 수 있는 영향력 또는 그 지식을 갖고 있는 사람이나 집단의 영향력을 말합니다. 2차 대전 이후 독창성과 영향력 면에서 가장 뛰어난 서구 철학가로 꼽히는 미셸 푸코(Michel Foucault, 1926~1984)는 지식과 권력의 관계에 대하

---

1) 국립국어원, 『표준국어대사전』(https://stdict.korean.go.kr/main/main.do).

여 다음과 같이 정의합니다. "진리는 그 자체로 진리이기 때문에 진리로 통용되는 것이 아니라, 진리의 위치에 있기 때문에 진리가 된다." 푸코의 이 같은 주장은 지식과 권력의 관계를 한마디로 요약하고 있습니다. 즉 진리는 옳고 그름이 아니라 그것을 이야기하는 사람이나 집단의 위치에 따라 결정된다는 것입니다.

푸코는 근대 휴머니즘적 전통이 권력과 지식을 나눴다는 점에서 오류를 범한 것이라 지적합니다. 즉 권력과 지식은 상호 연결되어 있기 때문에 지식은 권력과 상관없이 성립할 수 없으며, 지식 없는 권력의 행사 역시 불가능합니다. 또한 권력의 효과 없는 지식 또한 불가능합니다. 권력에 대한 푸코의 이 같은 접근은 객관적 지식이 없다는 것을 논증하는 주요한 근거가 됩니다.[2]

전국 중기 극도로 혼란한 사회를 살았던 장자는 인간의 옳고 그름, 진리와 오류, 가치의 관념에는 절대적인 기준이 없다고 주장합니다. 옳고 그름이나 가치관은 사람에 따라서 변하며 선입견에 큰 영향을 받기 때문에 상대적이라는 것입니다. 장자에게 있어 인간의 생은 태어나자마자 사회에 소속되어 공인된 가치와 관념을 학습하고 그 가치와 관념의 틀로 자기를 형성, 최종적으로 하나의 가치관을 따라 살게 되는 과정입니다. 그리고 인간의 삶 속에서 지식은 개념들로 구성되어 있는 하나의 체계로써 인간을 하나의

---

2) 지식은 여러 형태의 제약을 통해서 생산되며 일정한 권력효과를 만들어낸다. 그리고 이러한 지식 권력은 옳고 그름을 판단하는 언어의 메커니즘과 형태를 결정, 모든 사회의 구성원으로 하여금 사회적으로 공인된 지식 체계만을 말하도록 강요한다. 지식 권력은 상호작용하는 복합체로서 합리성 및 정상성 등의 개념을 만들어 낸다.

관념적 틀 안에 가두어 지배합니다. 장자는 지식의 이 같은 권력속성을 비판합니다. 그에게 있어 지식을 구성하는 다양한 요소들은 세계 자체가 아니며 지식은 세계를 명사화한 작업의 결과물입니다. 장자가 지식을 비판적으로 사유하는 것은 그것이 세계의 진상을 드러내지 못하며 인간의 본성과 세계의 참 모습을 망치고 갈등과 긴장의 조성을 통해 잘못된 권력구조를 형성하기 때문입니다.

본 글은 장자 지식론의 내용과 현대적 의의에 대해 알아보는 것을 목적으로 합니다. 이를 위해 먼저 현대사회 지식의 위치와 권력의 관계에 대해 알아보고 장자의 지식론에 대해 살펴볼 것입니다. 지식기반의 현대사회, 지식의 권력에 종속된 우리에게 장자 지식론에 대한 고찰은 우리가 추구해야 할 지식의 또 다른 의미를 반추하게 해 줄 수 있을 것입니다.[3]

2. 현대사회와 지식 권력

인간은 근대 이후 지식의 시대로 들어섰습니다. 인간에게 지식을 선물하며 무지의 암흑에서 진리의 영역으로 인도한 것은 과학이었습니다. 과학은 인간의 삶에 필요한 도구의 성격을 근본적으

---

3) 국내 장자의 지식론에 대한 연구는 이종성, 「장자 지식론의 이중 구조와 모순 융해적 회통의 논리」, 『한국동서철학회』 31집, 2004; 권오향, 「『장자』의 大知論」, 『동양철학연구』 68집 2011; Diana Draganut, 「莊子의 知識과 眞知의 問題에 관한 硏究」, 연세대학교 석사논문, 2003 등의 연구를 찾아볼 수 있으나 지식과 권력을 연계하여 고찰한 논문은 찾아볼 수 없다.

로 바꾸었습니다. 과학의 원리가 응용된 기술이 탄생하였고 기술은 과학을, 과학은 기술을 상호 발전시켰습니다. 과학과 기술은 미지의 영역을 밝혀내었고 이전에는 알지 못하고 불가능했던 것들을 정복하며 과학기술 문명의 시대를 열었습니다. 지금 인류는 지식을 바탕으로 한 과학기술을 통해 스스로의 풍요와 행복을 일궈나가고 있습니다.

그런데 문제는 과학기술의 발전이 오히려 인류의 생존을 위협하는 역설적인 미래로 인도할 위험이 있다는 것입니다. 서양문명사에 있어 베이컨의 선언은 지식의 범주를 축소 변질시켰습니다.[4] "아는 것이 힘이다"라는 테제가 서양 근대의 출발 신호였지만, 이를 기점으로 지식은 자연을 이용할 수 있는 힘을 인간에게 제공하기 시작했고, 그 힘의 크기에 따라 그것의 진리성이 보장되었습니다. 이후 지금까지 과학적 지식은 진리로 가는 유일한 길로 생각되어 지며 권력과 밀접한 관련을 가지게 되었습니다.

사실 지식과 권력을 함께 이야기하는 것은 모순입니다. 왜냐하면 지식은 그 자체로 자유로운 소통을 전제로 해서 존재하며 권력을 지향하지 않기 때문입니다. 그래서 지식이 곧 권력과 동일시되지는 않습니다. 그럼에도 푸코가 지식 권력을 이야기하는 것은 지

---

4) 지식은 개인사회 또는 인류 문명이 축적한 무형재 그리고 인간의 자연과 사회에 대한 이해 체계이며 그에 기반하여 의사결정이나 삶의 방향성을 부여하는 무엇이다. 이런 관점에서 지식은 종교적 믿음이나 세계관, 사회 윤리, 지혜, 실용적 기술, 체계화된 과학지식, 과학기반 기술지식을 모두 포괄한다. 최진석은 "서양문명에서 지식이 인간의 내적 가치와 성숙 그리고 인격의 문제와 분명히 결별한 것이 베이컨의 선언으로부터 시작되었다."라고 이야기한다. 최진석, 「장자 지식과 놀이」, 『東洋哲學研究』 64집, 2012, 139쪽.

식 그 자체가 지배질서의 일부분이 되었다는 의미입니다. 지식의 개념은 시대변화를 반영해 확장되고 지금도 매 순간 지식의 다른 개념이 제시되고 있습니다.[5] 지식의 개념에 대한 관점은 사람마다 다르지만 대체로 그 정치적, 경제적 가치나 유용성이 강조됩니다. 이런 이유로 지식은 '지식 권력'이나 '지식경제'처럼 권력이나 경제와 같은 개념들과 연결될 수 있습니다.

그렇다면 지식 권력의 힘은 어디서 오는 것일까요? 이와 같은 지식의 힘은 언어를 통한 삶의 이론적 형상화 능력, 현실을 설명할 수 있는 힘 그리고 설득력을 기반으로 합니다. 즉 지식의 영향력은 구조에서 오며 이는 언어를 바탕으로 하는 것입니다. 언어는 명확한 개념과 논리적 인과관계, 합의된 언어사용의 구조, 그리고 사실과의 일치성 등을 전제로 지식 체계를 구성하며 지식이 이와 같은 힘을 가질 때 다른 사람을 자신의 뜻대로 조정할 수 있는 영향력을 가지게 됩니다.[6]

여기서 주의해야 할 점은 영향력과 권력이 일치하지 않는다는 것입니다. 영향력은 지식의 속성이 아니며 변화추구의 동력일 수

---

5) 허재영, 「지식 생산과 전파·수용에 따른 지식 권력 연구 방법론」, 『한국민족문화』 66집, 2018.

6) 장자에 의하면 일상적 지식은 인간의 감각기관과 그 감각의 대상이 되는 사물의 접촉으로 주어지는 자료를 분석함으로써 획득된다. 그렇다면 지식의 한계는 감각과 인식의 한계일 수밖에 없다. 인간은 언어와 글을 통해 자신의 생각과 느낌을 표현한다. 하지만 인간은 자신이 표현하고자 하는 사실과 대상을 언어로서 완전히 표현할 수 없다. 장자에 의하면 인간은 감각기관을 통하여 그 대상을 인식하고 여기에서 주어진 소재들에 대한 비교를 통해 자신의 지식을 구성하고 언어를 매개로 표현은 할 수 있지만 사물의 참다운 모습은 알 수 없다. 즉 인간은 사물변화의 겉모습은 인지할 수 있으나 그 사물들의 본질에 대해서는 알 수 없으며 그 표상이 사물의 진짜 모습인지도 알 수 없다. 이는 지식의 한계가 인식의 한계이며 또한 언어의 한계라는 것을 보여준다.

는 있으나 주체에게 보이는 이득을 가져다주지는 않습니다. 그러나 권력은 상대방을 자신의 통제 하에 둠으로써 상대방의 행동이 자신의 이해추구에 기여하도록 만들 수 있습니다. 지식은 논리적으로 권력의 밖에 존재지만 실제 현실에서는 상호분가분의 관계를 맺고 있습니다.

3. 장자의 지식론

장자의 지식론은 다양한 해석의 가능성을 열어 놓고 있지만 많은 학자들의 공통적 의견은 장자를 상대주의자 또는 회의론자로 규정한다는 것입니다. 그는 세계에 대한 앎을 얻을 수 있는 인식주체의 능력을 회의합니다. 장자에 의하면 인식은 객관적 기준이 없으며 따라서 상대적인 여러 관점에 의해 제한 받을 수밖에 없습니다. 하지만 장자는 이러한 지식의 제한성을 인정하면 서도 참된 지식의 가능성을 부정하지 않습니다. 그는 지식을 다음의 두 가지 종류로 명확히 구분하고 있습니다. 첫째는 일반사람들의 일상적 지식과, 둘째 도를 체득한 사람의 참된 지식입니다.[7]

---

7) 지식을 유위와 무위의 지식, 즉 일상적 지식과 참된 지식의 대립된 두 가지 종류로 나눈 것은 중국 역사에 있어 장자가 최초이다. 福永光司, 임헌규·임정숙 옮김, 『난세의 철학: 장자』, 민족사, 1991, 140쪽.

3.1. 앎(知)과 일상적 지식(知識)

안다는 것은 사물을 구별하고 사유하여 판단하는 것을 의미합니다. 우리가 어떤 대상을 안다고 말하는 것은 다른 것과의 차이를 아는 것입니다. 장자에 의하면 앎은 외물과 접촉하여 감각기관을 통하여 접촉한 외물을 지각작용으로 사유하는 것입니다.[8] 그리고 지식은 이러한 과정을 통해 얻어지게 됩니다. 이때 사물에 대한 접촉은 감각 및 지각의 수용성을 통하여 존재 사물을 지식으로 변화시키는 기능을 의미하며, 꾀하는 것은 지각된 내용을 바탕으로 사고하는 과정을 의미합니다. 즉 감각과 지각의 기초가 없는 사려는 불가능하며 사려의 기능에 의지하지 않는 감각과 지각 역시 무의미합니다. 결국 앎에 있어 대상에 대한 인식에 관여하는 것은 인간의 감각기관과 사유기관입니다. 장자는 감각기관에 대비되는 사유기관으로서의 마음에 주목하며 다음과 같이 말합니다.

"깨어나서는 감관이 열리어 접촉하는 것들과 얽히면서 날마다 마음[心]으로 싸운다."[9]

"귀로써 듣지 말고 마음[心]으로써 들으라. (…중략…) 귀의 작용은 들을

---

8) 郭庆藩의『庄子集释』(北京: 中華書局, 1961 본고에서 인용하는『莊子』의 원문은 이 판본을 저본으로 한다. 이후『莊子』의 인용은 편명만을 밝힌다).『莊子·庚桑楚』, "知者, 接也. 知者, 謨也."

9)『莊子·齊物論』, "其覺也形開。與接為構日以心鬪".

뿐이요 마음[心]의 작용은 외계 사물과 접촉하여 대조하고 부합시킬 따름이
다."10)

  사유기관으로서의 마음은『장자』가운데 177차례 등장하며, 드
러나는 모습에 따라 장자가 부정적으로 생각하는 중인지심(衆人之
心), 유봉지심(有蓬之心), 성심(成心),11) 기심(機心), 적심(賊心)과 긍정
적으로 생각하는 성인지심(聖人之心), 중심(中心), 상심(常心), 일심
(一心), 지인지심(至人之心)으로 나누어집니다.12)
  장자는 어떠한 기준으로 긍정과 부정의 마음을 나누는 것일까
요? 장자에 의하면 인간의 마음[心]이 생겨나면 분별지13)가 생겨나
고, 이 분별지에 의해 서로 다른 2종류의 마음[心]이 생겨나게 됩니
다. 첫 번째는 물욕에 의하여 발생하게 되는 주관인식의 마음[心]입
니다. 이 마음은 외부사물에 의해 이끌린 것으로 공리(功利)를 추구
하며, 시비(是非)와 선악(善惡)을 가르고 각자 옳은 것을 옳다 하고
그른 것을 그르다고 하며 자기는 옳고 남은 그르다고 생각하는
등 시비와 선악 그리고 미추에 관한 논쟁의 늪에 빠지게 됩니다.
때문에 주관인식으로 가려진 마음의 작용은 사람을 어지럽게 할
뿐만 아니라 사회 역시 혼란스럽게 하며 인간의 온전한 삶을 방해

---

10)『莊子·人間世』, "無聽之以耳而聽之以心........聽止於耳心止於符".
11) 莊子는 '成心'과 유사한 의미로 '心死'라는 표현을 쓰기도 한다.『莊子』에는 이와 관련된
   내용이 2번 나오며 이에 따르면 타자를 경쟁자로 인식하고 대립하는 자기중심적 활동양상을
   보이거나, 세계를 변화의 과정으로 받아들이려 하지 않을 때 '마음이 죽은 상태'라고 규정된다.
12) 이강수,『道家思想의 硏究』, 고려대학교 민족연구원, 1989, 23~24쪽.
13) 莊子는 지식의 성립과 관련하여 分別知는 감각기관과 사유기관에 의하여 성립된다고 생각한다.

하는 근원이 됩니다. 장자에게 있어 이러한 마음[心]은 부정의 대상입니다.

두 번째는 영부(靈府) 영대(靈臺)의 마음[心]입니다. 영부(靈府)는 정신의 집이며 영대(靈臺)는 허정(虛靜)하여 외부사물들이 영향을 미칠 수 없는 마음[心]의 체(體)입니다.[14] 때문에 이 마음[心]은 허정지(虛靜止)의 본성[15]을 체현하여 도(道)와 더불어 사물을 따라 변화하지 않습니다. 영부(靈府) 영대(靈臺)의 마음[心]은 장자가 생각한 인심(人心)의 자연 상태로서 일체의 시비와 선악 등을 배제한 일종의 정신경지이자 성인의 마음입니다. 장자는 「천도」편에서 다음과 같이 말합니다.

"성인의 마음[心]은 고요하구나! 천지를 비쳐 주는 거울이며 만물을 비쳐 주는 거울이다. 허정 염담 적막 무위는 천지의 기준이며 도덕의 본질이다. (…중략…) 만물의 본원이다. 하늘과 조화되는 것 이것이 천락이다."[16]

장자가 이야기하는 성인의 마음[心]은 개체의 마음이자 우주의 마음입니다. 그것은 형체를 떠나지 않으면서도 형체를 초월하고 최대한의 주체의 능동성을 가지고 있으며 만물의 본원이 됩니다.

---

14) 『莊子·庚桑楚』, "不可內於靈臺"; 成玄英疏, "靈臺, 心也. 妙體空靜, 故世物不能入其靈臺也."
15) 서복관 선생은 『中國人性論史』에서 다음과 같이 이야기한다. "虛는 자기중심의 선입견이 없는 것이며 靜은 물욕에 의해 감정의 움직임이 없는 것이다. 止는 마음이 유혹받아 외부로 뛰어나가려고 하지 않는 것이다. 虛靜할 수 있다면 止할 수 있다. 때문에 虛靜은 道家工夫의 총강령이며 道家思想의 핵심이다."
16) 『莊子·天道』, "聖人之心靜乎! 天地之鑒也, 萬物之鏡也. 夫虛靜恬淡寂漠無爲者, 天地之平而道德之至也....萬物之本也....與天和者謂之天樂."

또한 성인의 마음[心]은 인심(人心)의 자연 상태로서 도(道)와 하나가 됩니다. 이러한 마음[心]은 『장자(莊子)』에서 다양한 용어로 표현됩니다.

"상계가 말했다. '그는 스스로를 수양함에 있어서 자기의 지혜로 그 마음을 터득하고, 스스로의 마음으로 그 변함없는 본심을 터득했습니다.'"[17]

상계가 이야기하는 상심(常心)은 허령하여 일체의 사고나 감각지 등이 들어올 수 없는 마음이며, 하늘이 본래부터 부여한 그대로를 고스란히 지키고 있는 마음입니다. 이는 장자의 다른 표현을 빌려 말하면 일심(一心)입니다. 일심(一心)이나 상심(常心)은 성심(成心)에 대비되는 마음으로 영부(靈府) 영대(靈臺)의 마음[心]의 또 다른 표현이며, 장자가 생각하는 긍정적인 마음입니다.

비록 장자가 사유기관으로서의 마음을 영부(靈府) 영대(靈臺)의 마음과 주관적 인식의 마음으로 분류하고 있으나 사실 자각과 자각하지 못하는 본체는 모두 사유의 주체로서 하나의 마음을 이야기합니다.

또한 인간의 앎과 지식은 사유기관으로서의 마음뿐 아니라 그 대상인 사물로부터도 자유로울 수 없습니다. 즉 앎과 지식은 반드시 인식 대상이 있어야 성립합니다. 장자(莊子)에게 있어 인식 대상인 사건 사물, 인간의 욕망과 감정, 인의예약 등은 다양한 의미를

---

17) 『莊子·德充符』, "常季曰, 彼為己, 以其知得其心; 以其心得其常心."

내포하며, 모두 앎과 지식의 대상이 됩니다. 오현방은 장자가 이야기하는 사물의 의미에 대해 다음과 같이 분류합니다.[18]

1) 사물은 우리 감각기관의 대상이 되는 모든 것을 의미한다.[19]
2) 사물은 우리 의식의 대상이 될 수도 있으며 언어로 규정할 수 있는 것이다.[20]
3) 사물은 도덕적 가치를 의미한다.[21]
4) 사물은 사람을 의미한다.[22]
5) 사물은 정치제도와 세상의 일 등을 의미한다.[23]

『장자』에 보이는 사물의 의미는 감각기관의 대상, 의식과 의식의 대상, 도덕가치, 사람, 제도 등 매우 폭넓은 범위와 의미를 지니고 있습니다. 곧 일체의 존재자가 모두 사물인 것입니다. 주목할 점은 인식과 지식의 대상이 되는 사물이 끝없는 변화를 그 속성으로 한다는 것입니다. 장자는 말합니다.

---

18) 오현방, 「莊子知識論硏究」, 강원대학교 박사논문, 2009, 46~47쪽.
19) 『莊子·達生』, "凡有貌象聲色者, 皆物也". 『莊子·騈拇』, "屬其性於五味, 雖通如兪也, 非吾所謂臧也".
20) 『莊子·秋水』, "可以論, 物之粗也; 可以意致, 物之精也".
21) 『莊子·騈拇』, "天下莫不奔命於仁義, 是非以仁義易其性? 故嘗試論之, 自三代以下, 天下莫不以物易其性矣."
22) 『莊子·德充符』, "受命於天, 唯舜獨也正, 幸能正生, 而正衆生".
23) 『莊子·逍遙遊』, "藐姑之山, 有神人居焉, 肌膚若氷雪, 綽約若處子. 不食五穀, 吸風飮露. 乘雲氣, 御飛龍, 而遊乎四海之外. 其神凝, 使物不疵癘而年穀熟. 吾以是狂而不信也. 連叔曰: 然! 瞽无以與乎文章之觀, 聾无以乎鐘鼓之聲. 豈唯形骸有聾盲哉? 夫知亦有之. 是其也, 猶時女也. 之人也, 之德也, 旁礴萬物以爲一世乎亂, 孰弊弊焉以天下爲事! 之人也, 物莫之傷, 大浸稽天而不溺, 大旱金石流土山焦而不熱. 是其 塵垢秕糠, 猶陶鑄堯舜也, 孰肯以物爲事."

사물이 생겨나 변화하는 것은 마치 말이 달리듯 재빠르다 움직이니 변화하지 않는 것이 없고 때마다 변화하지 않는 것이 없다.[24)

사물 한쪽에서의 나누어짐은 다른 쪽의 이루어짐이며, 한쪽에서의 이루어짐은 다른 쪽에서의 훼손됨이다.[25)

사물의 양은 무한하고 시간적으로 그침이 없고 득실의 분수도 일정치 않으며 처음과 끝이 고정되어 있지 않다.[26)

장자는 "지식은 기준이 있은 뒤에야 비로소 옳은 것이 된다. 그런데 그 기준이 아직 확정되지 않았다."[27)라고 이야기합니다. 대상이 표준을 정할 수 없는 것은 사물이 끊임없이 변화하며, 인식의 과정을 통해 우리의 감각기관에 때때로 포착될 뿐이기 때문입니다. 사물은 끊임없이 변화합니다. 그리고 이러한 변화의 과정을 통해 생성과 소멸을 반복합니다. 인식 대상인 사물의 변화로 인해 우리는 인식 대상과 그 표준을 확정할 수 없으며, 타당한 지식을 얻을 수 없습니다. 또한 설령 우리가 인식 대상을 정하여 일상적 지식을 얻을 수 있다 하더라도 그것은 항상 불안정할 수밖에 없습니다.

---

24) 『莊子·秋水』, "物之生也, 若驟若馳, 无動而不變, 无時而不移."
25) 『莊子·齊物論』, "其分也, 成也, 其成也, 毁也."
26) 『莊子·秋水』, "夫物, 量无窮, 時无止, 分无常, 終始无故".
27) 『莊子·大宗師』, "夫知有所待而後當, 其所待者特未定也."

지식의 성립과정에 있어 대상에 대해 관여하는 것은 감각기관과 사유기관입니다. 그리고 감각기관은 인식 대상의 변화속성에 의해 올바른 지식을 얻을 수 없습니다. 그렇다면 우리의 인식기관은 대상에 대해 올바른 지식을 얻을 수 있을까요? 마음은 인식기관으로서 사유작용을 수행합니다. 또한 이러한 마음은 지식을 생산하는 과정에서 사물을 분별하기 때문에 분별심이라고도 부릅니다. 인식기관인 마음은 일차적으로 외물에 접하여 부단히 변화하는 존재 사물을 기초로 재료를 재구성함으로써 지식을 형성합니다. 하지만 필연적으로 여기에는 지식에 관여된 대상 존재와 그것을 판단하는 주관의 문제가 성립될 수밖에 없습니다. 장자는 선입견과 집착에서 벗어나지 못하는 마음을 성심(成心)[28]이라 부릅니다. 성심은 선입견과 집착을 벗어나지 못하는 마음으로 대상과 관계를 맺는 과정 중에 필연적으로 공간과 시간을 제약을 받아 참된 지식을 얻을 수 없습니다. 장자는 말합니다.

우물 안의 개구리가 바다에 대해 말할 수 없는 것은 공간[虛]에 구속되어 있기 때문이다. 여름 하루살이가 얼음에 대해 말 못하는 것은 시간에 묶여 있기 때문이다.[29]

---

28) 마음은 『장자』에 나타나는 범주 가운데 매우 정의하기 어려운 개념이다. 『장자』 가운데 마음은 177차례 보이며 다양한 이름을 가지고 있다. 그 중 일반인의 마음을 나타내는 말은 衆人之心, 有蓬之心, 成心, 機心, 賊心 등이 있으며, 지식과 연관된 마음은 성심이다. 장자는 인식의 단계에서 분별지가 생겨나게 되고 분별지에 의해 주관인식의 마음과 영부 영대의 마음이 생겨난다고 이야기한다. 주관인식의 마음이 곧 성심이다. 성심의 작용은 사람과 사회를 어지럽히고 인간의 全生을 방해하는 원인이 된다. 윤지원, 「『莊子』에 나타난 마음[心]과 몸[身]에 대한 고찰」, 『중국학연구』 60집, 2012.

가을 홍수가 넘쳐 많은 하천의 물이 황하로 흘러들었다. 물이 멀리 퍼져 양쪽 강가, 모래톱 둘레를 보아도 소와 말을 분별할 수 없었다. 이에 하백은 기뻐 좋아하며 천하의 모든 아름다움이 자기에게 모였다고 생각했다. 흐름을 따라 동쪽으로 가서 북해에 이르러 동쪽을 보지 물의 끝이 보이지 않았다.[30]

인간은 시간과 공간 교육 등 환경의 영향을 받으며 살아갑니다. 우물 안의 개구리는 삶의 장소가 우물이라는 공간에 제한되어 있어 우물 밖의 세계는 생각할 수 없으며, 여름벌레는 그의 삶이 여름이라는 시간에 묶여 있어 여름이 아닌 가을·겨울·봄에 대해 긍정할 수 없습니다. 마찬가지로 일곡지사는 그가 보고 들은 것에 속박되기 때문에 일상적인 지식을 벗어난 세계에 대해서는 긍정할 수 없습니다.

결국 마음이라는 사유기관 역시 필연적으로 공간과 시간의 제약을 벗어날 수 없습니다. 때문에 마음을 통해 생성된 지식역시 완전한 지식일 수 없습니다. 마음에 의해 형성된 지식은 존재의 현상에 대하여 직접적으로 관계를 맺는 것이 아닌 의식 대상으로서 나타나는 의식현상을 대상으로 삼아 성립합니다. 마음을 통해 형성된 지식은 기본적으로 감관의 근원적인 제약들을 기초로 성립된 지식의

---

29)『莊子·秋水』, "井蛙不可以語於海者, 拘於虛也. 夏蟲不可以語於氷者, 篤於時也. 曲士不可以語於道者, 束於敎也."

30)『莊子·秋水』, "秋水時至, 百川灌河, 涇流之大, 兩涘渚崖之間, 不辯牛馬. 於是焉河伯欣然自喜, 以天下之美爲盡在己. 流而東行, 至於北海, 東面而視, 不見水端."

바탕 위에 판단기능을 수행하는 사려기능에 의해 다시 재구성되기 때문에 세계의 본연을 나타내는 참된 지식을 얻을 수 없습니다.

3.2. 참된 지식[眞知]

앞서 지식의 성격과 지식에 있어서의 감각기관과 사유기관의 한계에 대하여 살펴보았습니다. 장자가 이야기하는 일상적 지식은 그에게 있어 비판의 대상이 됩니다. 장자는 이러한 지식이 세계의 진정한 모습을 드러내지 못하며 인간의 본성과 세계의 참모습을 망쳐 인간을 권력과 욕망의 노예로 만든다고 생각합니다.[31] 장자에게 일상적 지식은 다툼의 도구로서 인간을 불행하게 만드는 흉기입니다.[32] 왜냐하면 지식은 세계를 대상적으로 파악하는 주관과 객관을 전제로 형성되며, 나아가 인식주관이 대상으로 파악한 존재 사물을 자신의 시야에서 정의함으로써 성립되기 때문입니다. 장자는 말합니다.

"흉한 덕이 다섯 가지가 있는데 그 중에서 중덕이 첫째이다. 무엇을

---

31) 장자는 산곡의 선비 평세의 선비 조정의 선비 강해의 선비 도사 같은 선비를 권력과 욕망의 노예로 풍자한다. 일반적으로 유가의 선비들은 난세 산곡의 선비가 되어 부패한 권력을 비판하며 불우한 자신의 처지를 탓하다 고결하게 자결한다. 태평의 시대에는 평세의 선비처럼 서당의 훈도가 되어 재야에서 교화의 역할을 수행하며 등용이 되면 조정의 선비처럼 정치에 종사 부국강병을 추구한다. 반면에 도가의 선비들은 통상 강해의 선비처럼 강과 바다로 떠나 무심하게 은둔하는 삶을 살거나 도사처럼 건강과 장수를 위해 수행하는 삶을 산다고 알려져 있다. 장자는 이런 다섯 종류의선비와 그들의 지식을 흉기로 규정한다.

32) 『莊子·人間世』, "名也, 相軋也; 知也, 爭之器也. 二凶器, 非所以盡行也."

중덕이라 하는가? 중덕은 자기가 좋아하는 것은 옳다고 하고 좋아하지 않아서 행하지 않는 일을 옳지 않다고 하여 나쁘게 여김을 말한다."[33]

성현영은 흉한덕의 첫째인 중덕을 인식기관인 마음이라 주석하고 있으며 서정괴는 의식이라 이야기합니다.[34] 장자가 이야기하는 중덕은 세계를 주관적 가치의 대상으로 파악할 뿐만 아니라 나아가 스스로 가치 있다고 생각하는 것을 얻기 위해 힘을 낭비하고 결국에는 세계의 질서에 역행함으로써 스스로의 파멸을 초래하는 일상적 지식생산의 주체, 즉 마음입니다.

하지만 이와 같은 마음의 한계에도 불구하고 장자는 참된 지식의 가능성에 대하여 부정하지 않습니다. 그가 비록 감각기관과 사유기간의 한계를 이유로 인식에 관한 회의적 입장을 취하고 있지만 장자는 한계를 극복하고 참된 지식을 얻을 수 있다고 생각합니다.

"소지(小知)[35]를 버리면 대지(大知)가 밝아진다."[36]

---

33) 『莊子·列禦寇』, "凶德有五, 中德爲首. 何中德? 中德也, 有以自好也而吡其所不爲也."
34) 『莊子·列禦寇』, 成玄英疏, "心耳眼鼻也, 曰此五根, 禍因此得, 凶德也, 五根禍主, 中德心也." 徐廷槐, 『南華簡鈔』(『無求備齋莊子集成』 初篇, 第20卷), 臺北: 藝文印書館, 1972, 427쪽, "中德則意識也. 有意識, 則有分別, 人莫我及而詆毁之."
35) 소지에 대하여 장자는 말한다. "소인의 지식은 선물이나 편지 따위 하잘것없는 일에서 떠나지 못하고 정신을 천박한 일에 지치게 만들면서 그래도 도와 사물을 아울러 배워서 도와 사물이 하나가 되는 경지에 이르려 하고 있다." 『莊子·列禦寇』, "小夫之知, 不離苞苴簡牘, 敝精神乎蹇淺, 而欲兼濟道物太一形虛". 明代 焦竑은 『莊子翼』에서 "大知는 넓은 모습이라면, 小知는 분별을 세워 따지는 것이다". 焦竑, 『莊子翼·齊物論』, "閑閑廣貌, 閒閒有別也."
36) 『莊子·外物』, "去小知而大知明".

"대지(大知)는 한가하고 너그러우나 소지(小知)는 사소한 일을 따지려
든다."37)

"도는 어디에 숨어서 참과 거짓이 있는가? 언어는 어디에 숨어서 옳고
그름이 있는가? 도는 어디에 가서 존재하지 않고 언어는 어디에 있어 말할
수 없는가? 도는 '작은 이룸(小成)'에 가리고 언어는 영화에 가려진다. 때문
에 유·묵의 시비가 있다. 그 옳지 않은 것을 가지고 옳다고 하고 옳은
것을 옳지 않다고 한다. 그 옳지 않은 것을 옳다고 하고 그 옳은 것을
옳지 않다고 하는 것은 '밝음에 의거함'만 못하다."38)

제물론에서 장자가 말하는 소(小)는 부분의 의미이고 상대적이
며 대(大)는 전체적 또는 절대의 의미입니다. 장자는 소(小)를 초월
해 대(大)에 도달할 것을 주장합니다. 사실 크고 작음의 구분은 분
별지에 의해 생기는 것입니다. 옳고 그름의 상대성이 정해진 상태
에서 '옳다'라는 것은 진정한 지식의 영역에 도달하지 못한 경험단
계의 가치판단입니다. 이러한 분별은 참된 지식을 철저히 은폐시
키게 됩니다. 이와 같이 장자에게 있어 인간의 일상적 지식은 제한
된 것이므로 세계와 나에 대한 올바른 이해를 위해서는 참된 지식
을 얻어야 합니다.

---

37) 『莊子·齊物論』, "大知閑閑, 小知閒閒".
38) 『莊子·齊物論』, "道惡乎隱而有真偽? 言惡乎隱而有是非? 道惡乎往而不存? 言惡乎存而不
可? 道隱於小成, 言隱於榮華. 故有儒墨之是非, 以是其所非而非其所是. 欲是其所非而非其所是
則莫若以明."

참된 지식은 무엇을 말하는 걸까요? 장자가 이야기하는 참된 지식은 감각기관과 사유기관의 한계로 인해 변화하는 일상적 지식과 달리 상대적 차별을 벗어난 자연 그 자체인 도에 대한 지식입니다. 장자는 만물의 근원적 존재는 도이며 사람의 근원은 덕이라 주장합니다. 만물의 근원으로서의 도는 유무를 포괄하는 전체로서 어디에나 존재하며 인간에게 덕으로 내재합니다. 또한 도와 덕은 질적으로 동일하며 때문에 인간은 덕을 통해 만물의 근원인 도와 소통할 수 있습니다. 즉 도에 대한 지식을 얻는 방법은 인간 본연의 덕을 회복하고 나에 대해 궁구 하는 것입니다. 장자는 이와 같이 인간의 내면에서 깨달음을 구하는 방법을 성수반덕(性修反德)이라 말합니다.

그렇다면 도에 대한 지식은 어떻게 얻을 수 있을까요?[39] 노자는 『도덕경』 1장에서 "말할 수 있는 도는 상도가 아니며 이름 붙일 수 있는 이름은 영원한 이름이 아니다."[40]라고 말하고 있으며, 장자 역시 사물의 거칠고 큰 부분만을 표현할 수 있다고 말합니다. 즉 언어를 통해 우리가 얻을 수 있는 것은 사물의 범위, 즉 현상계에 현현하는 사물의 범위에 불과한 것입니다. 사실 일상적 지식을 형성하는 언어는 장자에게 있어 가장 인위적인 것입니다. 언어는 인간이 만들어낸 표현체계로서 인위적이며 무위와 배치됩니다. 때

---

39) 장자에 의하면 天道의 自然을 아는 참된 지식의 추구는 다음의 과정을 통해 가능하다. 『莊子·徐无鬼』, "人之於知也, 雖小, 恃其所不知而後知天之所也. 知大一, 知大陰, 知大目, 知大均, 知大方, 知大信, 知大定, 至矣. 大一通之, 大陰解之, 大目視之, 大均緣之, 大方體之, 大信稽之, 大定持之."

40) 『道德經』 一章, "道可道非常道, 名可名非常名".

문에 언어는 자연의 도와 가장 멀리 떨어져 있습니다. 인류는 언어를 통해 스스로와 세계를 대상화하였고, 이를 통해 수많은 차별을 생산해 내었습니다. 결국 자연과 분리되지 않은 하나로서의 인간은 언어를 소유하게 되면서 자연과 대립하게 되었고 종국에는 자기 자신과도 분리되는 결과를 초래하게 되었습니다. 때문에 인간이 본래의 상태를 회복하고 참된 지식을 얻기 위해서는 일상적 지식과 언어의 한계를 자각하고 언어로부터 자유를 획득해야 합니다. 장자는 언어의 한계를 다음과 같이 말합니다.

언어로 나타낼 수 있고 지식으로써 알 수 있는 것은 물(物)의 범에 한정될 뿐이다.[41]

언어로 논할 수 있는 것은 물(物)의 거칠고 큰 것들이며, 사유로 이를 수 있는 것은 물(物)의 정세한 것들이다.[42]

이상의 내용을 통해 우리는 장자가 말하는 참된 지식이 감각기관과 사유의 인식체계를 넘어선 어떤 것임을 알 수 있습니다. 장자는 만물의 근원으로서의 도는 일반적 공부나 지식의 추구 방법으로는 알 수 없다고 생각합니다. 그리고 오직 현상에서 나타나는 시비(是非), 선악(善惡), 호오(好惡) 등의 가치판단을 제거하고 덕으로 돌아가

---

41) 『莊子·則陽』, "言之所盡, 知之所至, 極物而已".
42) 『莊子·秋水』, "可以論, 物之粗也, 可以意致, 物之精也".

도와 합일해야지만 참된 지식이 드러난다고 주장합니다. 그는 언어를 벗어나 참된 지식을 얻을 수 있는 방법으로 명(明)43)을 제시합니다. 명은 문자적으로 다양한 의미를 가지지만 주로 비추는 것 또는 앎의 의미를 가지고 있습니다. 장자는 주로 앎의 의미로 명을 사용하는데 이는 노자에서 먼저 언급됩니다. 다음은 노자와 장자가 이야기하는 명에 대한 언술입니다.

> 다른 사람을 아는 것을 지라고 하고 스스로를 아는 것을 명이라고 한다.44)

> 내가 말하는 명이란 상대방의 색깔에 정신을 빼앗기는 일없이 스스로 자연스럽게 본다는 뜻이다.45)

인용문에서 나타나는 지(知)와 명(明)은 모두 앎을 뜻합니다. 하지만 그 내용에서는 차이가 있습니다. 지(知)는 대상 사물에 대한 작용을 통해 아는 것인 반면 명(明)은 오히려 지(知) 자체의 인식능력을 반성적으로 사유하는 것을 의미합니다. 즉 장자에게 있어 명은 도의 관점에서 만물을 볼 수 있는 가능성을 의미합니다.46)

---

43) 하상공은 明에 대해 다음과 같이 설명한다. "사람이 스스로 현명함과 모자람을 알 수 있는 것은 무성을 돌아서 듣고 형체 없는 것을 안으로 보는 것이라 한다. 그러므로 명이 된다." 『老子道德經河上公章句』 三十三章.
44) 『道德經』 三十三章, "知人者智, 自知者明".
45) 『莊子·駢拇』, "吾所明, 非其見彼也, 自見而已矣."
46) 『莊子·秋水』, "以道觀之, 物無貴賤; 以物觀之, 自貴而相賤".

4. 나가는 말

앨빈 토플러는 다가오는 미래는 지식이 가치 창출의 기반이 되는 지식기반사회가 될 것이라 말합니다. 그의 예측과 같이 신지식을 바탕으로 지식네트워크가 구축되었고 세상은 변화하고 있습니다. 우리가 직면한 현실은 미래로 향하는 역사의 장과 현재 역사가 진행되는 양상이 바뀌고 있습니다. 미래로 향하는 역사의 장은 지식에 대한 새로운 사유 혹은 혁신적 성찰을 요청하고 있습니다. 비록 역사적 체험을 통해 근대의 지식이 인간의 물질적 복지 향상에 커다란 기여를 해 왔다는 사실은 입증되었지만 근대 지식에 대한 사유가 미래 인류에게 행복과 번영을 약속할 것인지는 알수 없습니다.

사실 근대 서양의 지식은 인간의 가치와 삶을 판단하는 데 있어서 무기력합니다. 왜냐하면 과학은 그 연구 방식 자체가 가치중립적이기 때문입니다. 가치중립적 지식을 통해 응용하여 구현되는 기술역시 가치중립적입니다. 가치중립성은 어떤 면에서 객관성으로 미화될 수 있겠지만 가치를 판단하는 데 무기력할 수밖에 없습니다.

현재 우리가 근대적 지식의 기반만으로 가치 있는 미래를 창조할 수 있을까요? 지식기반의 현대사회, 지식 권력에 종속된 우리에게 이상과 같은 장자 지식론에 대한 고찰은 우리가 추구해야 할지식의 다양한 가능성을 제시해 줄 수 있을 것입니다.

생각해 볼 문제

1. 장자는 인간의 가치판단에는 절대적인 기준이 없다고 주장합니다. 그리고 미셸 푸코(Michel Foucault, 1926~1984)는 지식과 권력의 관계에 대해 "진리는 그 자체로 진리이기 때문에 진리로 통용되는 것이 아니라, 진리의 위치에 있기 때문에 진리가 된다."고 이야기합니다. 이 둘의 주장에 의하면 지식은 상대적입니다. 절대적 지식 또는 진리는 없는 것일까요?

2. 현대 사회 지식 권력은 이미 지배질서의 일부분이 되었습니다. 지식의 개념은 끊임없이 확장하고 있고 그 영향력을 발휘하고 있습니다. 지식의 개념은 다양하게 제시될 수 있으나 우리가 살아가는 지식기반사회에서 어떠한 지식이 권력을 가지고 가장 큰 영향력을 발휘하고 있을까요?

3. 장자는 지식을 일상적 지식과 참된 지식으로 나누어 생각합니다. 일상적 지식은 인식 대상과 그 표준을 확정할 수 없는 상태에서 얻게 되는 불안정한 지식이며 인간의 본성과 세계의 참모습을 망쳐 인간을 권력과 욕망의 노예로 만듭니다. 참된 지식은 세계의 본 모습을 드러내며 차별을 초월한 도에 대한 지식입니다. 우리는 어떻게 참된 지식을 얻을 수 있을까요?

더 읽어보면 좋을 책

1. 김충렬, 『노장철학강의』, 예문서원, 1995.

저자는 반문화의 기치를 높이 든 노자의 도, 덕, 무위 등 중심 사상과 이상, 그리고 비판철학자로서 장자의 핵심 철학과 예술적 세계관을 마치 대화하듯 부드러운 어조로 설명해 주고 있습니다. 특히 노자 철학과 장자 철학의 공통점과 차이점을 명료하게 보여주고 있어 도가 철학의 전반을 이해하는 데 좋은 길라잡이가 되어 줄 것입니다.

2. 李康洙, 『道家思想의 研究』, 高麗大學校 民族文化研究所, 1989.

『도가사상의 연구』는 복잡하고 오묘한 장자와 노자의 사상 체계 분석을 통해 도가사상에 대한 이해를 심화시키고자 한 책입니다. 저자는 노자의 무위자연에 주목하여 노자사상 체계 속의 여러 요소들을 검토하였으며 장자사상에서 드러난 자연과 인간의 합일 문제를 중점적으로 살펴보고 있습니다. 또한 부록으로 조선 시대 성리학자였던 남당 한원진의 『장자변해(莊子辨解)』에 관한 연구를 실음으로써 노장 철학에 대한 폭넓은 이해를 추구하였습니다. 『도가사상의 연구』를 통해 우리는 노장사상의 핵심을 이해하고 이를 바탕으로 사유를 확장하여 장자의 지식에 대한 생각까지 파악할 수 있습니다.

3. 미셸 푸코, 오생근 옮김, 『감시와 처벌』, 나남출판, 2016.

푸코의 『감시와 처벌』은 역사적으로 처벌의 종류와 감시방법, 감옥의 탄생과정을 심층적으로 고찰하고 있습니다. 이를 통해 감옥과 처벌의 내면적, 외형적 변화를 조명하고 근대 이후의 행형사법제도와 권력의 관계를 규명하는 책입니다. 저자가 구조주의적 관점에서 사회와 권력을 어떻게 이해하였으며 권력의 의미를 어떻게 규정하고 있는지 생각하며 책을 읽는다면 사회현상 이면에 구조적으로 작동하고 있는 권력의 참 의미와 역할을 확인할 수 있을 것입니다.

무위적 지혜와 유위적 지식의 종합

: 『맹자』, 『중용』, 「역전」을 중심으로

송종서

1. 지식인의 등장

동아시아의 지식 이론의 원형이 이루어진 때는 공자(孔子)가 살았던 춘추시대 말기로부터 백가쟁명의 전국시대를 거쳐 진(秦)의 통일과 멸망, 그리고 한(漢) 초에 이르는 약 500년 간입니다. 이 기간에 독립적 신분으로 활동했던 문사(文士)들의 학술·지식을 통틀어서 '제자백가의 학(學)'이라 부릅니다. 역사상 그 시초는 공자(孔子, BC551~BC479)라는 지식인입니다.

공자는 노(魯)나라 사람이었지요. 알다시피 노나라는 주나라(西周, BC1046~BC771)의 제후국으로, 주 무왕(武王)이 상나라(商, BC1600~BC1046)를 멸한 뒤 동생 주공(周公)에게 봉토로 하사한 땅이었습니다. 이렇게 혈연에 기초한 종법적 봉건제를 통해 넓은 영토의 정치적 통합을 꾀한 주나라였지만, 그들의 봉건제는 근원적 한계를 갖고 있었습니다. 봉건(封建)한 이후로 세대가 내려갈수록 지방 제후국의 혈연 의식도 따라서 희박해져 갔다는 것이 그것입니다.

과연 BC 9세기 이후 토착 세력과 결합한 제후들이 자립하는 경향이 나타났습니다. 즉 공자가 태어나기 약 300년 전부터 주나라 종실의 세력이 약해지기 시작한 것입니다. 그렇게 한 세기 남짓한 세월이 흐른 뒤, 주 종실에서는 왕위 계승 문제로 내분이 일어났고 외척들이 이민족을 끌어들여 12대 유왕(幽王)을 살해했습니다. 그 결과 주나라는 멸망했고 낙양으로 수도를 옮긴 동주(東周) 시대 곧 춘추·전국시대로 접어들었습니다. 동주의 종실은 이미 각국의 공실(公室)에 대한 장악력을 상실했으며 천자(天子)는 유명무실해 졌습니다.

공자가 살았던 때의 사회 현실은 더 말할 나위도 없었습니다. 주나라의 문물제도를 '예악(禮樂)'이라 칭했는데 그 예악은 이미 붕괴했고[禮崩樂壞] 임금은 임금답지 못하고 신하는 신하답지 못한 [君不君, 臣不臣] 현상이 일반적이었습니다. 제후 밑으로 공(公), 경(卿), 대부(大夫), 사(士), 서인(庶人)으로 구성된 계급 질서가 크게 흔들리면서 사회 전반에 하극상(下剋上)이 만연했습니다. 강성한 세력을 가진 제후들은 천자를 능멸하며 자주 전쟁을 벌였고, 회맹(會盟)으로 패권을 유지했습니다. 훗날 전국시대 사람들은 그들을 춘추오패(春秋五霸)라고 불렀지요. 다섯 강대국은 물론이고 많은 군소 국가의 제후들도 기본적으로 무사(武士)들이었습니다.

춘추오패의 진(晉)이 한(韓)·위(魏)·조(趙) 삼국으로 분리되어 전국칠웅(戰國七雄)을 이룬 것은 BC453년의 일입니다. 이때 동아시아 대륙은 전쟁하는 국가들의 시대[戰國時代]로 접어들었습니다. 이제 더는 천자의 눈치를 볼 것도 없었고 제후로서의 명분과 평판 따위 의식할 필요도 없었습니다. 약한 국가를 공격해 토지와 백성과 생산물을 빼앗으면 그만인 '명분 없는' 쟁탈전이 200년 넘게 계속되었습니다. 전쟁에 뛰어든 제후들, 아니 독립적 '국왕'들의 관심사는 오직 자국의 생존 내지는 부국강병이었습니다. 생존의 논리만이 지배하는 전쟁의 시대, 그런 시대에는 어떤 나라든지 살아남기 위해 싸움의 진흙탕 속으로 뛰어들지 않을 수가 없습니다. 그리하여 온 세상이 전쟁터로 변하였고, 십중팔구는 비참한 패전국의 운명을 맞았습니다. 요컨대 춘추·전국시대의 사회와 문화는 필연적으로 무사 중심의 그것일 수밖에 없었습니다.

그런 사회·문화적 추세를 거스른 지식인[文士]이 공자입니다. 공자는 '군자'가 다스리는 사회를 긍정했지만, 그가 생각한 '군자'는 '군주의 아들'로 상징되는 세습 귀족이나 무력 통치자가 아니었습니다. 무엇보다 자기 수양[修己]을 통해 인격과 능력을 갖춘 정치가, 곧 '새로운' 군자가 사람을 다스려야[治人] 한다는 것입니다. 세습으로 권력을 물려받는 재래적 의미의 군자(군주)들, 그리고 천자를 보위한다는 구실로 병력을 동원해 권력을 다투는 패자(霸者)들이 아니라 인격과 지식을 갈고 닦아 덕(德)을 갖춘 신개념의 군자들이라야 백성을 편안하게 할 수 있다는 생각이었지요. 위력과 형벌이 통치하는 '무사 사회'를 정면으로 거부한 것입니다. 공자는 수양과

덕을 갖춘 문사들이 유능한 신하가 되어 임금을 임금답게 세울 수 있기를 바랐습니다. 그래서 그 자신도 유력한 관리로 등용되기 위해 오랜 기간 여러 국가를 돌아다녔고, 또 군자들을 길러내는 일을 게을리하지 않았습니다. 지식인 관리의 양성은 공자의 목표였습니다.

공자는 당시의 사회정치적 현실에 대해서는 비판적이었지만 문화에 관해서는 보수적이었습니다. 그런 까닭에 현대 신유가는 공자를 '문화 보수주의자'라고 말합니다. 공자는 당시의 문헌에 기록된 당(唐)·우(虞)·하(夏)·상(商)·주(周)의 문화를 부지런히 배우고 마음속 깊이 새겼습니다. 또 시서(詩書)와 예악을 실습·실천적으로 공부했습니다. 이런 공자를 스승으로 모시며 품행과 지식과 실력을 갖춘 '군자들'이 진출해야 할 곳은 당연히 '명분이 파괴된' 춘추·전국의 현실 공간이었습니다. 이처럼 유가(儒家)사상은 무사 중심 사회의 명분 파괴적 정치 현실을 정명론(正名論)으로 비판하며 등장한 문화적 보수주의라고 할 수 있습니다.

2. 자연과 인간의 관계를 새롭게 모색한 춘추·전국시대

선사 및 역사 시대의 유물을 연구하는 고고학은 인류의 생산도구를 기준으로 하(夏), 은(殷), 주(周) 및 춘추(春秋)시대까지를 청동기 시대로 파악합니다. 그리고 전국(戰國)시대 이후를 철기 시대로 구분합니다. 동아시아 역사에서 춘추·전국시대가 다른 어느 시대보다도 중요한 까닭은 단지 생산 도구가 청동기에서 철기로 바뀌어 생산력이 비약적으로 발전했다는 사실에 그치지 않습니다. 더 나아가 생산력 발전이 (자연에 대한 인간의) 노동 양식에 변화를 가져왔고, 그로 인해 사회와 사상의 변화가 일어났기 때문이지요.

이는 당시의 철학적 논쟁이 자연[天]과 인간[人]의 관계를 새롭게 정립하는 방법[道]에 집중되어 있었다는 사실에서도 드러납니다. 동서양 사상사에서 인간의 새로운 노동 양식이 정착되기 시작할 때에는 언제나 자연이 새롭게 이해되었습니다. 그리고 자연을 인식할 수 있는 '방법'에 대한 질문이 제기되었습니다.

그 대표적인 예는 『장자(莊子)』에서 찾을 수 있습니다. 장자에 의해 사유(思惟)되었던 '기(氣)' 개념은 이러한 생산력의 발전에 힘입어 전통적인 인격천(人格天) 대신 들어선, 스스로 운동하는 능산적(能産的) 자연력을 그 내용으로 지니는 것이었습니다. 『장자』의 이런 자연력으로서의 '기'는 주나라의 전통적 개념체계였던 '명(名)', 공자가 그의 정명론(正名論)을 통해 구제하려고 했던 '명분(名分)'을 뿌리째 흔들 수 있는 해방적 성격을 띤 것으로 나타났습니다. 그러나 시대적 변화가 마무리되는 한(漢) 초에 이르러 '기'의 역사적 실체는 비로소 드러납니다. 이 '기'는 사회적 노동을 매개로 해서 새롭게 드러난 자연력입니다.

자연은 이제 하나의 '힘'으로 파악되기에 이르고, '만물'은 이 힘이 구체화한 것으로 이해됩니다. 알다시피 인간은 자연으로 나아가지 않으면 생산 재료를 얻을 수 없지요. 원시적 채집경제 단계를 지나서도 생존을 위해 자연의 힘을 이용해야 합니다. 그리고 자연의 힘을 이용하기 위해서는 그 힘이 어떻게 운동하는지 자연의 '법칙'을 인식해야 합니다. 도(道)는 이런 법칙적인 자연으로 가는 '길'에 대한 지식입니다. 춘추·전국시대 사상가들의 논쟁은 '자연에 대한 지식이 가능한가?' '가능하다면 그 지식은 어떤 성격의 것인가?'의 문제를 중심으로 전개되었습니다. 그것은 새롭게 정착하고 있는 노동의 가능성과 그 성격에 대한 것이었습니다.

이 문제를 둘러싼 논쟁에서 도가는 과거와 단절합니다. 도가(道家)를 대표하는 노자(老子, ?~?)와 장자(莊子, BC370?~BC280?)의 사상을 통칭해 '노장사상'이라고 하지만, 노자의 『도덕경』이나 장자의 『장자』는 개인의 저작이 아니라 '도가'로 파악되는 집단의 사상이 집결된 것입니다. 장자는 자연과 인간의 관계에 대한 전통적 관념에 쐐기를 박았지요. "천(天)이 소인(小人)으로 여기는 자는 인간이 군자(君子)로 여기고, 인간이 군자로 여기는 자는 천이 소인으로 여긴다."[1] 새로운 힘으로 떠오르는 자연은 과거의 인간적 관점에서 규정되어 온 '천'과 질적으로 다르다는 것입니다. 즉 자연은 인간의 의지와는 상관없이 스스로 운동하면서 만물을 산출하고 거두어들이는, 곧 능산적인 그 자신의 길(道)을 가는 것입니다.

이런 노장철학적 자연의 자립성과 객관성이 전국 말기 순자(荀子)에게는 자연을 대상화해서 이용하는 노동의 인식론적 가능성을 확보해 주었습니다. 그리고 법가(法家)에게는 통치의 법적 객관성을 열어 놓는 토대를 마련해 주었습니다. 이러한 사실로부터 우리

---

1) 『莊子』「大宗師」.

는 도가철학이야말로 당시의 노동 양식의 변화를 가장 깊이 있게 이해하고 있었다고 할 수 있을 것입니다.

3. 자연의 논리와 노동의 논리

그러나 노자와 장자는 이렇게 자립적인 객관성을 가지고 운동하는 자연에 대해 인간이 노동을 가하는 것을 거부했습니다. 「제물론(齊物論)」에서 장자는 자연 만물을 평등하게 하는 '도'의 논리를 말합니다. 이 논리는 대상에 대해 어떻다고 규정하는 논리가 아니라 비(非)규정의 논리, 비(非)논리의 논리입니다. '사물은 이것이라고 할 수도 있고, 이것이 아니라고 할 수도 있다.' '이것과 이것이 아님, 긍정과 부정은 따로 떨어져 있는 것이 아니다.' '긍정이 곧 부정이고 부정이 곧 긍정이다.' 이러한 '도추(道樞)'의 논리는 한 사물과 다른 사물 사이의 같음[同]과 다름[異]을 분간해서 사물을 분리하고 반목(反目)하게 하는 시비(是非)가 들어설 자리를 없앱니다. 이 방법은 자연(만물)을 평등하게 하고, 하나의 전체로서 통일을 이루게[全一] 하려는 것입니다.

노자와 장자는 존재를 개념적으로 규정하는 것은 노동으로 자연을 지배[장자: 勝物]하려는 행위와 같다고 봅니다. 인간은 자연을 돕는다[助天]는 구실로 자연에 다가가지만, 실은 인간과 만물의 자연성을 파괴한다는 것입니다. '자연이 스스로 노동하게 하라, 인간이 무엇을 하겠다고 하지 말고, 아무것도 하지 않겠다는 마음으로 자연 앞에 서 있으면 된다.' '하지 않는 것은 실은 하지 않는 것이 아니다[無爲而無不爲].'라는 뜻이지요. 그런데 여기서 다음과 같은 문제가 제기됩니다. '하지 않음'과 '하지 않음이 아님'을 연결하는 카테고리가 있어야 하지 않는가? 다시 말해, 아무것도 하지 않으면서도 자연을 따라갈[無爲自然] 수 있는 길[道]이 제시되어야 하지 않는가? 노자는 그 카테고리를 제시합니다.

"그것은 보아도 보이지 않는다. 그것의 이름은 희미함[夷]이다. 그것은 들어도 들리지 않는다. 그것의 이름은 가냘픔[希]이다. 그것은 잡으려고 해도 잡히지 않는다. 그것의 이름은 작음[微]이다. 이 셋은 아무리 탐구하여도 밝혀지지 않는다. 그러므로 섞여서 하나가 된다. 그것의 위는 밝지 않으며 그것의 아래는 어둡지 않다. 끊이지 않아 이름할 수 없다. 그것은 다시 물(物) 없음에로 돌아간다. 그것을 상태 없는 상태[無狀之狀]이며, 형태 없는 형태[無象之象]라고 한다. 그것을 홀황(惚恍)이라 부른다."2)

노자가 말한 '도'의 카테고리는 '희미함', '가냘픔', '작음'입니다. 이 카테고리는 무(無)를 부정함으로써 유(有)의 방향을 확보하려는 것이 아닙니다. 무와 유 사이를 넘나드는 것입니다. 즉 올바르게 자연을 따라감은 '따름'과 '감' 사이의 끊임없는 넘나듦에, 머무름에 있다는 것을 말하려는 것입니다.

그러나 이런 유무(有無)의 논리를 가지고 무엇을 할 수 있을까요?

---

2) 『道德經』 第14章.

묵가(墨家)는 이를 비판합니다. "동이가 교차하게 되면 유무를 내칠 수 있다[同異交得放有無]."3)고 주장합니다. 곧 도가의 '유무' 논리는 '동이(同異)'의 논리로 지양되어야 의미를 획득할 수 있다는 것이 묵가의 주장입니다. 전국시대의 생산력 발전을 추동한 기술자로서 묵가 집단은 새로운 생산양식의 상황이 가능하게 해 준 생산성 제고 및 물질적 풍요를 성취해 고단한 노동에서 벗어나려고 했습니다. 그러나 맹자(孟子)를 비롯한 당시의 유가는 그들의 의지를 '이로움[利: 이익·편리·순조로움]'의 추구로 보고 배격합니다. 맹자는 이들의 노동이 단지 밑거름으로만 머물러 있기를 바랐습니다. 그리고 실제 역사도 그렇게 전개되었습니다.

'같음(同)'과 '다름(異)'을 교차시켜 사물이 어떻다고 규정하는 논리적 판단과 추론은 그 규정되는 사물에 대한 '관심'이 없이는 일어나지 않겠지요. 인간이 어떤 사물에 대해 복잡한 논리적 사고를 하는 것은 그 사물에 공을 들일 만한 까닭[故: 근거·이유]이 있기 때문이지요. 이 근거가 무엇인지 밝히는 기준이 '이(利)'입니다. 『묵자(墨子)』는 어떤 사물의 본질[性: 본성]이 무엇인가를 따지는 논리적 판단 및 근거 추구[故]를, 그 사물이 나에게 어떤 이익이 되는가의 관점에서 수행합니다.

묵가가 노장의 '유무'에 대해 '동이'를 내세운 이유는 분명합니다. 사물의 본질[性]은 그 사물을 이루는 요소들 사이의 '같음'과 '다름'을 따져, 다름 가운데서 같음을 설정해 가는 인간의 능동적

---

3) 『墨子』 「經上」.

활동 속에서, 그리고 그 활동이 수립한 일정한 관점에서만 밝혀질 수 있다는 점을 분명히 인식했던 것입니다. 요컨대 묵가는 노동의 관점과 논리에서 사물의 본성(본질)이 비로소 밝혀진다는 것을 주장한 것입니다.

이처럼 인류가 사물의 본질을 말할 수 있다는 것 자체가 역사적 발전입니다. 달리 말해, 노동 양식의 변화가 일정 수준에 도달하기 전에는 사물의 본성을 얘기한다는 것이 불가능합니다. 사회적으로 일정하게 정착된 노동의 양식이 보편화한 단계에 이르러서야, 그리하여 인간이 자연에서 상대적으로 해방되는 단계에 와서야 인류가 비로소 이론적으로 사물의 본성을 문제 삼을 수 있게 된 것입니다. 그러므로 우리는 동이(同異)의 논리가 자연의 도(道)를 숨긴다는 노장철학의 생각이 새로운 노동 양식에 대한 비판이라는 것을 알 수 있습니다. 노장철학은 동일한 문제를 놓고 묵가와 대립한 것입니다. 이 대립은 당시 새롭게 나타나고 있는 노동의 양식에 대한 가치평가에 집중되어 있습니다. 묵가는 이 노동의 양식 속에서 '해방'의 가능성을 발견했고, 반면에 노장철학은 인간과 자연의 자연성이 '파괴'되는 것을 보았습니다.

유(有)와 무(無)의 존재론적 논리는 생성 곧 자연의 논리이며, 동(同)과 이(異)의 본질론적 논리는 자연과 인간 사이의 관계설정 곧 노동의 논리입니다. 인간의 관점에서 말하면 노동 없이는 자연의 본질은 밝혀지지 않습니다. 그런데 이(利)를 추구하는 노동이 인간을 포함한 자연의 도에 일치할까요? 노장철학은 그렇지 않다고 했습니다. 그러나 노장철학의 관점이 옳다고 하더라도 인간이 사

회적 노동을 포기할 수 있을까요? 『맹자』, 『중용』, 「역전」은 바로
이 문제에 대한 사유의 기록입니다.

4. 무위자연의 논리를 '행行'하는 맹자의 새로운 노동 논리

이로움[利]의 추구가 인간 주체로 하여금 자연을 '대상화'하게
하고, 그래서 인간이 자신에게 이로운 면에 따라 '자연의 본성은
이러한 것이다[同].'라고 규정한다면, 과연 이런 규정은 자연과 인
간의 참된 관계에서 인간─자연이 서로를 거울처럼 비추는 본질적
규정이 될 수 있을까요? 묵가의 논리는 과연 인간으로 하여금 자연
속에서 자신을 발견하며 자연이 인간을 통해 자신을 표현하는 그
러한 인간─자연의 본질[性]을 나타내는 것이 될 수 있을까요?

맹자의 대답은 부정적입니다. 그렇지만 도가처럼 인간의 노동이
없이도 자연은 인간을 향해 열릴 수 있을까요? 역시 맹자의 견해는
다릅니다. 아래 구절은 그의 입장을 잘 나타내고 있습이다. 여기서
그는 이후 유교(儒教)사상의 항구적 관점이 될 만한 논리를 제시합
니다.

"맹자가 말했다. 천하 사람들은 본질[性]을 논함에 있어 근거를 따질[故]
뿐이다. 근거를 따지는 데는 이(利)가 기준이 된다. 사람들이 지혜[智]에서
싫어하는 것은 그 천착(穿鑿)하는 것 때문이다. 만약 지혜로운 자[智者]가
우(禹)임금의 물을 행하게 함과 같이 한다면 지혜를 싫어할 것이 없을 것이

다. 우임금이 물을 행하게 한 것은 그 (억지로) 일삼는 바가 없음을 행함[行其所無事]에 있으니, 만약 지혜로운 자 또한 그 일삼는 바가 없음을 행한다면 그 지혜 역시 클 것이다. 하늘은 높고 성신(星辰)은 멀지만, 진실하게 그 근거를 추구한다면[苟求其故] 천년 뒤의 동짓날도 앉아서 계산해 낼 수 있을 것이다."4)

이 글의 전반부가 묵가의 본질론과 인식론을 비판하고 있음은 앞에서 언급한 묵가의 지식 이론을 보면 분명해집니다. 그리고 후반부가 도가의 무위(無爲) 내지는 '억지로 일삼지 아니함[無事]'에 대한 맹자의 입장이라는 것도 명백합니다. 여기서 맹자는 한편으로 묵가가 '이로움[利]'의 관점에서 자연에 대한 지식을 천착하려는 논리를 비판하고 있습니다. 그러나 지식을 얻기 위해 '근거[故]'를 따지는 일 자체가 도가에게서처럼 배척되는 것은 아니지요. 만약 '진실하게'만 근거를 추구하여 자연에 대한 '참된 지식'에 도달한다면 지식은 위대한 것입니다.

『묵자』는 "그 근거를 구하라[구기고(求其故)]"5)고 적극적으로 주장한 바 있고, 정반대로『장자』는 "그 근거를 구하지 말라[무구기고(無求其故)]"6)고 주장했습니다. 『맹자』의 "진실하게 그 근거를 구한다[구구기고(苟求其故)]"는 것은『묵자』와『장자』의 상반된 주장을 종합한 것입니다. 맹자의 논리와 지식이 이렇게 될 수 있는 기준은

---

4)『孟子』「離婁 下」.
5)『墨子』「經上」.
6)『莊子』「知北遊」.

바로 도가적 무위를 '행(行)'하는 노동(행위)입니다. 그것은 우임금이 황하의 홍수를 막는 노동을 '행'할 때 물의 자연성에 따라 하였듯이 행하는 것을 뜻합니다. 이렇게 해서 얻는 지식은 기술적 편리함[利]을 내포하기는 하나, 어디까지나 자연의 자연적 운동에 따르는 지식이므로 '참된 지식'이며 '큰 지혜[大智]'입니다.

"일삼는 바가 없음을 행함[행기소무사(行其所無事)]"은 노장철학의 '무위자연'을 계승하여 '행'하는 운동이라는 점에서 맹자의 새로운 노동 논리가 될 수 있었습니다. 우리는 앞에서 노장철학의 '무사', '무위'가 유(有)와 무(無)의 넘나듦에 머문다는 것을 의미한다고 했습니다. 또 노자가 이 머무름의 범주로 '희미함', '가냘픔', '작음'을 들었다고 했습니다. 따라서 맹자의 '그 일삼는 바가 없음을 행함'은 이 범주들을 계승하여 전개하는 데 있을 것입니다. 그렇게 할 수 있을 때 "하지 않으나 하지 않음이 아닌[無爲而無不爲]" 도가적 자연은 "무엇을 하는 것이 없는데도 하는[莫之爲而爲]"[7] 유가적 자연으로 이해될 수 있을 것입니다.

'행기소무사'의 노동 논리는 맹자의 이론체계 전체의 토대를 이루는 논리입니다. 이 논리는 인간의 마음[心]속에서는 자연의 생명을 측은하게 여기는 마음[측은지심(惻隱之心)]이고, 따라서 다른 생명이 고통받는 것을 보고 참지 못하는 마음[불인지심(不忍之心)]으로 나타납니다. 맹자에게는 이것이 인간의 자연적 본성(性)입니다. 이러한 인간의 내적 자연과 인간 밖에 있는 자연, 예컨대 물이 아래로

---

7) 『孟子』 「萬章 上」.

흐르는 본성을 따라 행하는 것이 동질적인 '행기소무사'입니다. 맹자는 인간의 '측은지심'이 자연적 본성임을 증명하기 위해 우물에 빠지려고 하는 어린아이에 대해 취하는 사람들의 공통적 행동을 예로 듭니다.

　사람들은 그런 경우 어떠한 사려와 이해타산을 하기 전에 어린아이를 구하려고 달려갑니다. "사람들은 모두 놀라고 두렵고 불쌍히 여기는 마음이 든다."[8] 이는 마을 사람들이나 친구들에게 칭찬을 듣기 위해서도 아니고, 그렇게 하지 않으면 비난을 당할까 봐 그러는 것도 아닙니다. 이는 모든 사람에게 있는 '인의 단서[仁之端]'인 것입니다. 따라서 인간의 자연적 본성은 '선(善)'한 것이며 인간은 이러한 선한 본성을 밝히기만 하면[明善] 되는 것입니다. 인간의 내적 자연과 외적 자연은 갈등 관계에 있지 않고 일치 관계에 있습니다. "만물이 내게 갖추어져 있다. 자기에게 돌이켜 성(誠)되면 즐거움이 이보다 더 클 수 없다[萬物皆備於我矣. 反身而誠, 樂莫大焉]."[9] 또 다음과 같은 구절들도 같은 내용을 말합니다. "자기의 마음을 다하는 자는 그의 성(性)을 알게 되고 그의 성을 알게 되면 천(天)을 알게 된다[盡其心者, 知其性, 知其性, 則知天矣]."[10]

　'행기소무사'의 이러한 논리를 토대로 하여 맹자는 마침내 사회와 자기의식, 그리고 인간과 자연을 하나로 통일하는 체계를 형성합니다. 이 체계는 다음과 같이 표현됩니다.

---

8) 『孟子』「公孫丑 上」.
9) 『孟子』「盡心 上」.
10) 『孟子』「盡心 上」.

"아랫자리에 있으면서 윗자리에 있는 사람에게 신임을 얻지 못하는 사람은 민(民)을 얻어 다스릴 수 없다. 윗사람에게 신임을 얻는 데는 길이 있다. 벗들에게 믿음을 얻지 못하면 윗사람에게 신임을 얻을 수 없다. 벗들에게 믿음을 얻는 데는 길이 있다. 부모를 섬김에 부모를 기쁘게 하지 못하면 벗들에게 믿음을 얻을 수 없다. 부모를 기쁘게 하는 데는 길이 있다. 자기에게로 돌아와 성(誠)되지 않으면 부모를 기쁘게 할 수 없다. 자기를 성되게 하는 데는 길이 있다. 선(善)을 밝히지 않으면 자기를 성되게 할 수 없다. 그러므로 성(誠)은 자연(天)의 도이고, 성을 반성함(思誠)은 인간의 도이다. 지극히 성[至誠]되면서도 남을 움직이지 못한 사람은 아직까지 없었다. 성(誠)되지 못하면서 남을 움직일 수 있는 사람은 아직까지 없었다."11)

위와 같이 맹자는 '행기소무사'의 노동 논리를 '성(誠)'과 '성을 반성함[思誠]'의 결합으로 풀어내고 있습니다. '성(誠)'은 '무위자연의 도' 즉 '무사(無事)'이고, '성을 반성함'은 '행기소무사'에 해당합니다. '사성(思誠)'은 자연의 '무사'로서의 '성(誠)'에 대한 반성적 판정(칸트)이라고 말할 수도 있겠습니다. 그러나 이 반성적 판정은 '명선(明善)'에 의해 제약되고 있습니다. 맹자에 의하면, 자기에게로 돌아와 자연의 '성(誠)'을 반성하는 것은 '명선'의 길을 통해야 합니다. 그런데 '명선'의 내용은 '측은지심'을 단서로 해서 인간의 본성인 '인(仁)'을 밝히는 것입니다. 자연의 '성(誠)'을 '생각[思]'하는 반성적 판정은 따라서 '측은지심'을 통해 나타나는 '인(仁)'에 의해

---

11) 『孟子』「離婁 上」.

규정되어 있습니다. 다시 말하면 '사성(思誠)'이란 인간의 '측은지심'에 따라 자연 속에서 '측은지심'의 현상을 찾아 나가는 것을 의미합니다. 그러나 이것은 어디까지나 자연으로부터 오는 반성입니다. '사성'은 자연의 '성실함(誠)'의 '반성(思)'이기 때문입니다.

위의 인용구가 보여 주는 '행기소무사'의 체계는 그리하여 '측은지심'을 바탕으로 한 체계입니다. '측은지심'은 자연의 본질입니다. 그것은 마찬가지로 인간의 내적 자연이기도 합니다. 이 양자의 통일이 자연과 인간의 협동적 노동인 '행기소무사'를 통해 실제로 마련된 것임을 맹자는 '성(性)'에 대한 그의 이론에서 밝히고 있는 것입니다. 그리고 그것은 노장철학의 '무위이무불위'에서 유래한 자연-인간의 협동적 노동의 꿈을 맹자 자신이 실현하고 있다는 자부심의 표현이라고 할 것입니다.

5. 『중용』에 나타난 자연과 인간의 협동노동의 통치이념

맹자의 자연-인간의 협동적 노동의 이념을 통치론에 적용한 것이 『중용(中庸)』입니다. 위에서 인용한 맹자의 '성'(誠) 구절을 『중용』이 그대로 이어받고 있습니다. 다만 '성(誠)'을 논하는 중심 부분과 결론 부분이 통치론을 목적으로 하여 풀이되고 재표현될 뿐입니다.

"성(誠)은 자연(天)의 도이고 성 되게 함(誠之)은 인간의 도이다. 성은 힘쓰지 않아도 들어맞으며[不勉而中] 생각하지 않아도 얻는다[不思而得]. 그리하여 그는 자연스럽게 도에 맞는다[從容中道]. 그것은 성인(聖人)이다. 성 되게 함[誠之]은 선을 택하여 굳게 잡는 것[擇善而固執之者]이다."12)

『맹자』의 관련 부분과 비교해 보면 『중용』이 맹자의 생각을 어떻게 발전시키고 있는지 드러납니다. 우선, 맹자에게는 '성인(聖人)'의 계기가 아직 나타나 있지 않습니다. 『중용』이 자연의 도와 인간의 도 사이에 '성인'을 넣은 것은 그 통치론적 의도를 드러내고 있는 것이지요. 그런데 이 '성인'은 도가적인 '신인(神人)'처럼 자연과 구별할 수 없을 만큼 무위자연적인 존재입니다. 그는 '힘쓰지 않고[不勉]', '생각하지 않는[不思]' 하는 존재입니다. 따라서 자연의 '성(誠)'을 공유합니다. 그러면서도 그는 '들어맞고[中]' '얻게[得]' 하는 존재입니다. 우리는 여기서 맹자의 '행기소무사'의 극치를 이루는, 자연이면서 인간인 존재와 만납니다. 『중용』은 맹자사상의 깊은 의도를 잘 읽어냈다고 하겠습니다. 즉 동일성과 비동일성의 포용[무위이무불위]의 도가적 논리를 '행'하려는 의도 말이지요. 바로 이 '행'을 가능하게 하려면 자연이면서도 인간이고 인간이면서도 자연인 매개자가 요청된다는 것입니다. 이러한 형태의 매개자는 노장철학의 방법에서 필연적으로 도출됩니다. 예컨대 장자는 '진인(眞人)'을 다음과 같이 정의한 바 있습니다.

---

12) 『中庸』 제20장.

"내가 말하는 자연이 인간이 아니라고 어찌 알 수 있으며, 내가 말하는 인간이 자연이 아니라고 어찌 알 수 있겠는가? 그러므로 진인(眞人)이 있은 다음에라야 참지식[眞知]이 있는 것이다."[13]

『중용』의 '성인'은 이러한 도가적 '진인' 또는 '신인'과 구별되지 않는 것처럼 보입니다. 그럼에도『중용』의 '성인'은 도가적 '신인' 과는 다릅니다. 그는 '무사'를 '행'할 수 있는, 다시 말하면 자연−인 간의 협동노동을 가능하게 하는 통치의 모범입니다. 그를 따라서 '선(善)'을 택하여 굳게 잡는' 노력이 가능하게 되고 이 노력이 극진 하면 자연−인간의 협동노동을 실천할 수 있는 '지극한 성(至誠)'이 될 수 있는 것입니다.

그러나『중용』의 '성(誠)'은 유가적 '성인'을 자연의 도, 즉 '상도 (常道)'에 어긋나는 통치자로 비판하는 노장철학에 대하여 유가적 성인이야말로 자연의 도를 실현할 수 있다는 변론을 내포합니다. 위의 인용구와 다음의『장자』의 구절들을 비교해 볼까요?

"옛날에 요(堯) 임금이 천하를 다스릴 때 그는 천하 사람들을 매우 기쁘 게 해 주었다. 사람들은 그 성(性)을 즐겼으나 이것은 편안함이 아니었다. 걸(桀) 왕이 천하를 다스릴 때 그는 천하 사람들을 고달프게 하였다. 사람들 은 그 성(性)을 고통스러워했는데 이는 즐거운 것이 못 되었다. 그것은 덕(德)이 아닌데도 오래 가는 일은 세상에는 없다. 사람은 너무 기뻐하면

---

13)『莊子』「大宗師」.

양(陽)에 치우치게 되고 너무 노(怒)하게 되면 음(陰)에 치우치게 된다. 음양이 함께 지나치면 사계가 제 때에 이르지 못하고 추위와 더위의 조화가 이루어지지 않아 그것이 반대로 사람의 형체를 상하게 한다. 사람들의 기쁨과 즐거움이 그 마땅함을 잃게 하면 처할 곳이 그 상(常)을 잃게 되고, 사려를 스스로 하지 못하게 하고[思慮不自得], 도에 맞음[中道]이 완성되지 못한다[中道不成章]."14)

윗글은 유가적 성왕(聖王)인 '요' 임금과 유가가 포악한 전제군주의 표본으로 간주하는 '걸' 왕을 동일하게 자연의 도에 맞지 않는 통치자로 비판하고 있습니다. 그런데 이 구절은 이들의 통치가 "사려를 스스로 못하게 하고[思慮不自得] 도에 들어맞음이 완성되지 못하게[中道不成章]" 하였다고 규정하고 있습니다. 『중용』은 '성(誠)'과 '성인(聖人)'을 "힘쓰지 않아도 들어맞으며, 생각하지 않아도 얻는다[不勉而中, 不思而得]"고 규정합니다. 이 명제와 장자의 명제의 표현의 동일성은 중용의 명제가 『장자』에 내포된 명제와 관련된 것이 아닌가 하는 생각을 갖게 합니다. 더구나 같은 장에서 장자는 '천도(天道)'와 '인도(人道)'를 구별하면서 그 양자의 차이를 다음과 같이 규정하고 있습니다.

"무엇을 도라 하는가? 여기에는 천도(天道)가 있고 인도(人道)가 있다. 아무것도 안 하면서 존귀한 것[无爲而尊者]이 천도이고, 하면서도 누를 끼치는 자[有爲而累者]가 인도이다." 장자처럼 『중용』도

---

14) 『莊子』「在宥」.

'자연의 도[天之道]'를 '힘쓰지 않음[不勉]'과 '생각하지 않음[不思]'의 '무위' 개념으로 규정합니다. 『중용』과 장자의 명제의 관련성은 다음과 같은 통치의 개념에 대한 서술에 이르러 더욱 명백해집니다. 장자는 같은 장에서 '군자'의 통치를 이렇게 표현하고 있습니다. "따라서 군자가 부득이 천하를 다스리게 된다면 무위로써 함만 같지 못하다. 그는 자연스럽게 무위하며[從容無爲] 만물은 먼지처럼 흩날려 운동한다."

이 구절의 '종용무위(從容無爲)'와 대응되는 『중용』의 구절이 성인(聖人)의 '종용중도(從容中道)'인 것입니다. 이 둘의 차이는 어디에 있을까요? 우리는 맹자의 '행기소무사'의 논리가 도가적 논리의 실천을 의미한다고 말했습니다. 그러나 '무위이무불위' 곧 동일성과 비동일성의 포용을 실천한다는 것이 어떠한 내용을 가지는 것인지에 대해서도 이미 언급한 바 있습니다. 다시 말해서 그것은 자연-인간의 협동노동인 것입니다. 그러나 실천은 동일성과 비동일성의 포용의 경우라도 일정한 규정을 요청합니다. 자연의 노동을 인간이 따라서 행하는 경우 이 일정한 규정은 단지 하나의 내용을 담지할 수 있을 뿐입니다. 그것은 바로 생명의 산출입니다.

생명의 산출은 자연의 노동이며 인간은 이 산출을 돕는 경우, 어떻게 이를 도울 수 있을지 일정한 판단과 규정과 지식을 필요로 합니다. 이러한 실천적인 규정이 바로 '중(中)'인 것입니다. 『중용』은 "중이란 기울지 않고[不偏] 지나치지 않음[不倚]이다."라고 정의합니다. 이러한 표현은 노자의 그릇과 방의 비유를 연상시키지만, 차이는 있습니다. 노자에게서는 유와 무의 포용이 중요합니다. 이 포용은 역사적으로 행해진 사회적 노동의 소외를 비판하고 소외되지 않는 노동의 유토피아를 꿈꾸는 데서 나온 것입니다. 그에 반하여 '중'은 이미 운동하고 있는 자연의 노동을 사회적 노동으로 "계승하고 이루기"(「繫辭傳」) 위해 동일성과 비동일성을 포용함을 통하여 두 계기를 관계의 '중' 속에서 규정함이 요청되는 것입니다. 중용의 '중'은 어디까지나 자연의 노동인 생명산출의 차원에 머물고 있습니다.

이상과 같은 고찰의 결과를 우리는 다음과 같이 요약할 수 있을 것입니다. 『중용』은 맹자의 '성(誠)' 개념이 의미하는 바를 올바로 인식하였습니다. 즉 맹자의 '성'은 '행기소무사'로서 노장철학의 동일성과 비동일성의 포용의 논리가 지니는 자연-인간의 협동노동의 개념을 실현시킨다는 내용을 표현하는 것이라는 것을 『중용』은 통찰했던 것입니다. 바로 이러한 통찰이 『중용』으로 하여금 장자의 성인(聖人) 비판에 맞서서 유가적 성인이야말로 장자가 꿈꾸던 '신인'의 통치를 이룩할 수 있다는 주장을 할 수 있게 하였던 것입니다.

『중용』의 이와 같은 관점은, 맹자가 '사성(思誠)'을 실천하는 자로서의 '지성(至誠)'과 장자의 '신인'의 노동을 종합한 '지성(至誠)'의 통치자를 그려내게 하였습니다. 『중용』의 '지극한 성[至誠]'을 서술하고 있는 장(章)들이 『맹자』 구절의 변용인 것은 확실합니다. 『맹자』 구절의 마지막 결론 부분에서 언급되고 있는 '지극한 성[至誠]'이 '남을 움직이는' 것을 『중용』은 장을 따로 하여 서술하고 있습니다. 그러나 이 '지성(至誠)'의 통치자는 자연의 노동을 함께 하는

'신인'이기도 합니다. 이 지성장(至誠章)들을 살펴볼까요?

　　제22장: "오직 천하의 지극한 성[至誠]이라야 능히 그 성(性)을 다 실현할 수 있고, 능히 그 성(性)을 다 실현할 수 있으면 인간의 성(性)을 다 실현시킬 수 있다. 능히 인간의 성(性)을 다 실현시킬 수 있으면 물의 성(性)을 다 실현시킬 수 있다. 능히 물의 성(性)을 다 실현시킬 수 있으면 자연의 변화와 기름을 도울 수 있다[贊天地之化育]. 자연의 변화와 기름을 도울 수 있으면 자연과 함께 참여할 수 있다."

　　위의 인용구에서 마침내 자연-인간의 협동노동의 이념이 명백한 표현을 획득하고 있음을 볼 수 있습니다. 그것은 '자연의 변화와 기름을 도움', 또는 '자연과 함께 참여함'이라는 표현형식으로 나타나고 있습니다. 이러한 자연-인간의 협동노동의 조건은 자기의 '성(性)'을 다 실현함으로써 타인의 성(性)을 실현시키고, 타인의 성(性)을 다 실현시킴으로써 물의 성(性)을 실현하는 데 있습니다. 이러한 생각은 역시 맹자를 닮았습니다. 다시 말해서 '측은지심'을 자신과 다른 인간들과 물(物)에 '미룸[推]'과 '행기소무사'의 노동은 같은 것입니다.

　　제26장: "그러므로 지극한 성[至誠]은 그침이 없다. 그치지 않으면 오래 간다. 오래 가면 징험[徵]된다. 징험되면 멀고[悠遠], 멀면 넓고 두터우며 [博厚], 넓고 두터우면 높고 밝다[高明]. 넓고 두터움은 그것에 의하여 물을 싣는 것이고, 높고 밝음은 그것에 의하여 물을 덮는 것이고, 멀고 오램은

그것에 의하여 물을 이루는 것이다. 넓고 두터움은 땅과 짝하고[配地], 높고 밝음은 하늘과 짝하고[配天], 멀고 오램은 끝이 없음이다. 이러한 것은 보이지 않아도 밝으며 움직이지 않아도 변화함, 즉 함이 없이 이루는 것[無爲而成]이다."

이 장(章)은 '지극한 성'이 왜 자연-인간의 협동노동을 할 수 있는 논리인가를 설명하려 하고 있습니다. '성(誠)'은 자연을 따르는 것입니다. 그러므로 '성(誠)'이 내포하고 있는 범주는 땅과 하늘을 닮아 '넓고 두터우며' '높고 밝다'라고 합니다. 그래야 땅과 하늘과 짝하여 협동노동이 가능한 것입니다. 이러한 범주들은 '물을 싣고', '물을 덮고', '물을 이루는' 물 자신의 운동형식에서 연역되었다는 것입니다. 이러한 범주의 적용을 통한 노동은 '무위이성(無爲而成)'이라는 중용의 근본정신에 따라 요약되고 있습니다.

'지성(至誠)'의 규정적 판단력을 위한 주관적 카테고리, '유원(悠遠)'과 '박후(博厚)'와 '고명(高明)'은 다른 한편 땅과 하늘의 운동형식이기도 합니다. 『중용』의 같은 장(章)에서는 이를 다음과 같이 표현합니다. "하늘과 땅의 도(道)는 넓음이고, 두터움이고, 높음이고, 밝음이고, 멀음이고, 오램이다[天地之道, 博也, 厚也, 高也, 明也, 悠也, 久也]." 반성적 판단력을 통하여 반사되는 이러한 자연의 빛은 실은 자연의 물질과 생명의 근거가 되는 것입니다. 같은 장에 서술된 다음의 구절을 보겠습니다.

제26장: "지금 저 하늘을 보자. 하늘은 작고 밝은 것이 많은 것이지만

그 무궁에 이르러서는 일월성신(日月星辰)이 매달려 있고 만물을 덮는다. 지금 저 땅을 보자. 그것은 한 줌의 흙이 많은 것이지만 그 넓고 두터움에 이르러서는 화산(華山)과 악산(嶽山)을 싣고 있으나 무거워하지 않고, 강과 바다를 거두고 있으나 새지 않으며 만물을 싣고 있다. 지금 저 산을 보라. 그것은 한주먹의 돌의 많음이지만 그 광대함에 이르러서는 초목이 여기에 살고 금수가 여기에 거하며 보장(寶藏)이 여기에서 흥한다. 지금 저 물을 보라. 그것은 한 국자의 많음이지만 그것의 헤아릴 수 없음에 이르러서는 큰 자라와 악어, 교룡(蛟龍)과 물고기와 거북이 살고 재화가 생긴다.”

『중용』의 같은 장에서는 이러한 자연의 도[天地之道]를 한 마디로 요약하고 있습니다. “천지의 도는 그 모두를 한 마디로 말할 수 있다. 그것이 물 됨은 둘이 아니니, 즉 그것이 물을 생(生)함이 헤아릴 수 없다는 것 외에 다른 것이 아니다.” 여기서 우리는 자연의 도가 물의 산출에 있다는 생각, 「역전」의 ‘계사전’과 더 나아가 성리학의 자연-인간의 협동적 노동의 주제와 만나게 됩니다. 맹자의 생명에 대한 ‘측은지심’으로서의 ‘인(仁)’의 실체는 생명산출의 자연과 인간의 협동적 노동으로 자신을 드러내고 있는 것입니다. 그러므로 “성(誠)은 물의 처음과 끝이다. 성(誠)이 없으면 물은 없다[誠者物之終始, 不誠無物]”[15]고 『중용』은 말할 수 있는 것입니다.

제32장: “오직 천하의 지극한 성[至誠]이라야 능히 천하의 대경(大經)을

---

15) 『中庸』 제25장.

경륜(經綸)하여 천하의 대본(大本)을 세우며 자연의 변화와 기름을 알 수 있다[知天地之化育]."

이 장에서는 이상에 서술한 자연과 인간의 협동적 노동을 통치의 측면에서 이해하고 있습니다. 그것은 통치와 자연의 '변화와 기름'을 포괄하는 것입니다. 우리는 이 지성장(至誠章)의 고찰을 통해『중용』의 방법이 의도하고 있는 바를 알게 되었습니다. 자연-성인(聖人)-지성(至誠)의 연계는 바로 자연-인간의 협동노동을 위한 통치론을 수립하기 위한 것이었다고 하겠습니다.

이상에서『중용』의 성(誠)이 맹자의 '행기소무사'의 노동 논리, 즉 자연과 인간의 노동을 통한 매개를 성인(聖人)과 '지성(至誠)'으로, 그러니까 자연의 노동에 참여하는 인간으로 연장시키는 개념인 것을 살펴보았습니다. 이러한 자연-인간의 협동 노동의 논리를「역전」에서도 발견할 수 있습니다.

6.「역전」에 나타난 자연과 인간의 협동노동의 자연과학

『맹자』와『중용』에서 자연-인간의 협동적 노동으로 반성되고는 있지만 아직은 명확한 용어로는 표현되지 않고 있는 생산 개념은「역전(易傳)」의 십익(十翼) 특히 '계사전'에 이르러 사상체계의 방법적 개념을 이루게 됩니다. '계사전'은 이를 다음과 같이 간결하게 표현합니다. "천지의 큰 덕은 낳음이다[天地之大德曰生]."16) 그리고 '역(易)'의 학문은 '생산[生]'의 학문으로 정의됩니다. "낳고 또 낳음, 이를 역이라 부른다[生生之謂易]."17) 이와 같이 생산하는 자연과 그 운동을 서술하는 과학으로서 '역'은 어떠한 성격을 가지고 있을까요?

'역(易)'의 학문은 방법적으로 『맹자』와 『중용』을 따르고 있습니다. 다시 말하면 '역'은 도가적 '무위'를 행하기 위한 실천적 학문입니다. 이와 같은 '행기소무사(行其所無事)'의 논리가 다음 구절에서 잘 나타나고 있습니다. "역은 생각함이 없고 함이 없어서 적막하게 움직이지 않는다. 그러나 느끼면 드디어 천하의 까닭에 통한다[易无思也, 無爲也, 寂然不動, 感而遂通天下之故]."18) 이와 같은 학문은 어떻게 가능한 것일까요? '계사전'은 이 학문의 근거를 자연을 따르는 것에서 찾습니다.

"옛날 포희씨가 천하의 왕이었을 때, 그는 우러러 하늘에서 상(像)을 관찰하고 구부려 땅에서 법(法)을 관찰하였다. 나아가서는 새, 짐승의 무늬와 땅의 마땅함을 보았으며, 가까이로는 자신의 몸에서, 멀리로는 여러 가지 물에서 취하여 이에 처음으로 팔괘(八卦)를 지었다."19)

자연현상을 모방하여 지은 '역'의 학문은 자연력의 두 계기인

---

16) 『易經』「繫辭下傳」.
17) 『易經』「繫辭上傳」.
18) 『易經』「繫辭上傳」.
19) 『易經』「繫辭下傳」.

'음(陰)'과 '양(陽)'이 협동하여 결합함으로써 만물을 생산하는 운동 과정을 기술(記述)한 것입니다. 그러나 이 기술은 자연의 노동을 '계승'하고 '완성'하는 데에 관심을 둔 것입니다. 다음을 보겠습니다.

> "하나의 음과 하나의 양이 갈마드는 것을 도(道)라 이른다. 이것을 계승하는 것이 선(善)이고, 이것을 완성하는 것이 성(性)이다. 인자(仁者)는 이를 보고 인(仁)이라 부르며, 지자(知者)는 이를 보고 지(知)라 부른다. 백성은 날마다 이를 쓰면서도 알지 못한다. 그러므로 군자의 도는 드문 것이다. 이것을 인(仁)에서 드러내며[顯諸仁], 이것을 쓰는 데서 간직하여[藏諸用] 만물을 고동(鼓動)시켜 성인(聖人)과 더불어 근심을 같이하지 않는다. 그 성덕(盛德)과 대업(大業)이 지극하다."[20]

위의 인용구는 도가적 자연 개념을 유가적으로 변용시키려는 노력을 분명히 보여 주고 있습니다. '백성'은 자연의 노동을 개념적으로 사유하지 않은 채 그 생산품을 쓰고 있으나 '군자'는 자연의 노동을 사회적 노동으로 '계승'해야 합니다. 이것이 '선'의 내용적 의미인 것입니다. 또 이를 '완성'하는 데 인간과 물의 본성이 있습니다. 우리는 이 구절이 역시 맹자의 '행기소무사(行其所無事)'의 적용임을 알 수 있습니다. 그러나 여기서 이 논리는 생산의 논리가 되고 있습니다. 그것은 한 마디로 말해서 자연의 노동을 따라 이

---

20) 『易經』 「繫辭上傳」.

노동을 사회적으로 계승하며 완성함에 있습니다.

그러므로 이와 같은 노동의 학문이 지니는 성격은 한편으로는 자연과 인간의 관계를, 다른 한편으로는 학문의 구조 자체를 결정합니다. 자연과 인간의 관계에서 그것은 협동적인 것입니다. 다음을 보겠습니다.

"역(易)의 책(冊) 됨됨이는 광대하고 모든 것을 갖추었다. 천도(天道)가 있고, 인도(人道)가 있고, 지도(地道)가 있다. 이와 같은 세 재료[三材]를 겸하여 둘로 곱했다. 그러므로 육(六)이 있다. 육(六)이란 다른 것이 아니라 세 재료[三材]의 도이다. 도에는 변동이 있다. 그러므로 효(爻)에는 등급이 있다. 그러므로 물(物)이라 한다. 물은 서로 섞인다. 그러므로 문(文)이라 한다."[21]

"옛날에 성인(聖人)이 역을 만들 때에 그는 성명(性命)의 이(理)에 따르려고 하여 하늘[天]의 도를 세워 이를 음과 양이라고 하였으며, 땅[地]의 도를 세워 이를 유함[柔]과 강함[剛]이라 했으며, 인간의 도를 세워 이를 인(仁)과 의(義)라 했다. 이와 같은 세 재료[三材]를 겸하여 이를 둘로 곱했으므로 역(易)이 여섯 획(劃)으로 되어 괘(卦)를 이룬다. 음으로 나누고 양으로 나누며 유함[柔]과 강함[剛]을 번갈아 사용한다. 그러므로 역(易)은 여섯 위(位)가 되어 문장을 이루는 것이다."[22]

---

21) 『易經』 「繫辭下傳」.
22) 『易經』 「說卦傳」.

다시 말하면 '역'의 학문은 자연과 인간이 화합하여 이루어진다는 것입니다.

음과 양은 자연의 노동을 가능하게 하는, 자연력의 이분화를 통한 통일 운동의 계기입니다. 이러한 자연의 힘이 '유(柔)'한 물질과 '강(剛)'한 물질 속에서 자신을 구체화함으로써 만물은 그 '생(生)'을 획득합니다. 인간의 사회적 노동은 이러한 자연의 노동을 따라 노동하는 것입니다. 「역전」의 사회적 노동 개념은 이와 같이 모방의 계기를 내포하고 있는 것입니다. 이러한 의미에서 그것은 동일성과 비동일성의 포용적 중(中)입니다. 그러나 이 논리는 역(易)의 학문체계가 그 안에 포함되는 내용을 조직하는 방법이기도 합니다. 음과 양의 두 기운은 서로 타자를 타자로서 인정하고 그 인정 속에서 만남으로써 물질을 운동하게 하기 때문입니다.

> "공자가 말했다. 건(乾)은 양(陽)의 물질[物]이고 곤(坤)은 음(陰)의 물질[物]이다. 음과 양이 그 덕을 합함으로써 강함[剛]과 유함[柔]에 실체[體]가 주어진다. 이를 통하여 자연[天地]의 일을 체현[體]하고 신명(神明)의 덕(德)에 통한다."23)

그리하여 여섯 개의 효(爻)는 이러한 음과 양의 '덕'의 포괄적 결합체인 것입니다. 그 결합은 음이 들어서면 양이 양보하고, 양이 들어서면 음이 양보함을 통해 여섯 개의 결합체는 동일성과 비동

---

23) 『易經』 「繫辭下傳」.

일성의 타자 인정의 체계를 구성하게 되는 것입니다. 예를 들면 천둥[雷]은 하나의 양이 두 개의 음을 아래에서 받쳐줌으로써(☳) 일어납니다. 바람[風]은 하나의 음이 두 개의 양을 아래에서 받쳐줌으로써(☴) 일어납니다. 비[雨]는 하나의 양의 아래와 위에 각각 하나의 음이 결합됨으로써(☵) 일어납니다. 해[日]의 기호는 두 개의 양이 그 가운데 하나의 음을 가짐으로써(☲) 있습니다. 자연은 이러한 자연력의 구체화된 현상들을 통해 노동하는 것입니다. "천둥으로 움직이고, 바람으로 흩으며, 비로 적시고, 해로 쬐인다."[24] 이렇게 되어 만물의 생명이 산출되는 것입니다.

우리는 이상에서 서술한 역의 자연과학이 가지는 자연적 성격에 주목할 필요가 있습니다. 이 학문은 생명의 산출과 발육, 그리고 씨앗 속에서 생명의 간직을 기술하려는 것입니다. 따라서 이 유기체적 학문은 자연의 기계적 구조가 아니라 자연의 생명적 측면에 관심을 가지는 것입니다. 천둥과 바람, 비와 해 같은 것이 그것입니다. 그리고 생명을 산출하고 성장시키는 자연력의 두 계기인 음과 양이 상호 협동적 운동을 함으로써만 생명은 태어나고, 자라고, 간직될 수 있는 것입니다. 「계사전」이 '하나의 음과 하나의 양이 갈마드는' 자연의 운동을 '계승[繼]'하는 것이 '선(善)'이고, '완성[成]'하는 것이 '성(性)'이라고 말한 것은 바로 이와 같은 자연의 생명 노동에 협동하여 노동함을 의미하는 것입니다.

---

24) 『易經』 「說卦傳」.

생각해 볼 문제

1. 춘추·전국시대의 논쟁은 '자연에 대한 지식은 가능한가?' 그리고 '그 지식은 어떤 성격을 갖는 것인가?'라는 문제를 둘러싸고 전개되었습니다. 이는 그 시대에 새롭게 정착하고 있었던 노동의 가능성과 그 성격에 대한 논쟁이었지요. 그런데 오늘날 인류는 '4차산업혁명'의 시대를 맞고 있습니다. 이 시대의 '자연'에 대한 지식은 어떠한 성격을 갖는 것일까요? 이 또한 오늘날의 새로운 노동 양식과 불가분한 관계에 있을 것입니다.

2. 글쓴이는 『맹자』의 '행기소무사'의 노동 논리가 노장철학의 무위자연의 논리를 '행'하는 새로운 노동의 논리이며, 맹자의 이론체계 전체의 토대를 이룬다고 말했습니다. 이 말과 "자기의 마음을 다하는 자는 그의 성(性)을 알게 되고, 그의 성을 알게 되면 천(天)을 알게 된다."는 맹자의 생각을 연관 지어서 이해한다면 어떻게 말할 수 있을까요? 그 열쇠는 아무래도 자연과 인간의 관계에서 찾아야 할 것입니다.

3. 『맹자』에 '성실함[誠]'은 '자연의 도[天之道]'이고 '성실함을 반성하는 것[思誠]'은 '인간의 도[人之道]'라고 했지요. 그리고 『중용』은 이 '성실함의 반성'을 '성실하게 하려고 노력함[誠之]'으로 바꾸어 서술했습니다. 글쓴이에 따르면, 그렇게 함으로써 『맹자』의 '선을 밝힘[明善]'의 실천적 요소가 더욱 강화된다고 합니다. 이것은 무슨 의미인가요? 그리고 『중용』의 실천적 강화가 필요했던 이유가 무엇일까요?

더 읽어보면 좋을 책

1. 『이준모 생태학 총서』 권1~권5, 문사철.

    이 글의 사유와 논리는 전적으로 이준모의 '생태철학'과 그 저작들에 의존하고 있습니다. 오늘날 생태적 종말의 위기에 다다른 인류는 더 이상 자연을 대상화하고 착취하는 노동 양식으로는 생존 자체가 불가함을 깨닫고 있습니다. 그리하여 이제 인간과 자연의 협동노동의 사상과 관점에서 역사와 철학과 교육을 다시 공부하고 깨닫고 실천하는 길만이 인류가 살아남는 유일한 출로라는 점을 이준모는 그의 저작을 통해 심도 있게 논증하고 있습니다.

2. 미조구치 유조 외 엮음, 김석근 외 옮김, 『중국사상문화사전』, 책과함께, 2011.

    동아시아의 철학사상이나 문화사 등을 공부하는 사람들이 겪는 큰 어려움은 아마도 각 시대에 나온 수많은 개념과 고전적 어휘들일 것입니다. 이 사전은 관련 개념과 어휘들을 카테고리별로 분류하고, 각 챕터에 들어가면 그것들을 구체적으로 기술합니다. 사상사의 객관적 지식을 공부하는 데 유익합니다.

3. 황종원 옮김, 『맹자』, 서책, 2011.

    동아시아 고전 가운데 『맹자』만큼이나 유려한 언변과 뛰어난 문장력을 보여주는 책이 또 있을까요? '문리(文理)를 트려면 반드시 『맹자"를 읽으라.'는 말이 인구에 회자한 것이 수천 년 세월입니다. 맹자의 언어와 사상은 동아시아 문학, 역사, 철학을 아우르는 가장 중요한 학습 자료라고 해도 과언이 아닙니다. 역자는 맹자를 전공한 철학자로서 맹자사상의 개념과 논리를 바람직한 한국어로 옮겼으며 그 번역의 수준이 책 전체를 통해 고르게 유지되고 있습니다. 꼭 『맹자』 전체를 읽어보시기 바랍니다.

제**2**부 불교적 지식 이론의 유입
및 유교적 지식 이론과의 충돌, 융합

위진현학의 지식과 지혜 이론

이진용

1. 위진현학의 등장, 새로운 학문과 지식 체계를 꿈꾸다

위진현학(魏晉術學)은 중국 역사상 위진 시대에 새롭게 등장한 철학 사조입니다. 아마도 현학이라는 이름 자체가 매우 낯설고 이 학문은 도대체 무엇을 연구하는지 궁금할 것이라 생각됩니다. 일반적으로 중국철학하면 대부분 선진 시기의 제자백가, 수당 시기의 불교철학, 송명 시기의 성리학 등을 생각하기 쉽습니다. 실제로 중국철학을 구성하는 주요 학파와 사상체계는 앞에서 언급한 시기와 이론에 집중되고 있습니다. 그러나 하나의 사상체계가 연속과 단절의 흐름을 통해 발전한다고 말할 수 있다면, 이러한 대표적 시기의 몇몇 사상만이 전부가 아니라 이를 연결해 주는 중요한 이론적 맥락으로서의 사상체계를 주목해야 합니다. 이 점에서 위진현학은 중국철학의 발전에서 중요한 이론적 전환점 또는 맥락을 구성한다고 평가됩니다. 이는 위진현학이 앞선 선진 시기 이래의 제자백가학문을 바탕으로 새로운 이론체계를 정립하고, 후대 성리학 등의 발전에 적지 않은 학문적 자양분을 제공했기 때문입니다. 그렇다면 이러한 평가가 가능한 이유는 무엇일까요? 이 질문에 대한 답은 위진현학이 다루는 철학적 문제와 이론적 특징에서 엿볼 수 있습니다.

위진현학이 다루는 주요한 철학적 문제에 대해서는 학자들마다 약간의 견해 차이는 있지만, 일반적으로 자연(自然)과 명교(名教)의 관계 문제라고 입을 모아 주장합니다. 그렇다면 자연과 명교는 무엇을 의미할까요? 자연은 이 세상과 모든 사물을 구성하고 존재하게 하는 자연 질서이자 그 상태를 의미하고, 명교는 사회의 안정을 목표로 설정된 도덕 질서를 뜻합니다. 그리고 자연과 명교 두 가치 사이의 관계 문제를 고민한다는 것은 자연계의 질서와 인간사회의 질서의 상관성 및 양자의 통합 가능 여부를 다루는 것이라 할 수 있습니다.

또한 자연과 명교를 선진 시기 이래 제자백가 학파의 이론과 연결시켜 본다면, 자연은 도가, 명교는 유가의 가치를 대표한다고 이해할 수 있습니다. 공자로부터 맹자, 순자에 이르는 선진 유가학파의 학자들 모두 인간사회를 중심으로 그 사회를 지탱하는 도덕, 규범, 질서 및 제도 등의 정립에 골몰하였습니다. 그리고 노자와 장자로 대표되는 선진 도가는 자연계의 정상적이고 일반적 운행

질서를 관찰하고, 이로부터 우리 삶의 목표와 방향을 새롭게 설정하기 시작합니다. 따라서 자연 질서와 도덕 질서를 뜻하는 자연과 명교의 관계 문제는 결국 유가와 도가 두 학파의 상호 연관성의 문제로 확장됩니다. 이처럼 위진현학가들은 유가와 도가 두 학파의 상이한 가치 및 이론체계를 하나의 체계 안으로 정립하려는 공통된 문제의식을 지녔다고 볼 수 있습니다.

그런데 유가와 도가 두 학파의 상이한 가치 체계를 하나로 통합하기는 쉽지 않은 문제입니다. 또한 두 학파의 이론을 하나로 통합하는데 있어 과연 특정 이론이 우선하거나 근본이 되는지, 아니면 양자의 가치를 동등하게 처리할 것인지 등의 문제도 고민해야 합니다. 위진현학의 이론적 발전 단계는 일반적으로 정시(正始) 시기, 죽림(竹林) 시기, 원강(元康) 시기, 그리고 동진(東晉) 시기의 시기별 구분이 가능합니다. 그리고 자연과 명교의 관계 설정에 있어서는 현대 학자들마다 약간의 견해 차이는 있지만 크게 세 가지 입장으로 구분할 수 있습니다. 첫째, 자연과 명교의 관계 문제에 있어 자연의 가치가 명교에 우선한다는 입장입니다. 이러한 입장은 정시 시기 하안(何晏, 190~249)과 왕필(王弼, 226~249) 두 학자로 대표됩니다. 이들은 당시 사회에서 불합리하고 부조리한 사회현상을 비판적으로 접근하고, 현실사회의 기반이 되는 명교 체계의 존립 근거를 자연에서 찾고자 합니다. 따라서 이들은 자연에 근거한 명교 체계의 새로운 정립을 통해 당시 시대 문제를 해결하고자 합니다. 죽림 시기의 혜강(嵇康, 223~262)은 자연을 근본으로 하는 관점을 극대화하여 명교의 가치를 부정했다는 평가가 주를 이룹니다. 그

러나 그가 비판하고 부정하는 명교는 현실 사회에서 더 이상 통용
될 수도 효용 가치도 없는 것이지, 결코 사회를 이끄는데 필요한
질서와 제도 그 자체를 완전히 없애려고 한 것은 아닙니다. 따라서
정시 시기 학자들의 견해와 정도의 차이는 있지만 혜강 또한 자연
에 근본하여 명교의 체계를 정립하려 했다고 볼 수 있습니다. 둘째,
자연과 명교의 관계 문제에서 명교의 가치를 우선시하는 입장으
로, 이는 배위(裵頠, 267~300)로 대표됩니다. 그는 앞선 학자들이
자연의 가치를 중시하는 과정에서 도리어 현실사회를 지탱하는
질서이자 제도인 명교의 가치를 소홀히 여기는 점을 비판하며, 명
교의 합리성과 정당성을 확보하려는 노력을 기울입니다. 셋째, 자
연과 명교를 동등하게 파악하여 두 가치의 조화로운 관계를 모색
하는 입장으로, 이는 곽상(郭象, 252~312)의 철학으로 귀결됩니다.
그는 자연의 이상이 바로 명교의 현실이며 동시에 명교의 현실적
존립 자체가 자연의 이상과 하나라는 통일적 입장을 견지합니다.

이상에서 살펴 본대로 위진현학가들의 공통된 철학적 문제의식
은 선진 시기 이래 유가의 명교 가치와 도가의 자연 가치의 관계
설정에 집중됩니다. 그리고 이러한 문제의식을 투영하여 학문과
지식 체계를 구성해 나갑니다. 학문과 지식 체계는 인간이 자연과
현실 사회에서 인간답게 살아가기 위해 만들고 발전시킨 결과물입
니다. 우리는 태어나서 죽을 때까지 나와 주변, 그리고 세상의 모두
를 때로는 있는 그대로 바라보고 이해하기도 하고, 때로는 일정
부분 나의 목적과 의지에 맞게 새롭게 만들어가기도 합니다. 일반
적으로 유가는 현실 사회에서의 삶을 온전히 하기 위해 도덕적

사회의 완성을 희망한다고 합니다. 도덕적 사회를 만들어가기 위해서는 그러한 사회에 걸맞는 질서와 제도를 세워나가야 하는데, 이는 우리가 태어날 때부터 지니는 도덕적 경향이 성질을 계발하고 확장시키는데 집중됩니다. 이에 비해 도가는 자연적 질서와 가치를 우선시하기 때문에 인간이 펼쳐나가는 일체 행위를 부정하거나 심지어 없애야 할 대상으로 본다고 평가됩니다. 그렇다고 해서 도가의 학자들이 인간이 지니는 인식능력과 의지작용, 행위과정 자체를 부정한다고 볼 수는 없습니다. 다만 도가는 우리가 저지르거나 저지를 수도 있는 다양한 문제 상황을 올곧이 파악하고, 이를 비판적인 눈으로 바라보며 엄밀한 진단을 통해 해결책을 모색하고자 합니다. 유가와 도가의 통일을 꿈꾸었던 위진현학가들은 때로는 유가의 눈으로, 때로는 도가의 시각으로 나와 세상을 이해하고, 그에 따라 우리에게 필요한 것들을 차근차근 만들어가는 것을 자신들의 학문적 책무로 삼았다고 볼 수 있습니다.

이제 위진현학가들이 각자의 철학적 문제의식에 따라 세운 학문과 지식 체계의 이론적 특징이 무엇인지를 살펴볼 차례입니다. 학문과 지식 체계와 관련해서 위진현학의 이론적 특징은 크게 세 가지의 근본적 물음과 연결됩니다. 첫째, 우리가 살아가는 세계와 존재에 대한 질문입니다. 우리는 일상생활에서 시시각각 변화하는 나와 주변의 것들을 관찰하고 경험하며 살아갑니다. 보고 듣고 맛보며 냄새를 맡고 만져보며 정보를 습득하고, 이러한 정보를 분류하고 분석하며 종합하여 사고하고 판단하여 행동하게 됩니다. 그런데 우리는 일상적으로 경험할 수 있는 세계와 사물을 인식의 대상

으로 삼지만, 때로는 눈에 보이지도 않고 직접적으로 경험할 수
없는 그 무엇에 대한 근원적인 질문을 던지기도 합니다. 다시 말해
서 이 세상의 모든 것들이 무엇으로부터 생겨났는지, 그리고 어떠
한 원리와 근거에 따라 존재하는지 등을 궁금해 하는 것입니다.
그리고 이러한 질문은 어떤 특정 사물의 본질과 존재를 묻는 것이
아니라, 존재자 일반의 본질과 존재를 묻는 방식으로 전환됩니다.
즉 '사람이 왜 존재하는지', '물은 어떻게 있는지' 등의 물음이 아니
라, '도대체 무엇은 왜 그것이고 왜 있는가?'의 질문으로 전개되는
것입니다. 위진현학가들은 이전 시대인 한대(漢代) 학술계에 유행
했던 우주만물의 생성과 관련된 담론에서 잠시 벗어나, 이 세상과
모든 사물의 존재 근거를 집중적으로 탐구해 나갑니다. 그러다 보
니 그들이 즐겨 토론한 주제는 '이 모든 것들이 어떻게 이렇게 존재
할 수 있는가?'의 문제였습니다. 따라서 이들은 '존재'의 문제로부
터 '존재하는 까닭'의 문제로 논의를 심화하고 확장시켰다고 볼
수 있으며, 이러한 문제의식에 따라 학문과 지식 체계를 구성해
가기 시작합니다. 중국철학사에서 이러한 이론을 '본체론'이라고
부릅니다. 본체론은 우리가 살아가는 세계와 모든 사물의 존재 근
거에 대한 답을 찾아가는 이론적 여정으로, 위진현학가들은 본체론
을 통해 인간다운 삶의 근거를 이론적으로 모색하기 시작합니다.
현실에서 우리가 풀어나가야 하는 다양한 문제를 마주했을 때, 이
들은 문제 상황이라 할 수 있는 사건이나 사태의 꽁무니를 좇으며
일회성 답을 찾으려 하지 않고, 일반적이고 보편적 진리의 추구를
통해 세상과 존재를 이해하고자 했던 것입니다. 그리고 이러한 이

론적 여정의 결과물을 학문과 지식 체계로 세워나갔던 것입니다.

그럼에도 불구하고 인간은 때때로 인식의 측면에서 적지 않은 오류를 범하기도 하고, 잘못된 판단이나 특정 지식 체계에 일방적인 순응으로 인해 나와 주변 세상을 어지럽히기도 합니다. 위진현학가 가운데 이러한 문제의 원인을 적극적으로 분석하고 그 해결책을 모색하고자 했던 학자가 적지 않습니다. 그들의 해법은 다소 상이하기는 하지만, 문제의 원인을 인간의 욕망구조로부터 생겨난 그릇된 지식 체계에서 찾곤 합니다. 따라서 학문과 지식 체계와 관련된 위진현학의 두 번째 이론적 특징은 우리가 과연 어떠한 이유로 그릇된 지식 체계를 구성하는지, 그로부터 발생할 수 있는 문제는 무엇인지에 관한 것입니다.

바로 이러한 문제 상황의 진단을 통해 위진현학가들은 참된 지혜를 얻고 활용하는 방법, 그리고 지혜가 구현된 개인적이고도 사회적인 삶의 특징을 찬찬히 소개합니다. 이 점이 바로 위진현학의 세 번째 이론적 특징입니다. 자연과 명교의 관계 설정에 있어서 위진현학가들의 관점과 이론이 다양한 만큼, 그들이 내세우는 참된 지혜의 근거와 내용, 삶에서의 방향성 등은 다채로울 수밖에 없습니다. 그럼에도 자연 질서와 인간사회의 도덕 질서의 합일이라는 목표와 연결시켜 보았을 때, 그들이 추구하고자 했던 올바르고 참된 지혜는 분명 두 질서체계의 합일지점과 그 방향을 같이 합니다. 이제 이상에서 언급했던 세 가지 이론적 특징을 위진현학에서 대표성을 지니는 학자들의 관점을 중심으로 구체적으로 살펴보겠습니다.

2. 위진현학에서 생각하는 세계와 존재에 대한 앎

우리는 현실의 경험 세계에서 수없이 많은 사물들과 그 사물이 드러내는 모습을 관찰합니다. 이 과정에서 각각의 사물과 그 현상에 담겨진 법칙이나 원리를 탐구하며 세상을 정합적으로 이해하려고 애씁니다. 어느 한 사물의 모습을 관찰해서 얻은 결과물이 나중에 그 사물에 똑같이 적용될 수도 있고, 때로는 엇비슷한 사물에도 동일하게 적용되기도 합니다. 그러나 우리가 살아가는 세상에서는 그렇지 않은 경우가 종종 발견되기도 합니다. 이 과정에서 우리는 다양하게 변화하는 세상의 모습을 이끄는 근원적인 힘은 무엇인지, 그리고 근원적 힘이 궁극적 원인이 되어 우리에게 작용하고 있는 것은 아닌지를 고민하기 시작합니다. 우리가 사고하고 판단하는 힘을 바탕으로 이러한 고민을 풀 수 있는 단초를 알아차리게 된다면, 다시금 그 이해의 결과물을 실제로 우리가 마주하고 있는 다양한 문제를 해결하는 방법으로 활용할 수도 있을 것입니다. 위진현학가들은 이러한 학문자세를 바탕으로 세계와 존재에 대한 앎을 추구했고, 이와 관련된 지식 체계를 세웠던 것입니다.

앞에서 우리는 자연과 명교의 관계 설정에 있어 자연의 가치를 중심으로 명교의 질서를 세우고자 했던 학자로 왕필을 언급했습니다. 왕필의 철학은 자연의 질서에 대한 엄밀한 고찰을 통해 세워졌습니다. 특히 그는 인간의 사유능력을 통해 어떤 근원적 힘이 내가 살아가는 경험세계에 작용하는 것을 파악할 수 있다고 봅니다. 이처럼 주장하는 목적은 당연히 우리의 현실적 삶을 보다 명확히 규정하기 위해서이죠.

왕필은 먼저 이 세상 모든 사물들, 즉 현상계의 구체적 사물을 '유(有)'라고 부릅니다. 우리 주변의 물, 나무, 흙, 동물들 같은 자연물을 비롯해, 인간이 만든 인공물 모두를 포함할 수 있습니다. 이러한 유는 모두 우리의 눈으로 알 수 있는 형체를 지니기 때문에, 우리는 그 형체가 드러내는 여러 가지 작용을 알아차리고 그 속성을 규정해 가기 시작합니다. 그리고 공통된 규정으로서의 약속체계인 언어나 문자를 통해 형체가 있는 것들을 확정하게 됩니다. 이처럼 개별적인 특수성을 지닌 현상계의 사물과 사태를 유라고 부르고, 그것을 언어나 문자로 표현하는 방식을 '명호(名號)'라고 합니다.

왕필의 현학이론에 따르면 모든 유는 무에서 생겨납니다. 어느 한 사물은 특정한 속성을 지닐 뿐 다른 속성을 지닌 것으로 대체될 수 없고, 하나의 사물은 자신에게만 제한될 뿐 다른 모든 것을 아우를 수 없습니다. 다만 이 모든 개별적인 것들을 아우를 수 있고 설명할 수 있는 진리가 엄연히 존재한다고 본다면, 이러한 진리는 그 자체로 어떠한 규정성에 제한되지 않아야 이 세상 전체를 모두 포함하고 통괄할 수 있게 됩니다. 왕필은 바로 이것을 무라고 부르는 것입니다. 그렇다면 이러한 비규정성으로서의 무를 어떻게 이해할 수 있을까요? 만약 비규정의 무가 우리가 살아가는 세상과 모든 사물에 적용될 수 있는 전체의 원리라고 한다면, 우리는 일상생활에서 사유를 바탕으로 그 작용력을 파악할 수 있을 것입니다. 마치 내가 어떤 물리적 법칙을 직접 눈으로 보는 것은 아니지만,

그러한 법칙이 적용되는 순간의 현상을 보고 그러한 작용을 이끄는 힘에 대해 이해할 수 있는 것처럼. 그런데 내가 어떤 특정한 상황에서 파악한 그 무엇의 특정한 작용이 전체를 대표할 수 있는가의 문제가 생깁니다. 왕필은 노자철학에서 세계와 존재의 근거가 '도(道)'라는 개념에만 국한되지 않고 때로는 '현(玄)', '심(深)' 등으로 다양하게 쓰인다는 점에 착안하여, 이러한 진리의 어떤 특성이나 작용을 파악하여 우리는 서로 다르게 규정해 나간다고 봅니다. 이러한 규정이 바로 '칭위(稱謂)'입니다.

그럼에도 칭위는 이 세계와 존재의 근거의 한 측면만을 반영하는 언사입니다. 따라서 궁극적으로 그 무엇을 가리키는 것은 불가능할 수도 있죠. 이 점에서 왕필은 '무칭(無稱)', 즉 하나의 칭위로 제한시킬 수 없는 비규정성의 무를 설명하게 됩니다. 그리고 이러한 진리 그 자체를 또 다른 용어로 '자연(自然)'이라고 지칭합니다. 자연은 한자 그대로 풀자면 '스스로 그러함', '저절로 그러함', '본래부터 그러함', '자연스러움' 등 여러 가지 함의를 담고 있습니다. '그러함'이라는 표현 자체는 어떤 특정한 사물이나 사태를 고려하여 설정한 것은 아니죠. '그러함'에는 이 세상 모든 것들이 '스스로, '저절로, 본래부터' 그러함으로 동일하게 적용되는 것입니다. 그렇다면 '자연'이란 진리를 있는 그 자체 전체로 표현할 수 있는 궁극적인 언어적 표현이자, 모든 규정될 수 있는 사물과 사태의 존재 근거라 할 수 있습니다. 따라서 왕필에 따르면, 우리는 사유의 여정에 따라 이 세계와 존재의 근거를 파악할 수 있고, 그 사유의 결과물로서 존재의 근거가 바로 삶의 방향성을 제시하는 진리 그 자체가 되는 것입니다.

혜강 또한 자연의 질서를 파악하여 세계와 존재의 근거를 탐구하고자 합니다. 그는 이 세상 모든 사물이 수없이 많기에 우리의 감각경험에 의지해서는 완전히 알 수 없으며, 특히 모든 사물과 사태를 그렇게 규정하는 것은 더욱 알기 어렵다는 입장을 견지합니다. 그럼에도 이 세상 모든 것에 적용할 수 있는 일반적인 이치를 파악할 수 있다면, 우리는 사물을 인식하고 변별하여 지식 체계를 구성할 수 있다고 주장합니다. 혜강은 이러한 일반성과 보편성을 지닌 이치를 '스스로, 저절로 그러함의 이치[自然之理]'라고 부르고, 우리는 이를 통해 모든 구체적인 사물을 검증해 나갈 수 있다고 말합니다.

그렇다면 이러한 스스로, 저절로 그러함의 이치는 과연 어떻게 파악할 수 있을까요? 혜강은 이러한 이치를 탐구하는 방법과 과정을 다음 몇 가지로 설명합니다. 먼저 나와 주변 사물을 통해 알아차릴 수 있다고 합니다. 비록 스스로 저절로 그러한 이치는 그 자체로는 드러나지 않지만, 우리는 그러한 이치가 나의 성질과 습관을 통해 드러나는 현상과 외부의 사물을 통해 보이는 모습을 통해 확인할 수 있다는 것입니다. 그런데 이 세상은 지속적인 변화의 흐름에 있기 때문에, 이러한 이치는 결코 고정된 내용을 지닐 수 없습니다. 따라서 자연스러운 이치는 이 세상 모든 정상적 흐름에 따라 변화하는 것 그 자체를 의미하며, 이는 고정된 내용보다는 일반적인 형식의 의미를 지닌다고 이해할 수 있습니다.

다음으로 사물을 관찰하는데 있어 아주 미세하여 분명하지 않은 요소에 주의를 기울이고, 그 안에서 사물이 발전하는 자연스러운 이치를 탐구해야 한다고 주장합니다. 사물의 발전 상황은 결코 급작스럽게 다른 양태로 변하는 것이 아니라 단계별로 이행되는 것이고, 이것이 바로 스스로 저절로 그러한 이치가 됩니다. 예를 들자면, 어떤 병리적 현상이 발생했을 때 초기에는 그 질병을 환자가 인지하지 못하지만 차츰차츰 병세가 심해지며 고통을 느끼게 됩니다. 그런데 병세가 시작될 때부터 미세하고 작은 것까지 주의하며 관찰하고 병세의 흐름을 온전히 파악해야 병의 원인을 알아차릴 수 있습니다. 그래야만 온전한 대처가 가능하겠죠.

이밖에 혜강은 사건이나 사태의 단서를 바탕으로 추론하는 방법, 상호 유사한 것을 비교하여 논의하는 방법 등을 통해 사물과 사태 안에 자리하고 있는 스스로 저절로 그러한 이치를 알아낼 수 있다고 주장합니다.

동시에 혜강은 세계와 존재의 근거로서 스스로 저절로 그러한 이치를 이미 파악했다면, 다시 그 이치를 통해 세상의 다양한 현상을 온전하게 이해할 수 있다고 주장합니다. 다시 말해서 세상을 객관적으로 인식하게 되는 것이죠. 그리고 이러한 객관적 지식을 하나의 체계로 엮고 학문을 마련할 수 있게 되는 것입니다. 이처럼 인간이 지니는 다양한 인식 능력을 통해 객관적 사물의 이치를 파악할 수 있다는 그의 주장은 당연히 상당한 설득력을 지닌다고 할 수 있습니다.

마지막으로 곽상의 세계와 존재의 근거에 대한 이해를 살펴보겠습니다. 곽상의 세계와 존재의 근거에 대한 이해는 왕필이 말하는 무를 부정하는 데에서부터 출발합니다. 무는 글자 그대로의 의미인 '없음'을 의미하기 때문에 결코 '있음'을 만들 수 없는 것입니다. 동시에 유가 아직 생겨나지 않음이라는 것도 결국 '없음'을 의미하기 때문에 마찬가지로 모든 사물을 생겨나게 할 수 없습니다. 따라서 곽상이 이해하는 무는 왕필에서처럼 형이상학적 특징을 지니는 개념이 아니라 존재의 결핍이자 상대적 없음으로써의 의미를 갖습니다. 그렇다면 곽상에게서 사물이 형성되는 원인은 무엇일까요? 생성의 근원이자 존재의 근거가 없다고 한다면, 모든 사물들은 그저 저절로 생겨날 뿐이라는 결론에 이르러야 할 것입니다. 곽상은 이를 '자생(自生)'이라고 표현합니다. '자생'은 무엇을 의미할까요? 먼저 왕필처럼 형이상학적 무를 전제하지 않기 때문에, 무가 유를 생성한다는 것은 아닙니다. 이어서 스스로 저절로 생겨난다는 의미로서의 '자생'은 어떤 사물이 또 다른 사물을 생성한다는 의미도 아닙니다. 그럼 마지막으로 나의 존재 근거가 나 안에 있다는 것일까요? 흥미롭게도 곽상은 나의 존재 근거가 내 안에 있다는, 즉 모든 사물이 자기원인적 존재라는 점까지도 부정합니다. 따라서 '자생'은 말 그대로 모든 사물이 그저 '저절로 생겨난다'는 점만을 확인할 수 있다는 주장으로 읽을 수 있습니다.

상식적으로 접근해 보자면, 우리는 현상계의 사물이 생겨나는 시점부터 소멸할 때까지의 모습을 관찰하고 경험할 뿐입니다. 어떤 사물이 어떠한 근원으로부터 생겨났는지, 그리고 어떠한 근거나 원리에 따라 존재하는지는 그저 이런저런 가설에 의해 추측할 수 있을 뿐입니다. 곽상은 이러한 상식적 관점을 따라 이론을 정립했다고 볼 수 있습니다. 그렇다면 그의 관심은 이 세상과 존재하는 모든 것이 어떻게 생겨났는지, 그 궁극적 원인은 무엇인지에 있지 않겠죠. 이러한 논리를 따른다면 그의 학문적 관심은 사물이 변화하고 발전하는 방식에 집중될 것입니다. 이 점에서 곽상은 모든 개별적 사물이 각자의 원리에 따라 그렇게 변화 발전한다는 결론에 이르는데, 이것이 그가 말하는 '독화(獨化)'입니다.

그렇다면 곽상은 우리의 인식능력 가운데 현상계 사물의 운동 변화만을 신뢰하는 셈입니다. 왕필처럼 인간의 사유능력과 추론능력을 바탕으로 세계와 존재의 형이상학적 근거를 모색하는 것 자체를 부정하는 것이죠. 이러한 그의 관점은 '자연'에 대한 이해 방식을 통해서도 확인할 수 있습니다. 그는 사물의 다양한 변화 현상은 홀연히 저절로 그러하여 아무런 원인도 없다고 합니다. 이때 그는 '자연'을 아무런 이유나 근거가 없다는 의미로서 사용하기 때문에, 이를 '저절로 그러할 뿐'이라고 풀어야 합니다. 또한 저절로 그러할 뿐이라는 의미로서의 자연은 이 세상 모든 사물에 공통적으로 동일하게 적용되는 형식일 뿐이지 그 내용은 저마다 다른 것입니다. 다시 말해서 모든 사물은 각자 하나의 개체로서 하나의 자연일 뿐입니다.

이상의 내용을 정리해 보자면 위진현학가들은 이 세상의 모든 사물이 어떻게 존재하는가에 대한 물음을 통해 세상과 존재하는 방식과 관련된 학문과 지식 체계를 마련하고자 했습니다. 왕필, 혜강, 그리고 곽상은 인간이 지니는 고유한 인식능력을 바탕으로 세상과 사물을 이해하고자 했으며, 이 세상과 존재의 근거를 바탕으로 우리가 지향할 수 있는 참된 지혜와 진리를 세우고자 한 것입니다.

3. 위진현학에서 생각하는 지식의 병폐와 그 문제점

위진현학에서는 세계와 존재의 근거에 대한 탐구를 통해 학문과 지식 체계를 세워나가고, 이러한 학문은 결국 우리의 실질적 삶의 올바른 방향성을 제시하는 근거로 자리한다고 주장합니다. 그러나 현실에서의 인간은 때때로 잘못된 인식과 판단으로 인해 올바르지 못한 행위를 저지르기도 합니다. 왜 그럴까요? 여러 가지 이유를 찾을 수 있겠지만, 아마도 세상의 진리를 파악할 수 있음에도 불구하고 나만을 생각하고 위하려는 마음이 끊임없이 움직이기 때문일 것입니다. 이처럼 나만의 목적과 이익을 생각하며 세상을 나를 위한 방향으로 조작하려는 생각은 특정한 지식 체계를 구성하기도 하고, 가치중립적인 지식 체계를 불편부당한 방향으로 왜곡시키기도 합니다. 우리는 형질과 감관, 감정, 욕망 등 복잡한 구조를 지닌 특수하고 개별화된 존재이기 때문에, 때때로 갈피를 잡지 못하고 문제를 일으키기도 합니다. 위진현학가들은 이 점을 인지하고 그 문제를 해결하고자 했습니다. 무엇보다 지식이 가져올 수도 있는 병폐와 그 원인을 분석하여 문제를 진단하려는 데에서 출발하고자 합니다.

왕필은 자연과 명교의 관계 설정에서 자연의 가치가 명교의 질

서에 우선하고 근거가 된다고 주장했죠. 그리고 이 세상 모든 사물
은 자연의 질서에 따라 구성되고, 그로부터 형성된 인간은 자신의
인식능력에 따라 존재의 근거로서의 자연의 질서를 파악하고, 그
러한 진리를 학문과 지식 체계로 구성하여 그에 따라 살아갈 수
있는 존재라고 이해합니다. 그럼에도 인간은 모든 사물 가운데 하
나이기에 특수하고 개별적 측면을 가질 수밖에 없습니다. 다시 말
해서 전체와 같을 수 있지만 전체와 멀어지고 진리와 동떨어진
채로 살아갈 수도 있는 것입니다. 그렇다면 왜 우리는 이러한 삶의
방식을 선택하게 될까요?

> 자기를 다른 사물과 분리하여 자기의 마음을 갖는다면[殊其己而有其
> 心], 한 몸도 스스로 온전하지 못하고 살가죽과 뼈도 서로 용납할 수 없게
> 된다. (『도덕경(道德經)』 38장 주(注))

왕필이 보기에 보통 사람은 진리 그 자체인 도를 알지 못하는
상황에서 자신만을 생각하고 위하려는 사사로움을 점차적으로 키
워나갑니다. 사사로움은 개별자로서의 자신을 자기로서만 인식하
고 자기방식대로만 세상을 이해하고자 하는 마음으로 확장하게
나가는 것이죠. 사사로운 마음은 세상과 타자를 있는 그대로 인식
하지 못하고 자신의 목적이나 의도에 따라 조작하여 받아들이는
작용을 합니다. 왕필은 위 글에서 이러한 상황을 우리의 몸에 비유
하여 설명합니다. 자신만의 특수성을 극대화여 자기만을 추구하는
마음을 갖게 되면, 나와 주변이 항상 조화롭게 하나의 전체를 구성

하려는 질서를 저버리고, 나와 다른 남은 인정하지도 받아들이지 못하게 됩니다. 결국 부조화의 상황을 초래하게 되는 것입니다.

왕필은 이러한 일반 사람들의 모습을 '자기로부터 말미암는다[由己]', '자기가 조작하여 만든다[自己造]' 등으로 설명하는데, 이는 작위적인 행위[爲]의 표현입니다. 이러한 방식의 행위[爲]는 결국 사사로움[私]과 분리되지 않는 상황에서 발생하는 것입니다. 다시 말해서 작위적인 행위란 다름 아니라 자신만을 위하려는 마음을 통해 스스로 설정한 목적과 의도에 따라 행동하는 것을 뜻하는 것입니다.

그런데 왕필이 보기에 보통 사람들은 한 걸음 더 나아가 사사로움에 따라 형성된 인위적인 행위를 하나의 지식 체계로 구성합니다. 왕필은 노자의 『도덕경』을 해석하며, '지(智)'를 노자와 마찬가지로 부정적으로 읽어냅니다. 즉 나의 목적과 의도대로 행동하고 주변 세상을 조작하기 위해서 남을 아는 것을 지모[智]라 하고(『도덕경』 33장 주), 지모는 비록 뛰어난 재주이지만 그 자체로 잘못 사용되면 적지 않은 문제가 발생할 수 있다고 하며(『도덕경』 19장 주), 자기만이 능숙한 것을 능숙하게 하고 그를 통해 익힌 것을 늘리고자 힘쓰는 것이 학문을 마주하는 잘못된 자세라고 평하기도 합니다(『도덕경』 48장 주). 이처럼 왕필은 개별자로서 제한될 수밖에 없는 우리가 사사로운 마음에 따라 세상을 파악하고 인위적인 행위를 일삼고, 그로부터 지모를 앞세우며 지식 체계를 구성해 나간다면, 결국 나와 주변의 조화로운 질서를 우리 스스로가 깨뜨리게 된다고 주장하는 것입니다. 또한 우리에게 유익함을 가져다 줄 수 있는 학문과 지식도 우리가 어떠한 마음으로 어떻게 활용하느냐에 따라 그 진위가 결정된다고 주장하는 것입니다.

위진현학가 혜강 또한 이상의 왕필의 생각을 많은 부분에서 공유하고 있습니다. 그 또한 자연과 명교의 관계 설정에서 자연의 가치를 우선시하며 명교는 자연에 근거해야 한다는 입장을 강하게 견지해 나갑니다. 그런데 인간은 전체가 아닌 부분으로서 특수한 개별자이기에 많은 제한과 한계를 지닐 수밖에 없습니다. 혜강은 이 점을 인간이 지닌 욕망의 문제로 풀어나갑니다.

> 저 사려하지 않고 욕구하는 것은 본성의 움직임[性動]이나, 알고 난 뒤에 감응하는 것은 지식을 쓰는 것[智用]이다. 본성이 움직인다는 것은 사물을 만나 알맞게 하고 충족하면 필요 이상의 것을 두지 않는 것이지만, 지식을 쓴다는 것은 감응하는 대로 쫓아 피로해져도 그치지 않는다. 그러므로 세상 사람들이 근심하는 것과 화가 말미암는 것은 항상 지식을 쓰는 데 있지 본성의 움직임에 있지 않다. (『혜강집(嵆康集)』 「답난양생론(答難養生論)」)

혜강은 우리가 지니는 욕망을 크게 두 차원으로 나누어 생각합니다. 인간이라면 누구나 태어날 때부터 지니는 자연스러운 본능 차원의 욕망은 그 자체로 충족되어야 합니다. 인간 또한 생명체로서 자신의 생물학적 생존을 이어나가기 위해 반드시 필요한 조건이기 때문이죠. 따라서 혜강은 이러한 욕망을 자연스러운 본능적 성질이 작용하는 것이라 표현합니다. 마치 배가 고프면 음식을 찾아 허기를 달래고, 목이 마르면 물을 마셔 갈증을 푸는 것과 같죠. 그런데 아무리 배가 고프고 갈증이 나더라도 내 몸을 해치고 상할 때까지 먹고 마시지는 않습니다. 이처럼 생물학적 본능 차원의 욕망 추구는 충족여부에 따라 조절이 가능한 것입니다.

그런데 우리가 사적 자의식을 통해 세상을 보려고 한다면, 자신의 특수성만을 좇아 자기가 설정한 목적과 의도만을 추구하려 들 것입니다. 그리고 이 과정에서 도출된 작위적인 행위 방식을 하나의 지식 체계로 만들거나, 유용한 지식을 사사로움과 인위적 목적을 위해 사용하여 문제 상황을 조성할 수도 있습니다. 혜강은 이를 '지식을 쓰는 욕망'이라 표현하는데, 이는 지식의 작용을 통해 자기 목적대로 세상을 바꾸려는 부정적 의식 활동을 가리킵니다. 지식을 발휘하고 주변 상황을 이에 따라 바꾸어 나가는 의식적 활동이 반드시 부정적 결과를 가져오는 것은 아니겠죠. 그럼에도 지식은 구성되는 목적과 의도에 따라 그 성격이 상이하게 규정될 수 있고, 객관적이고 가치중립적 지식이라도 어떠한 목적과 의도로 활용하는지에 따라 문제 상황을 일으키는 요인이 될 수도 있습니다. 혜강은 이 점을 명확히 인식하고, 지식을 활용하며 의도적 행위를 일삼게 되면 적지 않은 폐해가 뒤따를 것이라고 주장합니다.

무엇보다도 혜강은 이러한 지식활동이 일회성으로 그치는 것이 아니라 근거 없는 주관적 추측으로서 선입견을 세우고 대상세계를 끝도 없이 추구하는 악순환의 고리로 연결된다고 봅니다. 그 결과로 발생하는 수많은 폐해 중, 내가 가장 소중히 마주해야 하는 생명을 내 스스로 위태롭게 하는 상황까지 연출된다고 봅니다. 이상에 내용을 통해 보자면, 혜강은 우리가 대상세계를 파악할 때 나의 내부에서 욕망구조가 어떻게 작용하는지, 그리고 대상세계에 대한 나의 지식은 과연 어떠한 문제를 지닐 수 있는지를 매우 적극적으로 검토하고 그 문제점을 진단했다고 할 수 있습니다.

이제 마지막으로 지식 체계와 지식 활동이 가져올 수도 있는 문제점에 관한 곽상의 견해를 살펴보겠습니다. 앞서 살펴보았듯이 곽상은 인간의 인식능력의 한계를 명확히 파악하고, 이를 통해 우리가 바라보고 이해할 수 있는 범위를 설정합니다. 즉 세계와 존재의 근거에 대한 탐구에서 왕필이 주장하는 형이상학적 무를 중심으로 하는 세계관을 반대하고, 모든 사물은 제각기 저절로 생겨나고 독자적으로 운동하고 변화 발전한다고 생각합니다. 그렇다면 저절로 생겨난 사물은 어떠한 방식으로 독자적인 운동과 변화 발전의 흐름을 가질까요?

곽상은 모든 사물이 각자 태어날 때부터 부여받은 저마다 서로 다른 본성의 범위나 한계 안에서 자기 스스로 충족하는 방식으로 살아간다고 주장합니다. 다시 말해서 모든 사물은 서로 제각기 자기 본성대로 행동하고 자기 본성에서 규정된 능력에 걸맞게 행위하기 때문에, 독자적으로 운동하고 변화 발전의 흐름을 가질 수 있다는 것입니다. 이처럼 모든 사물은 각자 자신의 본성 안에 서로 다른 내용과 성질, 한계 등을 지니게 되는데, 곽상은 이를 '성분(性分)'이라 부릅니다. 그리고 자신의 성분에 맞게 충족하며 서로 다른 방식으로 살아가는 것을 '스스로 자기 자신을 얻는다'는 의미로서의 '자득(自得)'이라고 표현합니다.

그렇다고 해서 모든 사람들이 결코 자신의 본성의 내용대로만 살아가지 않습니다. 나보다 더 많이 지니고 있는 자, 더 알고 있는 사람 등 나의 범위를 벗어난 것에 대해 끝없이 동경하고 선망하곤 합니다. 곽상은 그 이유를 구체적으로 설명하지는 않고 다만 그러한 현상을 다채로운 예시를 통해 설명하고 있습니다. 아마도 더 갖고자 하는 욕망에 따라 살아가는 모습을 너무나 쉽게 볼 수 있어서 그렇지 않을까요? 다시 말해서 대상세계를 끝없이 동경하고 추구하려는 모습은 어느 시대나 지역에서 흔히 발견할 수 있는 사람들의 일상적 모습이기에 굳이 그 이유를 설명하지 않았을 수도 있습니다.

곽상의 『장자주』에서는 '자위(自爲)'와 상대되는 의미로서의 '상위(相爲)'라는 개념이 등장합니다. 자위는 제각기 서로 다르게 부여받은 본성의 내용에 따라 자기 판단을 통해 자기 충족적으로 살아가는 것입니다. 그런데 '상위'는 얼핏 보면 상대방을 위한 이타적 행위 내지는 상대방을 배려하는 행위로 풀 수 있을 듯합니다. 그런데 곽상이 말하는 상위는 단순한 의미로서의 이타행을 가리키는 것이 아니라 자기 성분의 한계를 벗어난 것을 이루고자 하는 욕망이 전제된 행위를 뜻합니다. 만약 상위의 행위방식에 따라 개별자가 자기충족적인 삶을 영위하지 못한다면, 그 결과로 자기 본분을 지키지 못해 스스로 문제에 직면하는 동시에 주변세계에까지 좋지 못한 영향을 미치게 될 것입니다.

이처럼 자신의 본성의 한계와 내용을 벗어나는 일체를 지향하는 것은 분명 앎의 과정을 통해 전개됩니다. 곽상은 『장자』「소요유(逍

逍遙)」편의 '작고 큼의 논변'에 대한 풀이에서, 작은 새는 자기 안에 규정된 대로 큰새는 큰새대로 살아가면 되는데, 상대방을 동경하며 최종적으로 우열을 가리는 것 자체가 곤란한 상황을 불러들인다고 주장합니다. 작은 새가 큰새를 동경하며 그렇게 되고자 하거나 큰새와 견주며 우열을 가리는 것 자체는 우리의 인식능력과 가치판단 능력을 부당한 방식으로 활용하기에 가능한 것입니다. 그리고 이러한 상황마다의 결과를 하나의 지식으로 설정하고 이러한 지식을 체계화하여 학문으로 구성한다면, 그가 꿈꾸는 사람들 모두 본래대로 살아갈 수 있는 가능성은 물거품이 되고 말 것입니다.

곽상은 우리에게 주어진 본성에 충족할 수 있는 각자만의 삶의 방식을 고민하고 실천하기를 희망하며, 이때 비로소 참된 지식이 성립될 수 있다고 봅니다. 그러나 현실에서의 우리의 일상적 삶의 모습은 종종 타인을 동경하고 선망하며 욕망을 끝없이 외부세계로 확산하곤 합니다. 더 큰 문제는 이러한 욕망에 따라 지식 체계를 구성하고 학문을 만들고, 그러한 지식 체계를 사람들에게 강제하는데 있습니다. 곽상은 이러한 사실을 엄정하게 진단하고 그 문제점을 비판하며 그 해결책을 모색하고자 한 것입니다.

4. 위진현학에서 생각하는 참된 지혜와 삶의 모습

이제 마지막으로 위진현학가들이 추구한 참된 지혜와 진리의 내용과 특징을 소개하고자 합니다. 앞서 살펴 본대로 왕필, 혜강

그리고 곽상은 저마다의 철학적 문제의식과 철학체계에 따라 그들이 부정하는 지식 체계를 적극적으로 비판합니다. 그렇다면 이러한 불합리한 지식을 그냥 부정만 하면 될까요? 아니라면 과연 우리는 그러한 지식추구에서 벗어나 참된 지혜를 얻고, 우리의 현실에 긍정적 효용 가치를 지닐 수 있는 학문체계를 만들 수 있을까요?

왕필은 보통 사람들이 진리를 파악하지 못하는 상황에서 자신만을 생각하고 위하려는 사사로움에 따라 작위적인 행위를 일삼고, 이로부터 불합리한 지식 체계를 구성한다고 하였습니다. 이러한 보통 사람과 달리 이상적 인격 형상인 '성인(聖人)'은 특수화된 개별자라는 점에서는 보통 사람들과 동일하지만, 사유와 실천을 통해 이 세계와 존재의 근거로서의 무를 깨닫고 활용하는 존재입니다.

왕필은 『도덕경』 16장의 '영원한 것[常]을 아는 것을 밝음[明]이라고 한다'는 구절을 다음과 같이 해석합니다.

'상'이라는 것은 치우치지 아니하고, 드러나지 아니하며, 밝고 어두운 모양이나 따뜻하고 서늘한 형상이 없으므로 영원한 것을 알면 밝게 된다고 한다. 오로지 이러한 세계로 돌아가야 만물을 포통(包通)하여 포용하지 않는 것이 없는데 이르게 된다.

여기서의 '상'은 왕필이 제시한 세계와 존재의 근거로서의 형이상학적 무 내지는 도의 다른 표현입니다. '상'은 모든 사물에 통하면서 모든 사물을 포함하는 그들의 공통된 뿌리라 할 수 있습니다. 그리고 사물의 공통된 뿌리를 알게 되면, 이 세상 모든 사물을 있는 그대로 파악할 수 있게 된다고 합니다. 다시 말해서 사사로움에 따른 치우치고 제한된 행위 방식을 버리고 그릇된 지식의 사용에서 벗어날 수 있다는 것입니다.

이처럼 '상'을 파악하여 모든 사물에 통하고 포용할 수 있는 까닭은 오로지 '무위(無爲)'를 행위 규범으로 삼기 때문입니다. 따라서 성인은 언제나 무위의 방식으로 주변 세상을 파악하고 행동하는 것입니다. 왕필은 스스로 그러함[自然]을 알고 실천함으로써 사사로이 자기로부터 말미암지 않는 것을 무위의 내용이라 합니다. 스스로 그러함은 다름 아니라 '도'의 속성이라 할 수 있습니다. 따라서 성인이 지향하는 무위의 내용은 특수한 개별자의 목적이나 의도에 따르지 않고, 규정할 수 없기에 모든 것을 포함할 수 있는 도의 본질적 속성을 따르는 것을 의미합니다. 왕필은 세계와 존재의 근거 자체를 진리라고 여겼습니다. 따라서 우리가 만약 유한자로서 제한적이고 특수한 자기 영역만을 고집하지 않고 진리를 파악하여 그에 따라 삶의 방식을 규정한다면, 결국 우리는 참된 지혜를 실천하며 살아갈 수 있게 되는 것입니다.

혜강은 앞서 살펴 본대로 인간은 본능차원과 지식을 활용하는 두 측면의 욕망을 지닌다고 보고, 특히 후자의 경우를 문제시합니다. 그렇다고 해서 본능을 충족하며 살아간다고 해서 부조리하고 불합리한 상황과 마주치지 않을 수는 없겠죠. 우리는 자연그대로의 조건에 충족하기 위해 욕망의 내용을 설정하고 욕망활동을 영위하지만, 때때로 무한한 욕망충족의 길로 내달리기도 합니다. 잘못된 지식 체계나 지식을 부적절하게 사용하며 욕망을 추구하는 경우는 말할 나위도 없겠죠. 따라서 혜강은 우리의 욕망 충족 활동에 일정부분 제한을 두어야 할 필요성을 제기하며 그 기준을 설정하기에 이릅니다.

군자는 지식이 항상되지 않아서 생명을 해치고, 욕망이 사물을 쫓아서 본성을 해친다는 것을 잘 알고 있다. 그러므로 지식이 작용하면 고요함[恬]으로써 거두어들이고, 본성이 움직이면 조화[和]로써 바로잡으니, 지식이 고요함에 머무르게 하고 본성은 조화에 만족하게 한다. 그런 뒤에 정신은 고요함으로 순박해지고, 몸은 조화로움으로 이루어지게 되어, 얽매임을 없애고 해로움을 제거하여 저 '도'와 더불어 한층 새로이 태어나게 되는 것이다. (『혜강집(嵇康集)』 「답난양생론(答難養生論)」)

혜강은 무분별한 욕망 추구로 인한 폐해를 막기 위해 고요함과 조화로움이라는 두 가지 방법을 제시합니다. 자연스러운 본능으로서의 본질적 성향의 움직임에 따르는 욕망충족은 '조화로움'의 원칙에 따라, 지식을 활용하는 욕망충족은 반드시 '고요함'의 원칙을 따라야 한다는 것입니다. 이러한 원칙은 욕망충족 과정에서 발생할 수 있는 문제를 올바른 방향으로 수렴하고 조절하는 작용력을 지닙니다. 여기서 말하는 '고요함'이란 인식주체로서의 우리의 마음이 그 대상인 외물을 끝도 없이 추구하는 일체 과정을 잠시 멈추게 하는 것을 뜻하고, '조화로움'이란 혜강이 인정한 자연스러운 본능 차원의 욕망을 조화롭게 추구할 수 있게 하는 조절의 원리를 의미합니다. 그리고 이러한 원칙은 '스스로 저절로 그러한 이치[自

然之理]'에 근거하여 세워지는 것이고, 이러한 이치에 따르면 나의 인식의 지평이 새롭게 펼쳐져 불편부당하게 흘러가는 삶의 방향을 온전한 길로 되돌릴 수 있게 됩니다. 이를 혜강은 도와 더불어 새롭게 태어나게 된다고 비유적으로 설명합니다.

어찌 보면 혜강이 말하는 참된 지혜란 우리가 살아가는 세상과 각자의 본래 삶의 모습 그 자체를 의미한다고 볼 수 있습니다. '스스로 저절로 그러한 이치'가 바로 이 세상과 존재가 드러나는 근거이자 내용을 의미하기 때문에, 그러한 방식으로 드러나는 대로의 본래 모습이 바로 우리가 파악해야 하는 참된 지혜이자 진리라는 것입니다.

흥미로운 점은 참된 지혜와 진리를 파악할 수 있다면, 우리는 온전한 생명활동을 영위할 수 있다는 점입니다. 혜강은 장자의 양생 사상을 계승하여, 우리의 육체와 정신의 두 가지 생명을 올곧이 보존하며 온전한 방식으로 주어진 생명을 잘 지켜나가는 생명활동을 해야 한다고 강조합니다. 그가 자연스러운 본능 차원의 욕망 충족활동에서 자칫 제멋대로 무한하게 욕망을 충족하려는 행위, 그리고 사사로움에 근거한 지식을 활용하거나 지식 자체를 자신의 목적대로 변형시켜 욕망을 지키려는 행위 모두를 경계한 이유는, 결국 생명을 해칠 수도 있는 원인을 분석하고 있는 그대로의 생명을 잘 지키기 위해서이기도 합니다.

마지막으로 곽상이 생각하는 참된 지혜, 그리고 그에 따르는 삶의 모습에 관한 내용을 살펴보겠습니다. 곽상은 모든 사물은 각자 저절로 그러한 방식대로 생겨나고, 제각기 자신의 방식대로 존재한다고 생각합니다. 그리고 태어날 때부터 지니는 서로 다른 본성의 규정과 내용대로 우리는 생각하고 판단하며 행동하도록 구조화되었다고 이해합니다. 그럼에도 때때로 우리는 나보다 더 나은 무엇인가를 지닌 타자, 그리고 지금보다 더 좋은 상황을 설정하고, 그것을 기대하고 희망하게 되죠. 역설적으로 이러한 상황은 도리어 우리 스스로를 곤란하고 힘들게 하는 원인이 되어버립니다.

곽상은 이러한 문제를 풀기 위해서는 그 무엇보다도 우리 자신을 있는 그대로 이해하고 그에 따를 것을 요청합니다. 사람마다 제각기 서로 다르게 설정된 모습, 성향과 성질, 가능성, 장점과 단점 등을 각자 제대로 파악하고, 그에 맞춰 세상을 인식하고 지식 체계를 구성하기를 요청하는 것입니다. 곽상이 우리에게 알려주고자 했던 참된 지혜와 진리는 매우 단순할 수도 있습니다. 아마 곽상은 이렇게 생각하지 않았을까 싶습니다. '우리가 경험할 수 있는 세상의 저 뒤편에 이 세상과 모든 것들을 이렇게 만들어주는 것에 대해 우리는 알 수도 말할 수도 없다, 그렇다면 무엇으로부터 구체적으로 어떠한 방식을 통해 말한다는 것은 그저 추측에 불과할 뿐이다, 그렇기에 역설적으로 우리가 태어나 떠나가는 시점까지 과연 우리 각자는 어떠한 모습으로 살아가는 것이 좋을지 생각해야 한다.'라고요. 어찌 보면 이러한 상식적 차원에서의 질문을 스스로 던지며 그 해답을 모색했을 겁니다. 따라서 곽상이 추구한 참된 지혜는 우리 모두는 그저 생겨날 뿐이고, 보이는 대로 각자의 독자적 역량에 따라 삶을 영위해 나가며, 그 결과로 모든 개별자는 자기 대로의 행복을 추구한다는 것에 집중된다고 볼 수 있습니다. 따라서 우리는 각자의 삶의 방식대로 살아가는 것, 즉 그의 표현을 빌리자면 '자위'의 행위 방식을 지향하는 것 자체가 세상의 참된 지혜이자 진리가 되는 것입니다.

다만 여기서 한 가지 문제는 남게 됩니다. 앞에서 살펴보았듯이 곽상은 '자위'는 긍정하지만 '상위'는 부정하는데, 그렇다면 그에게서는 더불어 살아간다는 것은 과연 의미가 있는가의 여부입니다. 곽상은 입술과 이의 관계를 비유하며, 입술과 이가 서로 상대방을 위하지는 않지만 입술이 없어지면 이가 시리다고 설명합니다. 즉 곽상이 '상위'를 부정하는 이유는 행위 과정에서 상대방을 위해야 한다는 작위적인 목적이나 의도가 개입되었기 때문입니다. 실제로 우리는 현실의 삶 속에서 굳이 목적과 의도를 설정하지 않더라도 나의 생활에 집중하는 것 자체가 결과적으로 타인과 전체 세상에 이롭게 되는 경우를 종종 발견하곤 합니다. 곽상은 바로 이 점에 주목했고, 이러한 상황을 '상인(相因)'이란 개념으로 설명합니다. 모든 사물은 자생의 방식으로 이루어지고 '자위'의 방식으로 자신의 본성의 내용을 발산하여 행동하지만, 의도치 않게도 '상인'이라는 긍정적 결과를 이끌게 된다는 것입니다. 그렇다면 행위 과정에서 어떤 목적이나 의도를 개입시키지 않기 위해서는 어떻게 해야 할까요? 물론 이때의 목적과 의도는 작위적인 것으로, 나의 본성대로 판단하고 행동하지 않고, 다른 것을 넘보고 얻으려는 것을 의미합니다. 일반적으로 우리는 나의 것에 충실하지 않고 남의 것이나 다른 것을 찾아다닐 때 흔히 옳고 그름을 따지는 행위, 즉 가치판단 내지는 시비판단을 합니다. 그런데 곽상의 철학에서 옳고 그름이란 본래 모든 사람마다 서로 다른 본성의 내용에 따라 설정되는 것이기 때문에 항상 동일할 수 없습니다. 따라서 엄격한 의미로서의 객관이나 기준은 존재할 수 없고, 우리 모두 자신의 자연스러운 본성에 따라 옳고 그름을 시시각각 판단해 나갈 뿐입니다. 만약 자신의 옳고 그름의 기준을 근거로 다른 사람을 재단하거나 바꾸려고 한다면, 도리어 상대방과의 불필요한 충돌만을 일으키게 될 것입니다. 이러한 입장에서는 결국 옳음도 그름도 없다는 '무시무비(無是無非)'를 알아차리고 각자가 자신의 옳고 그름의 기준으로 자신의 옳고 그름을 삼아야 문제 상황에서 벗어나게 됩니다. 곽상이 생각하기에는 그 결과로 모든 사람들이 각자의 본성의 특성과 내용을 가능한 최대로 드러내며, 세상의 진리를 깨달아 살아갈 수 있다고 보는 것입니다.

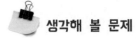

생각해 볼 문제

1. 위진현학은 선진 시기 이래의 제자백가 철학을 통합하려는 시도를 진행하며, 자연과 명교라는 자연질서와 도덕질서, 그리고 유가와 도가 두 학파의 이론적 합일을 모색했습니다. 동시에 통합적 문제의식을 바탕으로 유가와 도가 두 학파의 이론체계를 하나의 학문과 지식 체계로 담아내고자 했습니다. 어찌 보면 물과 기름과 같은 성질의 유가와 도가 두 학파의 상이한 이론체계를 하나의 학문으로 재구성할 수 있다고 생각하나요? 그렇다면 위진현학가가 서로 다르게 제시한 방법 중 어떤 방법이 가장 실효성이 크다고 생각하나요?

2. 위진현학가들은 우리가 세상을 온전히 인식하고 삶의 방향과 목적을 제대로 설정하기 위해서는 반드시 우리가 살아가는 세상과 그 안의 무수히 많은 사물들이 어떠한 존재 근거를 갖는지를 탐구해야 한다고 주장합니다. 다시 말해서 존재의 까닭에 대한 질문을 던지기 시작한 것입니다. 그렇다면 이러한 이론체계는 서양철학에서의 형이상학적 전통과는 어떠한 차이가 있을까요? 그리고 이러한 질문이 과연 우리의 현실적 삶에 어떠한 도움을 줄 수 있을까요?

3. 위진현학가들은 인간의 욕망활동을 때로는 긍정하기도 때로는 부정하기도 합니다. 그렇다면 욕망의 성격을 판단하는 기준은 무엇이고 어디에 있을까요? 더불어 위진현학가들은 우리가 그릇된 지식 체계를 만들어내기고 하고, 가치중립적이고 객관적 지식 체계를 나 자신의 목적과 의도에 맞게 변형시켜 잘못된 결과를 이끌기도 한다고 주장합니다. 과연 지식 자체를 이렇게 이해하는 것이 가능할지, 우리 현실의 다양한 상황에 맞춰 생각해 봅시다.

4. 위진현학에서는 세계와 존재의 근거에 대한 탐구를 바탕으로 참된 지식이나 진리를 파악할 수 있다고 말합니다. 왕필은 본체론적 입장에서 '무'를 존재의 근거로 삼는 이론체계를 정립하고, 혜강은 '스스로 저절로 그러한 이치'를 중심으로 하는 세계관을 세웠으며, 곽상은 현상계에서 드러나는 모습을 중심으로 모든 사물이 독자적으로 운동하고 변화 발전한다고 설명합니다. 그렇다면 이러한 세계관을 통해 우리가 마주할 수 있는 참된 지혜나 진리는 어떠한 성격과 내용을 지니는지, 이를 어떻게 실천할 수 있을지를 우리 현실의 다양한 예시를 통해 생각해 봅시다.

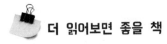

더 읽어보면 좋을 책

1. 許抗生 외, 김백희 옮김, 『위진현학사』 상·하, 세창출판사, 2013.

   이 책은 중국 위진시대 현학사상을 깊이 있게 연구한 책으로, 위진현학을 온전하게 이해하기 위해서 반드시 읽어야 하는 책입니다. 중국 북경대학 許抗生 교수를 비롯한 4명의 저자가 집필자로 참여하여 위진현학을 구성하는 문헌에 대한 치밀한 연구와 분석을 바탕으로 위진현학의 전모를 조망하고 있습니다. 위진현학의 발생과 사상의 연원으로부터 정시(正始)현학, 죽림(竹林)현학, 서진원강(西晉元康)현학, 동진(東晉)현학을 비롯해 위진현학과 불교, 도교 및 문화예술의 상호연관성까지 망라하는 등 다양한 주제와 내용을 담고 있습니다. 다만 유물사관의 관점이 통용되었던 시기의 저작이다 보니 몇몇 내용에 있어서는 현재의 이해방식과 다소 동떨어진 부분이 있다는 점을 밝힙니다.

2. 정세근, 『도가철학과 위진현학』, 예문서원, 2018.

   국내 도가철학 및 위진현학 대표 연구자 중 한명인 정세근 교수가 오랜 시간 동안의 연구를 바탕으로 도가철학과 위진현학의 특징과 의미를 밝힌 책입니다. 제1부에서는 노자와 장자의 철학에 대한 전통 시기로부터 현대에 이르는 다양한 해석을 다루고 있고, 제2부에서는 현학을 주제별, 유파별, 학자별로 구분하여 상세한 논의를 펼치고 있습니다. 위진현학을 선진 시기 노장철학과의 이론적 검토 및 비교를 통해 살펴볼 수 있는 역작입니다.

3. 왕필, 임채우 옮김, 『왕필의 노자주』, 한길사, 2005.

   국내 왕필 철학의 대표 연구자인 임채우 교수가 왕필의 『노자주』를 완역한 책입니다. 왕필의 노자철학에 대한 이해와 함께 그의 전체 철학체계를 원전을 바탕으로 파악할 수 있는 가치 있는 자료입니다. 서문에 해당하는 '『노자』와 왕필의 『노자주』'에서는 상세하게 『노자』와 왕필의 노자 이해 및 그의 철학체계를 소개하고 있고, 부록으로 「노자지략」, 「노자열전」을 비롯해 '왕필 현학체계에서의 『노자』와 『주역』의 관계' 등을 싣고 있습니다. 원전을 바탕으로 왕필의 현학체계를 이해하는 데 필독서입니다.

앎에 대한 불교 이야기

김원명

1. 들어가는 말: 지식이란 무엇이고, 지혜란 무엇인가?

'안다'는 것은 무엇일까요? 오직 인간만이 자기 자신에게든 자신이 아닌 그 누군가에게든 물을 수 있고, 물음은 그 물음에 대한 대답을 기대합니다. 또 물음이 '물음의 주체'와 '물음의 대상'과 '물음의 내용'을 전제하듯이, 대답을 통해 알려지는 앎도 '앎의 주체'와 '앎의 대상'과 '앎의 내용'이 전제된다고 할 수 있습니다. 우선, '안다는 것은 무엇인가?'라는 물음으로부터 앎의 주체, 앎의 대상은 제외하고 앎의 내용과 관련하여 논의한 서양철학의 논의를 살펴보지 않을 수 없습니다. 그렇지만 본 글의 목적이 서양철학자들의 앎에 대한 정의를 살펴보는 것은 아니므로, 간단히 개략적으로만 살펴보겠습니다.

서양철학의 시작 시기인 그리스 시기부터 현대에 이르기까지 유럽인들은 오랫동안 앎이 무엇인가에 대해 고민하였습니다. 앎에 대한 정의는 아테네 플라톤(Πλάτων, Plátōn, 기원전 428?/424~기원전 348?/347?)의 대화편 가운데 하나인 「테아이테토스(Theaetetus)」에 까지 거슬러 올라갑니다. 그는 누군가 어떠한 사물이나 사건에 대해 '정당화된 참인 믿음'을 가지고 있다면, 그 어떤 이는 그 사물 또는 사건을 '안다'고 할 수 있다고 봅니다. 이런 플라톤 식의 정의는 서양철학의 역사에서 현대에 이르기까지 근본적인 의심 없이 오랫동안 사용되어 왔습니다.

현대에 이르러 비트겐쉬타인(Ludwig Wittgenstein, 1889~1951)은 플라톤의 앎의 정의에 대해 의심하기 시작하였습니다. 그는 자신을 부정하는 문장에 대한 패러독스인 '무어의 역설'[1]에 대해 분석하면서, "그는 그렇게 믿었지만 그렇지 않았다"나 "그는 그렇게 알았지만 그렇지 않았다"와 같은 문장을 제시하였습니다. 비트겐쉬타인은 이러한 문장이 정신적 상태에 명확히 들어맞지는 않지만, 믿음에 대해 말하는 방식에는 부합한다고 하였습니다. 예를 들면,

---

1) 무어의 역설(Moore's paradox): 이는 무어(George Edward Moore, OM, 1873~1958)에 의해 만들어진 역설로, 비트겐쉬타인에 의해 널리 알려졌다. 이 역설은 지식과 믿음에 관한 역설로, 다음과 같은 두 가지 형태 중 하나를 갖는다. 하나, p가 참이지만 나는 p를 믿지 않는다. 하나, p가 참이지만 나는 not p를 믿는다. 이 두 명제는 부정 기호가 어디에 위치하는가에 따라 차이가 있다. 예를 들면 전자의 경우 "지금 눈이 오지만 나는 눈이 온다고 믿지 않는다."와 같은 문장이, 후자의 경우 "지금 눈이 오지만 나는 눈이 오지 않음을 믿는다."와 같은 문장이 있을 수 있다. 로이 소렌센(Roy Sorensen)은 전자를 omissive 형, 후자를 commissive 형이라 이름했다. 이 역설을 해결하기 위해 여러 철학자들이 해결책을 제안하였지만, 아직까지 일반적으로 받아들여지는 해결책은 없다.

어떤 사람이 지루해 한다는 것을 아는 것은 그의 마음을 알기 때문이 아니라, 특정한 상황에서 그가 지루해하는 행동이나 표정을 알기 때문이라는 것입니다. 비트겐쉬타인은 자연 언어에서 사용되는 "앎"이라는 말을 정의하는 데 많은 어려운 점이 있음을 예를 들어 밝혀 놓았습니다. 그의 표현에 따르면 "앎"이란 단어는 '가족 유사성'2)을 지니고 있습니다.

비트겐슈타인 철학을 좋아한 게티어(Edmund L. Gettier, 1927~)는 그의 단 세 쪽짜리 소논문 「앎은 정당화된 참인 믿음인가?(Is Justified True Belief Knowledge?)」(1963)에서 플라톤의 앎의 정의에 대해 문제를 제기하였습니다(이른바 The Gettier problem). 그는 플라톤의 앎에 대한 정의가 앎에 대한 필요조건은 되지만 충분조건이 되지 못한다고 봅니다. 그는 위 세 조건을 만족시키지만 논리적으로 안다고 할 수 없는 사례를 지적하였습니다. 현대 영미철학자들은 이 문제를 해결하기 위해 앎의 정의에 추가적인 조건을 제시하였습니다. 노직(Robert Nozick, 1938~2002) 같은 이는 '앎을 쫓아가는 이론'3)을

---

2) 가족 유사성(family resemblance): 이는 한 범주의 한 구성원이 가진 속성을 그 범주의 다른 구성원들이 공유하는 속성을 뜻한다. 곧 가족 구성원들 사이에 같이 가지고 있는 유사한 성질을 일컫는다. 예를 들어, 서로 다른 사람인 A, B, C, D가 있다고 가정했을 때, A와 B가 특징1이 닮았고, B와 C가 또 특징2가 닮았고, C와 D가 특징3이 닮았고, A와 D가 특징4가 닮았다면 모두가 공통되는 특징은 없지만, 서로 교차한 유사성 때문에 그들을 가족으로 인식할 수 있다. 이런 유사성을 가족 유사성이라 한다.

3) 앎을 따라가는 이론(The tracking theory of knowledge): 이 이론은 앎이란 '그럴 듯한 방법으로 참을 따라간다는 믿음'이라고 하는 이론이다. '앎을 따라가는 이론'은 로버트 노직(Robert Nozick)에 의해 창안된 이론으로서, 앎에 대한 이전의 정의 즉 '정당화된 참인 믿음'에 대한 '게티어의 반례'를 다루는 것이다. 노직은 사람 S가 명제 P에 대해 어느 정도 앎을 가질 수 있는 네 가지 조건을 설명한다. 노직은 S가 P를 알기 위해서는 다음 조건을 충족해야 한다고 말한다. P는 참이다. S는 P를 믿는다. P(즉, P이면)가 아닌 경우, S는 P를 믿지 않을 것이다.

제안하였습니다. 또 블랙번(Simon Blackburn, 1944~)은 이에 더해 '증거부족에 의한 취약점과 논리의 허점 및 거짓을 배제'하는 조건을 제시했습니다. 커크햄(Richard Ladd Kirkham, 1955~)은 '참과 믿음 사이에 논리적 증거가 보장되어야 한다'는 조건을 더 제시했습니다. 그의 문제 제기로 현대 서양철학에서 앎론[지식론]과 관련된 연구가 활발히 진행되었고, 그의 소논문은 현대철학에서 가장 유명한 논문 중 하나가 되었습니다. 이 소논문은 그가 그의 초임지인 미국 미시간의 웨인주립대(Wayne State University in Detroit)에서 그의 동료 교수들로부터 그가 연구 업적이 거의 없어 연구 업적 출판을 독촉 받아 발표하게 된 것입니다.

앞에서 언급했듯이, 이런 개략적인 앎에 대한 현대 영미철학에서의 논의를 알려고 하는 것이 우리의 목적은 아닙니다. 다만 우리에게 대학의 철학과 정규 교과과정에서 익숙한 것은 바로 이와 같은 앎에 대한 현대의 영미철학적 논의고, 이에 대한 배경지식을 전제로 이와는 다른 불교에서의 앎에 대한 다양한 그러나 접근이 다른 논의를 설명하고자 하는 것입니다. 우리의 관심은 '불교에서의 앎이란 무엇인가'입니다. 앎은 지식(知識)이기도 하고, 지식(智識)이기도 합니다. 지식(知識)은 우리말 '알음'에 지식(智識)은 '슬기'에 가까운 것 같습니다. 알음이 슬기에 충분조건은 아니지만 필요조건은 될 것 같습니다. 앎은 무엇이고 슬기란 무엇일까요? 이에

P인 경우, S는 P를 믿을 것이다. 노직의 앎에 대한 정의는 '참을 따라가는 것'으로 알려져 있다. 앎은 참을 따라가기 때문에 앎인 것이다. 믿음의 정당성은 그것이 참인 것을 계속 추적하는 한에서만 유효하다.

대해 사전적인 뜻을 알아보고, 부처님 가르침에 나타나는 앎을 보다 자세히 알아보기로 하겠습니다.

우선, 앎은 '알음'입니다. 앎은 '알다'에서 왔고, 그 '알다'의 이름씨[명사]가 알음이고 알음을 한 글자로 표현하면 앎입니다. 그 뜻은 배우거나 경험을 통해 모르던 것을 깨닫는 것이거나 깨달은 것입니다. 이를 보다 구체적으로 구분해 보면, 보통 네 가지 정도로 나누어 생각할 수 있습니다. 첫째, 교육이나 경험 또는 연구를 통해 얻게 되는 체계화된 인식의 총체입니다. 둘째, 사물이나 상황에 대한 정보입니다. 셋째, 인식에 의하여 얻어진 성과, 객관적으로 확정된 판단의 체계입니다. 마지막으로 사람을 뜻하기도 합니다. 선가(禪家)에서 선지식(善知識)이라 할 때, 선(善)은 '좋은' '착한' '훌륭한'이란 뜻이고, 지식(知識)은 수행자를 가르칠 수 있는 스승을 뜻합니다. 또 상대의 마음을 아는 벗이란 뜻도 있습니다. 이런 사전적 설명 외에 불교적 설명으로 다시 간단히 설명하면, 앎이란 바로 앎의 주체인 마음이 타자와 관계를 맺는 것입니다. 화엄적으로 말하면, 이 세계는 텅 빈 것이지만 다만 오직 한 마음이 지은 것입니다. 그러므로 앎이라는 것은 마음 작용으로서 마음이 지어낸 타자와 관계를 맺는 것을 말하는 것입니다.

다음으로, '슬기'는 대개 두 가지 뜻으로 새겨 볼 수 있습니다. 우선, 슬기는 '지혜(智慧)와 보아서 아는 견식(見識)'을 함께 이르는 말입니다. 다음으로, 불교 유식(唯識)에서는 모든 대상은 우리 마음이 일어나 변하면서 나타나는 것이라 합니다. 그런데 그것을 모르고서 일으키는 '거짓 봄'인 '망견(妄見)'으로 대상에 대한 '분별작용을 하게 되는 식(識)의 작용'에 이르는 것입니다.

이상의 앎 또는 슬기의 사전적 설명에 비추어 볼 때, 불교적인 앎 또는 슬기를 다루는 분야는 불교 인명론(因明論)입니다. 인명론은 오늘날 철학에서 말하는 인식론 또는 지식론과 논리학이 함께 다루어진다고 할 수 있습니다. 또 이 분야와 밀접한 분야가 대승불교의 유식사상입니다. 인명론을 다룰 때, 우리 나라에서 꼭 다루어야 하는 분이 원효(元曉, 617~686)입니다. 원효는 현장(玄奘, 602~664)·규기(窺基, 632~682)의 4분설을 비판하면서, 진나(陳那, Dignāga, 480~540)의 3분설을 옹호하는 입장입니다. 먼저, 이 부분을 설명할 것입니다. 두 번째, 앎의 문제를 초기불교에서는 어떻게 다루었는지 '장님과 코끼리 비유'를 통해 살펴볼 것입니다. 이 비유는 우리가 안다는 것에 대해 초기불교에서 어떤 통찰로 시작하고 있는지를 보여줍니다. 세 번째, 무명으로 인해 알지 못해서 이어서 생기게 되는 연기(緣起)를 설명할 것입니다. 네 번째, 앎은 바로 마음의 문제이므로 유식(唯識)사상을 전반적으로 설명할 것입니다. 마지막으로, 선불교(禪佛敎)에서는 앎의 문제를 '달과 손가락'의 비유를 통해 어떻게 이해하고 있는지 알아보고자 합니다. 손가락과 앎 혹은 지식에 대한 통찰은 오늘날 우리에게도 여전히 유효한 지혜가 아닐 수 없습니다.

2. 앎의 구조: 진나 3분설三分說과 현장 4분설四分說

불교 인식론이면서 논리학인 인명론(因明論)에서는 '거북의 털과 토끼의 뿔'이라는 '귀모토각(龜毛兔角)'의 비유를 들어서, 실제로 있는 것이 아닌 앎의 대상을 통해 앎의 오류에 대한 설명을 합니다. 이와 유사한 비유가 또 하나 있습니다. 즉 공화(空華)입니다. 눈병에 걸린 사람이 환영(幻影)으로 인해 공중에 떠다니는 꽃을 보게 되는 경우를 말합니다. 이는 실제로 존재하지 않는 것이 눈에 나타나게 되어 그것이 있다고 생각하고 안다고 믿는 것을 비유로 듭니다. 이는 불교에서 실제로 있지 않은 것을 있다고 믿는 예를 든 것입니다. 이것은 정당화되지도 참이지도 않은 믿음의 사례가 됩니다.

불교 전통에서의 앎의 구조에 대한 설명은 결국 다음 네 가지로 요약됩니다. 첫번째는 1분설(一分說)로서, 오직 자증분(自證分)[4]만 있다는 것입니다. 이는 안혜(安慧, Sthiramati, 475?~555?)의 입장입니다. 두 번째는 2분설(二分說)로서, 인식의 대상이 되는 상분(相分)[5]과 그것을 인식하는 주관이 되는 견분(見分)[6]만 있다는 것입니다. 이는 난타(難陀, Nanda, 6세기경)의 입장입니다. 세 번째는 3분설(三

---

4) 자증분은 견분에 대한 자각(自覺)으로, 자체(自體) 위에서 견분을 자각하는 것을 말한다. 상분과 견분은 자증분을 떠나서 존재할 수 없는 것이다.

5) 상분은 마음 안에서 나타나는 대상이 되는 모습인 경상(境相)을 말한다. 이 객관 대상의 형상에 대비되는 것이 주관이다. 상분은 의식의 객관적인 측면으로서, 8식의 수동적인 면, 즉 하나의 식 자체 안에서 보이는 것을 말한다.

6) 견분은 앞에서 말한 상분을 보는 작용이다. 이는 마치 현대적으로 주체가 보는 바 혹은 주관과 같은 것이다. 곧 상분을 상대하여 인식하는 주체의 측면이 견분이다. 유식학에서는 이를 주체적이고 능동적인 팔식(八識)에 대비한다. 즉 하나의 식이 그 자체 안의 대상을 보는 것을 말한다.

分說)로서, 인식의 대상인 상분(相分)과 그것을 인식하는 주관이 되는 견분(見分) 그리고 주관이 되는 견분을 확인하는 자증분(自證分)이 있다는 것입니다. 이는 진나(陳那, Dignga, 480~540)와 진나를 계승한 법칭(法稱, Dharmakirti, 600~680)의 입장입니다. 네 번째는 4분설(四分說)로서, 3분설에 증자증분(證自證分)[7]을 더한 것입니다. 이는 호법(護法, Dharmapāla, 530~561)과 현장(玄奘, 600~664)의 입장입니다. 이 네 가지를 보통 안난진호(安難陳護)의 1234라 합니다(권서용, 113 참조).

진나(陳那, Dignga, 480~540)에 따르면, 인식은 지각과 추리 두 가지로 나눌 수 있습니다. 그 이유는 지각은 자상을 대상으로 하고 추리는 공상을 대상으로 작용한다고 보기 때문입니다. 지각은 대상에 대한 직접적인 인식인데, 이때는 언어적 개념이나 사유가 아직 개입되기 이전의 무분별적 인식입니다. 이것을 한역에서는 현량(現量)이라 합니다. 이 대상에 대한 직접적인 인식인 지각을 더 자세히 설명해 보겠습니다. 지각은 인식주관과 인식 대상, 그리고 인식작용으로 나누어서 설명될 수 있습니다. 진나의 유식설에 입각한 인식론적 용어로 설명하면, 대상을 파악하는 인식주관은 양(量), 인식에 나타나는 인식 대상은 소량(所量), 인식주관인 양을 확인하는 자증(自證)의 인식작용은 양과(量果)입니다. 그런데 이 셋은 앎이라는 하나의 사건에서 개념적으로 분석되는 것으로서, 체가 따로 나누어져 있는 것이 아닙니다. 따라서 그것들은 동시에

---

7) 증자증분은 자증분에 대한 자각(自覺), 즉 자체분(인식작용을 하는 식 자체)에 대한 재인식이다.

무차별적입니다. 이것을 다른 말로 상분(相分), 견분(見分), 자증분(自證分)이라 합니다.

원효(元曉, 617~686)는 호법(護法, Dharmapāla, 530~561)과 현장(玄奘, 600~664)의 4분설을 논리적으로 비판하고, 진나(陳那, Dignga, 480~540)의 3분설을 소극적으로 인정합니다. 그 이유는 법칭(法稱, Dharmakirti, 600~680)의 견해와 유사하게, 원효가 공(空) 혹은 비유(非有)의 차원에서는 3분설도 인정하지 않고, 식(識) 혹은 비무(非無)의 차원에서는 3분설을 인정하기 때문입니다. 이것은 법칭이 승의(勝義)의 차원이냐 세속의 차원이냐에 따라 3분설을 인정하지 않거나 인정하는 것과 유사합니다(권서용, 141 참조). 법칭에 따르면, 승의(勝義, pramartha) 즉 절대적 진리의 차원에서는 견분·상분·자증분 이 세 가지가 나누어지는 것이 아닙니다. 그렇지만, 세속적 차원에서 인간의 전도된 견해에 의해서 견분·상분·자증분의 세 가지로 나누어진다는 것입니다. 또 원효에 따르면, 공(空) 또는 비유(非有) 곧 있는 것이 아니라는 차원에서는 세 가지로 나누어지는 것이 아닙니다. 곧 3분설도 인정하지 않습니다. 그리고 식(識) 또는 비무(非無) 곧 없는 것이 아니라는 차원에서는 세 가지로 나누어지는 것입니다. 곧 3분설을 인정하는 것입니다.

한자경은 "마음은 마음을 이미 알고 있다."고 하였습니다(한자경, 『마음은 이미 마음을 알고 있다: 공적영지』, 2018). 그러나 『능가경』과 『대승기신론』에서는 "마음은 마음을 보지 못한다[心不見心]"고 하였고, 원효는 『대승기신론소(大乘起信論疏)』에서 이에 대한 자세한 설명을 합니다. 이 두 언명 자체에 대한 보다 깊은 설명이 필요합니다. 또 이 언명들 사이에는 이해해야만 넘어갈 수 있는 산이 가로막혀 있습니다. "마음은 마음을 보지 못한다"는 것은 '견분이 견분을 떠나 별도로 존재하는 상분을 인식할 수 없다'는 뜻입니다. 또 견분을 견분 자신이 인식한다면 이미 견분은 견분이 아니라 상분이 되는 무한 소급의 문제가 생깁니다. 그렇다면 견분을 인식하는 것은 무엇일까요? 이 문제를 설명하기 위해 진나가 견분을 인식하는 제3분인 자증분을 요청하게 되는 것입니다. 견분은 견분 자신을 인식하지 못합니다. 견분을 인식하는 것은 제3분인 자증분인 것입니다. 원효는 '자신 속에 대상 형상을 가진 앎이 밖으로 향하여 일어난 것이 견분'이며, 이 '견분을 증명하는 앎이 안으로 향하여 일어난 것이 자증분'이라고 합니다(권서용, 136~139쪽 참조).

원효가 '둘이 없는 하나' '그래서 하나도 아닌 하나'에 대한 이해를 '성자신해(性自神解)' 즉 '본성이 스스로 신비롭게 이해한다.'라고 하는 것은 바로 이것을 두고 하는 말일 것입니다. 원효에 따르면, "『능가경』과 『대승기신론』은 실상을 표현하기 위해 있지 않음의 뜻[非有義]에 나아가 자기 자신을 볼 수 없다고 한 것이다." 그리고 "『집량론』의 논주는 가명(假名)을 세우기 위해 없는 것이 아니라는 뜻[非無義]에 의거하여 자기 자신을 인식함이 있다고 한 것이다"(원효, 『기신론별기(起信論別記)』). 권서용의 이해를 빌려 마무리를 하면 다음과 같습니다: 원효가 이 하나 안에서 이해의 방향에 따라 그리고 이해의 주체를 상정할 때, "자신 속에 대상형상을 가진 앎이 밖으로 향하는 작용이 견분"이고, "이 견분을 증명하는 앎이 안으로 향하여 일어난 것이 바로 자증분"이라는 것입니다.

3. 부분적인 앎과 전체적인 앎: 코끼리와 장님의 비유

우선 나는 기원전 3~4세기 무렵의 『불설장아함경』(제17권, 「용조품」)에 나오는 코끼리와 장님의 비유 이야기를 소개하며 지식과 지혜, 혹은 부분적인 지식과 전체적인 지식을 나누어 설명하는 초기불교의 설명을 통해 지식을 구분하여 설명하고자 합니다. 이 이야기는 4~5세기 무렵의 『법화경』과 『열반경』 등에도 계속 나타나며 7세기 원효의 『열반경종요』와 같이 2차문헌에서도 계속 다루어지는 이야기입니다.

장님은 코끼리를 본 적이 없습니다. 장님의 코끼리에 대한 앎은 손으로 직접 만지는 촉각을 통한 경험지(經驗知)이지만, 그들의 경험지는 코끼리에 대한 온전한 앎이 아닙니다. 우리는 마치 장님처럼 어떤 진리에 대하여 전체적으로 알지 못합니다. 눈뜬 이는 코끼리에 대해 전체적으로 알고 있고, 그래서 코끼리를 온전하게 압니다. 그들의 앎에는 부분과 전체라는 앎의 차이가 있고 눈으로 전체를 본 것과 장님이 손으로 만진 부분만 아는 차이 등이 있습니다. 이 이야기는 다음과 같습니다.

그때 세존께서 모든 비구에게 말씀하셨다.

옛날에 경면(鏡面)이라는 왕이 있었다. 한번은 선천적인 장님들을 한곳에 모아 놓고 그들에게 말했다. "너희들 선천적 장님들이여, 코끼리를 아는가?"

그들은 대답했다. "대왕이시여, 저희는 인식하지 못합니다. 알지 못하니다."

왕이 또 말했다. "너희들은 그 형상이 어떤지 알고 싶은가?"

그들이 대답했다. "알고 싶습니다."

그러자 왕은 곧 시자에게 명하여 코끼리를 끌고 오게 하고 여러 장님들에게 손으로 어루만져 보게 했다. 그 중에는 코끼리를 더듬다가 코를 만진 자가 있었다.

왕이 말했다. "이것이 코끼리다."

혹은 코끼리의 어금니를 만진 자도 있고 혹은 코끼리의 머리를 만진 자도 있으며, 혹은 코끼리의 등을 만진 자도 있고 혹은 코끼리의 배를 만진 자도 있으며, 혹은 코끼리의 넓적다리를 만진 자도 있고 혹은 코끼리의 장딴지를 만진 자도 있으며, 혹은 코끼리의 발자국을 만진 자도 있고 혹은 코끼리의 꼬리를 만진 자도 있었다.

왕이 모두에게 말했다. "이것이 코끼리다."

그 때 경면왕은 그 코끼리를 물리치고 장님들에게 물었다. "코끼리가 어떻게 생겼던가?"

모든 장님들 중 코끼리의 코를 만진 자는 '코끼리는 굽은 멍에와 같다.'라고 하였고, 코끼리의 어금니를 만진 자는 '코끼리는 절구공이와 같다.'라고 했다. 코끼리의 귀를 만진 자는 '코끼리는 키와 같다.'라고 하였고, 코끼리의 머리를 만진 자는 '코끼리는 솥과 같다.'라고 했다. 코끼리의 등을 만진 자는 '코끼리는 언덕과 같다.'라고 하였고, 코끼리의 배를 만진 자는 '코끼리는 벽과 같다.'라고 했다. 코끼리의 넓적다리를 만진 자는 '코끼리는 나무와 같다.'라고 하였고, 코끼리의 장딴지를 만진 자는 '코끼리는 기둥과 같다.'라고 했다. 코끼리의 발자국을 만진 자는 '코끼리는 절구와 같다.'라고 하였고, 코끼리의 꼬리를 만진 자는 '코끼리는 밧줄과 같다.'라고 했다.

각각 서로 다투고 서로 시비하면서 '내 말이 옳다. 네 말은 그르다.'라고 하였다. 시비가 그치지 않자 드디어 다투기에 이르렀다. 그 때 왕은 이것을 보고 기뻐하며 크게 웃었다.

그때에 경면왕이 곧 게송으로 말했다.

모든 장님의 무리들 모여,
이곳에서 서로 다투고 싸움하네.
코끼리의 몸뚱이 원래 하난데,
다른 모습 더듬어 보곤 옳다 그르다 하네.

부처님께서 비구들에게 말씀하셨다.

"모든 다른 학문을 배우는 외도(外道)들도 또한 이와 같다. 괴로움에 대한 진리[苦諦]를 모르고 괴로움의 발생에 대한 진리[集諦]·괴로움의 소멸에 대한 진리[滅諦]·괴로움의 소멸에 이르는 길에 대한 진리[道諦]를 알지 못하여 제각기 다른 소견을 내어 서로 다투어 옳다 그르다 하고 자기가 옳다 하면서 싸움을 일으킨다. 만일 사문 바라문으로서 진실하게 괴로움에 대한 성스러운 진리[苦聖諦]·괴로움의 발생에 대한 성스러운 진리[苦集聖諦]·괴로움의 소멸에 대한 성스러운 진리[苦滅聖諦]·괴로움의 벗어남에 대한 진리[苦出要諦]를 안다면, 그들은 스스로 생각해 보고 잘 화합하여 동일하게 받아들이고 동일한 스승을 받들 것이며, 물에 젖이 섞이듯 하나같이 서로 화합하면, 불법은 불꽃처럼 일어날 것이요 편안히 오래 머물 것이다."

장님들의 코끼리에 대한 앎은 그들의 경험 안에서의 앎입니다. 그들은 그들의 경험이 갖는 한계 때문에 온전하지 못한 앎을 가지게 된 것입니다. 그들 자신의 앎만을 알고 다른 사람이 경험한 앎은 본인의 경험한 앎과 다릅니다. 그렇기 때문에 부정하게 되고 그르다고 여기게 되기까지 합니다. 심지어 자신이 맞고 다른 이들이 틀리다고 하며 다투게까지 되는 것입니다. 이것은 장님이 코끼리에 대해 부분적인 앎인 부분지(部分知)를 갖는 것이고, 눈뜬 이는 코끼리에 대해 전체적인 앎인 전체지(全體知)를 갖게 되는 것이라는 비유적 설명입니다.

그런데 장님의 비유는 불교 연기법에 비추어 보면, 무명(無明)을 말하는 것입니다. 무명은 어두움이고, 무명은 밝지 못함이고, 무명은 어리석음입니다. 어두움 속에서 손으로 만져지는 부분만 알아서 부분적인 앎이라고 하는 것입니다. 온전하지 않은 앎입니다. 마치 '단군 이야기'에서 곰이 인간이 되기 이전 단계와 같은 것을 가리키는 것입니다. 또 성리학의 '인심도심(人心道心)설'에서 인심이 인욕에 얽매여 있어 도심을 알지 못하는 상태를 뜻하는 것과도 같은 것입니다. 또 플라톤의 '동굴의 비유'에서 동굴 속의 죄인들이 실제 사물을 보지 못하고 어둠 속 모닥불로 인해서 비쳐지는 왜곡된 모습의 그림자를 보고 있는 것과 같은 것입니다.

사람은 누구나가 바로 이러한 무명을 가지고 태어나게 됩니다. 그래서 근본무명(根本無明)이라고 합니다. 무명으로부터 홀연히 일어나는 바람에 따라 그 다음의 인식 작용들은 잘못된 앎을 낳게 됩니다. 이것은 무명이 연기(緣起)에 의지하여 그 다음으로 많은 문제들이 연속적으로 생겨나는 근본 원인이 되는 설명의 단초가 될 수 있습니다. 연기는 좀 더 긴 말로 인연생기(因緣生起)입니다. 곧 인(因: 직접적 원인)과 연(緣: 간접적 원인)에 의지하여 일어나는 현상을 뜻합니다. 다음으로 우리가 태어나면서부터 갖게 되는 바로 그 근본무명, 우리말로는 밝지 못함, 모름 혹은 어리석음이라고 해석될 수 있는 것이 이 세상의 어떤 인연들을 만들어 내는지를 설명하는 불교 이야기를 더 살펴보기로 하겠습니다.

4. 어리석음과 그로 인한 삶: 무명無明과 연기緣起

무명(無明, ajnana)은 무지(無知)를 뜻합니다. 마치 장님이 코끼리를 온전히 알지 못하는 것처럼 일반적으로는 진리를 알지 못하는 것을 뜻합니다. 부처님 가르침이 시간이 흘러가면서 점차 이론화되고 정교하게 발달하면서 복잡해지고, 그 과정에서 여러 학파가 생겨납니다. 학파에 따라 무명에 대한 이해방식도 서로 다르게 나타나게 됩니다. 그렇지만, 무명이 살면서 겪게 되는 모든 괴로움의 근본적인 원인이라고 하는 것에 대해서는 학파들 간에 큰 이견이 없습니다. 원시불교의 12연기법[8)]에서는 무명으로부터 태어나고

---

8) 12연기법(十二緣起法): 12지연기(十二支緣起)·12인연(十二因緣)이라고도 하며, 무명·행·식·명색·6입·촉·수·애·취·유·생·노사의 12지, 즉 12요소로 된 연기설(緣起說)이다. 『잡아함경』 제12권 제298경 「법설의설경(法說義說經)」과 『연기경(緣起經)』에 연기법(緣起法) 특히 유전연기에 대해 자세한 설명이 나온다.

늙고 병들고 죽는 고통이 발생하는 것으로 설명하고 있습니다. 그리고 대승불교 시대의 유식학파에서는 식의 전변이 일어나게 되는 근본원인을 무명이라 했습니다. 또한 비슷한 시기의 중관학파에서는 무명이 어떤 실체가 아니라 공이라고 합니다. 이는 무명을 형이상학적 실체로 파악하는 이전 시대의 부파불교적 이해와는 다른 것입니다.

원시불교에서 대승불교에 이르기까지, 인도나 중국 그리고 우리나라와 일본과 같은 북방불교는 물론이고, 남방불교 등 모든 종류의 불교는 연기설(緣起說)을 그 중심사상으로 공유하고 있습니다. 연기설은 불교의 중심사상입니다. 그리고 불교가 다른 어떤 종교 혹은 철학과도 구분되는 불교의 특징입니다. 이 연기설에 따르면, 현재의 존재는 과거 없이 존재할 수 없으며, 우리의 주위환경 및 그 전체의 과거 없이는 존재할 수 없습니다. 따라서 현재의 바로 이 한 점의 순간, 바로 이 한 점의 존재자는 우리들 자신과 주위의 모든 과거가 포함되어 있고 우리들 자신과 주위의 미래를 결정하는 한 점입니다. 따라서 불교 특히 화엄에서 일즉일체(一即一切)·일체즉일(一切即一)이라고 하는 설명이 가능한 것입니다.

모든 존재자는 인과 연에 따라 연기적으로 이루어져 있는 것입니다. 이것은 어떠한 존재자도 타자와의 관계를 통해서만 존재한다는 것을 뜻합니다. 그러므로 모든 존재자는 자성(自性)이 없는 것이고, 그래서 공한 존재자가 됩니다. 이것이 바로 용수(龍樹, Nāgārjuna, 150?~250?)가 공사상을 주장하는 것이 가능하게 하는 것이고, 그래서 그것이 바로 중관학파(中觀學派)의 내용이 되는 것입니다.

연기(緣起, pratityasamutpada)는 여러 가지 원인에 의하여 생기는 현상의 상호 의존관계를 가리킵니다. 일체의 현상은 영원한 것이 없으며 언제나 생겨나고 사라지면서 변화하는 것입니다. 그렇지만 그 변화하는 현상은 일정한 조건 아래에서 일정한 움직임을 가집니다. 그 움직이는 것을 연기법이라 하는 것입니다. 초기 경전에 의하면, 부처님은 이 연기의 진리를 깨달아 부처가 되었다고 합니다. 연기법 특히 유전연기(流轉緣起)에서 우선 연(緣)과 기(起)를 먼저 설명하면, '연(緣)'이란 '이것이 있으면 저것이 있다[此有故彼有]'는 것을 의미하고, '기(起)'란 '이것이 일어나면 저것이 일어난다[此起故彼起]'는 것을 의미합니다. '연(緣)'은 무명연행(無明緣行)·행연식(行緣識)·식연명색(識緣名色)·명색연6입(名色緣六入)·6입연촉(六入緣觸)·촉연수(觸緣受)·수연애(受緣愛)·애연취(愛緣取)·취연유(取緣有)·유연생(有緣生)·생연노사(生緣老死)의 일련의 인과관계의 과정을 말합니다. '기(起)'는 이 과정을 통해 걱정[愁]·한탄[歎]·괴로움[苦]·근심[憂]·번뇌[惱]가 일어나는 것을 말합니다. 그리고 다시 이런 뜻의 '연(緣)'과 '기(起)'를 전체적으로 간략히 말하면, 순대고취(純大苦聚)입니다. 즉 '순전한 괴로움뿐인 큰 무더기' 또는 '순수하게 큰 괴로움의 무더기' 즉 5취온(五取蘊)이 형성[集]되는 것을 말합니다. 5취온이 형성된다는 것은 생사윤회를 반복한다는 것을 뜻합니다.

조건에 의해 생기는 현상은 그 조건을 없앰으로써 모두 사라지게 할 수 있습니다. 이 법칙은 부처님이 이 세상에 나오셔서 비로소 생긴 것이 아니라, 부처님의 유무에 관계없이 영원한 법칙이라는 것입니다. 초기불교 경전 속에서 "연기를 보는 자는 법을 보고,

법을 보는 자는 연기를 본다."라든가 "연기를 보는 자는 법을 보고, 법을 보는 자는 나(佛)를 본다."라고 되어 있는 것에서 알 수 있듯이, 연기설은 불교의 근본 가르침이며, 연기를 법 자체라고도 할 수 있습니다. 연기설은 하나의 원인을 상정하고 그 원인에 의해 모든 존재자들이 생겨나고 존재한다고 설명하는 일원론적인 세계관이나 세상의 모든 것이 결정되어 있다고 하는 결정론적인 해석을 거부합니다. 세계에 존재하는 모든 현상은 원인과 조건이 반드시 있습니다. 그러므로 모든 존재자는 인과 연에 따라 생겨나고 변화하며 사라집니다. 그래서 모든 존재자는 그 자신을 그 자신이게끔 하는 어떤 단일한 고유성을 가질 수 없게 됩니다[空].

초기불교에서 12지연기(十二支緣起, dvadasanga pratityasamutpada)로 설명되는 연기론이 생기게 되는 것입니다. 12가지는 무명(無明)·행(行)·식(識)·명색(名色)·육입(六入)·촉(觸)·수(受)·애(愛)·취(取)·유(有)·생(生)·노사(老死) 등으로 이루어져 있습니다. 이들을 순서대로 간단히 설명하면 다음과 같습니다. ① 무명(無明, 산. avidyā, 팔. avijjā)은 특히 고집멸도(苦集滅道)의 사성제(四聖諦), 인간의 본질, 윤회, 열반 등에 대해 알지 못하는 것을 말합니다. ② 행(行, saṃskāra/sankhāra)은 무명으로 인해 실재에 대해 잘못된 생각을 형성하게 되는 것을 말합니다. ③ 식(識, vijñana/viññāṇa)은 행이 가져오는 인식의 구조를 말합니다. ④ 명색(名色, nāma-rūpa)은 식의 대상인 이름과 형상, 즉 자아 정체성이 이루어지는 근본원리를 말합니다. ⑤ 육입(六入, sadā-yatana)은 대상에 대한 감각적 지각을 가능하게 하는 눈·귀·코·혀·몸의 5가지 감각기관 및 그 대상들과, 감각적 인상들을 통합하는 기관으로서의 마음을 말합니다. ⑥ 촉(觸, sparśa/phassa)은 존재하는 대상과 감각기관 사이의 부딪힘, 곧 접촉을 말합니다. ⑦ 수(受, vedanā)는 접촉에 의해 일어나는 감각작용을 말합니다. ⑧ 애(愛, tṛṣṇā/taṇhā)는 즐거운 감각작용에 대한 목마름을 말합니다. ⑨ 취(取, upādāna)는 성적 대상 등에 대한 사랑의 심화에 의해 나타나는 집착을 말합니다. ⑩ 유(有, bhava)는 집착에 의해 발동되는 생성과정을 말합니다. ⑪ 생(生, jāti)은 유의 결과로서 개인이 태어남을 말합니다. ⑫ 노사(老死, jāra-maraṇa)는 태어난 이후 벌어지는 늙고 죽는 것 등을 말합니다.

이러한 연기 사슬에 대한 설명은 초기 불교경전들에서 자주 반복되어 나타납니다. 그런데 위와 같은 순서로 나타나는 경우(順觀緣起, anuloma)도 있고, 정반대의 순서로 나타나는 경우(逆觀緣起, pratiloma)도 있습니다. 그것은 물음에 따라 방향이 달라질 뿐, 그 내용은 같습니다. 어두워서 알지 못하는 그 마음으로부터 12연기로 이어지는 것을 순관(順觀), 그 반대를 역관(逆觀)이라 합니다. 문제는 무명이고 무명은 마음의 문제입니다. 다음으로 마음을 주로 다루는 유식사상을 알아보겠습니다.

5. 마음의 종교: 유식사상

불교에 대한 여러 이름들과 설명들이 있지만 특히 마음 공부를 하는 마음의 종교라고도 합니다. 불교에 따르면, 선(善)과 악(惡)도 마음이 만드는 것이며 악을 행하고 선을 행하는 것도 마음이 하는 것입니다. 일반 사람들의 마음이 어둡고 흐려서 그것을 맑히고 깨끗이 하여 지혜로운 사람이 되게 하는 것도 마음이 하는 것입니다. 이것이 우리가 다루는 불교에서의 앎을 다루는데 있어, 마음을 다루는 유식사상을 검토하게 만드는 이유입니다.

유식사상은 『해심밀경』과 『유가사지론』 등의 만법유식(萬法唯識)사상과 『화엄경』의 일체유심조(一切唯心造)사상을 바탕으로 이루어진 것입니다. 『성유식론』(현장 편역)에 따르면, 유(唯)는 마음 밖에 다른 경계가 없다는 것을 말하는 것입니다. 그리고 식(識)은 오직 심체뿐이라는 뜻입니다. 이런 경지를 유식무경(唯識無境)이라고 합니다. 유식무경은 오직 마음만 실제로 존재하는 것이며, 다른 것은 마음에 의지하여 존재하여 마음 밖에는 어떤 것도 따로 있을 수 없다는 것입니다.

유식사상에서 안식(眼識), 이식(耳識), 비식(鼻識), 설식(舌識), 신식(身識), 의식(意識) 등 육식에 의해 업력이 조성된다고 하는 것은 초기불교와 부파불교 시대부터 나타나고 있는 것입니다. 부파불교 시대에는 심·의·식(心意識)으로 육식(六識)을 나누어 설명합니다. 심은 모든 업력을 보존하였다가 다른 과보를 받게 하는 마음이며, 의는 모든 것을 생각하는 마음이며, 식은 모든 것을 인식하는 마음을 뜻합니다. 그러나 이들 심·의·식은 그 근본 성품이 하나라고 하였습니다. 이에 대하여 대승불교에서는 심·의·식을 8식(八識)으로 나누고, 8식의 심체(心體) 곧, 마음을 이루는 근본 성질은 각각 다르다고 합니다.

신라승 원측(圓測, 613~696)의 『해심밀경소(解深密經疏)』에 의하면, 대승불교를 주창한 용수(龍樹, Nāgārjuna, 150?~250?)는 6식 외에 말나식(末那識, 제7식)과 아뢰야식(阿賴耶識, 제8식)의 사상을 이미 알고 있었다고 합니다. 그 뒤 유식사상을 체계화한 무착(無着, Asanga, 300~390?, 395~470?)은 아뢰야식(阿賴耶識) 등을 8식으로 확정하여 인간 마음의 바탕을 설명합니다. 이러한 유식사상의 역사와 사상을 간략히 살펴보도록 하겠습니다.

인도 불교의 유식학을 총 3기로 나누어 보면, 제1기는 미륵(彌勒, Maitreya, 270~350년경, 350~430년경)과 무착의 유식학기고 제2기는 세친(世親, Vasubandhu, 320~400년경, 400~480년경)의 유식학기며 제3기는 유식 10대 논사의 유식학기입니다. 이후는 동아시아 한자문명권에서 전개되는 유식사상을 들 수 있을 것입니다.

제1기 미륵과 무착을 소개하겠습니다. 유식학에서의 미륵은 현장의 『대당서역기(大唐西域記)』(권제5)에 의하면, 무착의 스승 격입니다. 교학상의 어려운 문제에 대해, 무착이 미륵에게 물어서 답을 들었다고 전합니다. 즉 무착이 미륵이 머무는 도솔천에 올라가 질문하고, 이에 대한 답을 들어서 대중에게 이를 다시 강의하였다고 합니다. 그래서 『유가사지론(瑜伽師地論)』이 출현하게 되었다고 전합니다. 그래서 티벳에서는 이 책을 무착이 저술한 것으로 이해하는 반면, 중국에서는 미륵이 저술한 것으로 이해하는 전통으로 나누어지게 된 것입니다. 그의 저술은 『유가사지론(瑜伽師地論)』외 『분별유가론(分別瑜伽論)』, 『대승장엄경론송(大乘莊嚴經論頌)』, 『중변분별론송(中邊分別論頌)』, 『금강반야경론송(金剛般若經論頌)』 등이 있습니다.

무착은 본격적인 의미에서 유식학의 비조(鼻祖)입니다. 무착(無着)은 4세기경에 인도 정신세계를 좀 더 진리롭게 설명하고자 유식사상을 성립시켰습니다. 무착은『해심밀경(解深密經)』과『십지경(十地經)』등 대승경전의 유심사상(唯心思想)을 종합하였습니다. 그는 '모든 것은 마음을 떠나 존재할 수 없고, 마음에 의해 현상계가 창조되고 실현된다'는 유식사상을 창립하였습니다. 그리고 그의 동생 세친이 이를 대성토록 합니다. 미륵과 무착의 저술은 무착의 것으로도 미륵의 것으로도 추정되고 있는데, 이것들이 이후 전개되는 유식학의 온전한 소의경전이 됩니다. 그의 저술은『유가사지론(瑜伽師地論)』,『아비달마집론(阿毘達磨集論)』,『섭대승론(攝大乘論)』,『현양성교론송(顯揚聖教論頌)』등이 있습니다.

제2기 세친(世親)을 소개하겠습니다. 세친의 유식학을 조직유식학(組織唯識學)이라고 합니다. 조직유식학은 8식(八識)의 심체(心體)와 심체의 작용을 논리적으로 설명한 것입니다. 그래서 정신계와 물질계의 원인과 조건의 관계도 체계적으로 설명하고 있습니다. 세친은 불멸 후 900년 경 사람으로 처음에 소승의 설일체유부(說一切有部)에 출가하여 공부를 하였고, 경량부(輕量部)의 교리도 공부하였습니다. 이때 유부의 교리 공부는『대비바사론(大毘婆沙論)』을 통해 하는 것이었고, 이 내용은 주로 현상계에 실존하는 모든 것을 분석하여 매우 번쇄하게 설명되어 있습니다. 그런데 세친은 당시 유부의 근본도량 지역인 북인도 카시미르국에 유학하는 동안에 이런 번쇄한 유부 학설을 경량부 학설로 논파하는 입장에 있었고,

이를 본 오입 존자가 세친이 위험에 처할 것을 걱정하여 건타라국으로 귀국시키기에 이릅니다. 귀국 후 『대비바사론(大毘婆沙論)』을 강의하였고, 그 내용을 간추려서 『구사론송(俱舍論頌)』이 만들어지게 된 것입니다. 이에 대해 오입 존자의 요청으로 설일체유부의 강요서인 『아비달마구사론(阿毘達磨俱舍論)』이 만들어집니다. 그리고 오입의 제자 중현이 세친의 위 논서에 실린 유부 교리 논평 내용을 재논박하는 내용을 다루는 『아비달마순정리론(阿毘達磨順正理論)』을 저술하게 됩니다.

세친은 처음에 유부의 교리를 개선하여 진흥하려고 하였습니다. 그리고 대승을 비불설로 비방하며 믿지 않았습니다. 그러나 그의 형 무착의 회유로 대승불교로 전향하고, 『유식삼십송(唯識三十頌)』을 지어 유식교학을 대성하기에 이릅니다. 이 책은 모든 유식학을 잘 정돈 요약하였습니다. 그래서 소수의 학자만이 그 뜻을 알 수 있었습니다. 그리고 그 밖에 보통 사람들은 이해할 수 없었습니다. 안혜(安慧)와 호법(護法) 등 28명의 학자들이 이 송에 대한 주석서를 간행하였습니다. 그 중 열 사람의 주석서가 가장 훌륭하였습니다. 10대 논사들이 유식학을 크게 발전시켰다고 해서 이 시대를 유식발전기(唯識發展期)라고도 합니다. 세친의 『유식삼십송(唯識三十頌)』에 대해 당(唐)의 자은대사(慈恩大師, 窺基, 632~682)는 "글자 한 자에는 만 가지의 표상이 깃들어 있고, 한 마디의 말에는 천 가지의 교훈이 갖추어져 있다(萬象含於一字, 天訓備於一言)."고 논평한 바 있습니다.

제3기 10대 논사를 소개하겠습니다. 10대 논사들의 주석서들

중 현존하는 것은 안혜의 『삼십송석론(三十頌釋論)』뿐입니다. 1. 호법(護法, Dharmapāla), 2. 덕혜(德慧, Gunamati), 3. 안혜(安慧, Sthiramati), 4. 친승(親勝, Bandhuśri), 5. 난타(難陀, Nanda), 6. 정월(淨月, Śuddhacandra), 7. 화변(火辨, Citrabhāna), 8. 승우(勝友, Visesamitra), 9. 최승자(最勝子, 또는 勝子, Jinaputra), 10. 지월(智月, Jñānacandra).

　『유식삼십송(唯識三十頌)』은 그 내용이 풍부한 명저입니다. 이에 대하여, 앞에서도 밝힌바, 이른바 10대 논사가 각각 10권씩 주석(註釋)을 하였고, 후에 현장삼장(玄奘三藏, 602~663)이 이 주석서들을 당나라에 가져와 호법의 설을 주로 하여 10권으로 축소하여 번역하고 합유(合糅)한 것이 『성유식론』입니다. 이 『성유식론』과 함께 『해심밀경』과 『유가사지론』과 『섭대승론』 등이 한역되면서 동아시아 한자문명권의 불교를 발전시키는 데 크게 기여하였습니다. 당나라에서는 법상종(法相宗)이라는 종파가 성립되고, 한때 유식학이 당나라의 불교계를 풍미하게 됩니다. 법상종의 종조는 사실상 현장법사지만 유식학 제일의 사상이라는 교판사상을 논리화하여 종파를 조직한 이는 규기(窺基, 632~682)입니다. 그래서 그가 법상종의 제1대조가 되는 것입니다. 이와 같이 당대에 유식사상을 이념으로 하는 지론종과 섭론종, 그리고 법상종이 생겼습니다. 신라에서는 원광(圓光)이 섭론종을 공부하였고, 다음으로 원측(圓測, 613~696)이 이것들을 두루두루 섭렵하고 연구하였습니다. 원측은 15세에 중국에 유학하여 처음에는 섭론종의 유식사상을 공부하였고, 그 밖에 대승과 소승의 교학을 두루 연구하였습니다. 그는 여러 나라 말에 뛰어나 모두 6개 국어에 능통하였다고 합니다. 원측은 당나라의 규기보다 먼저 현장이 인도로부터 수입한 유식사상 서적들을 연구하여 『성유식론』과 『유가사지론』 등에 대한 연구서를 발표하였습니다. 이와 같이 원측은 규기를 비롯한 당나라 학자들보다 먼저 그리고 그들과 달리 모든 유식학을 종합하여 일승(一乘)적인 사상을 건립하였습니다.

이러한 학문 특성 때문에 당나라에 유학한 신라 학승은 물론 당나라 학승들까지도 원측으로부터 사사를 받았습니다. 원측은 서명사에 오래 주석하였기 때문에 원측의 호를 서명(西明)이라 했습니다. 서명을 추종한 학자들은 서명학파 또는 신라 유식종이라고 불리기도 했습니다. 원측의 직계제자로는 도증(道證)이 있습니다. 그는 원측의 학문을 적극적으로 옹호하는 『성유식론요집(成唯識論要集)』을 저술하여 당나라 학자들의 비판에 반론을 제기하며 비판하였습니다. 이외 신라의 신방(神昉)은 현장의 번역사업에 참여하였고, 승장(勝莊)과 자선(慈善)도 매우 훌륭한 유식학자였습니다.

신라 내에서 유식학 저술을 남긴 학자는 원효(元曉)를 들 수 있습니다. 원효는 『해심밀경(解深密經)』과 『성유식론』과 『유가사지론』 등 많은 유식사상 경론을 연구하여 주소(註疏)를 썼습니다. 현재 남아있는 『이장의(二障義)』를 비롯하여, 『유가사지론소』와 『성유식론소』 등이 있습니다. 원효는 『대승기신론소』와 『기신론별기』 그리고 『금강삼매경론』 등 현존 저술에 유식사상을 많이 인용하고 있습니다. 원효는 진제(眞諦)가 전한 아마라식(阿摩羅識)설과 현장(玄奘)이 전한 아뢰야식(阿賴耶識)설을 함께 인용하고 있는데, 이는 섭론종과 법상종의 유식사상을 모두 섭렵했다는 점을 증명하는 것입니다. 그리고 순경(順環)의 인명학(因明學)은 당나라에서도 유명할 만큼 뛰어났고, 경흥(璟興)과 둔륜(遁倫)과 태현(太賢) 등의 유식사상도 신라 내는 물론이고 당나라와 왜를 비롯해 동아시아 한자문명권의 불교계 전체에 크게 영향을 끼쳤습니다.

현재 남아 있는 원측의 『해심밀경소(解深密經疏)』와 둔륜의 『유가론기(瑜伽論記)』 등은 당시부터 아주 널리 알려진 책입니다. 이 책들에 의하여 신라시대의 신라승들이 유식사상에 아주 뛰어났음을 알 수 있습니다. 그리고 일본 유식사상은 신라승들인 지통(智通)과 지달(智達)과 지봉(智鳳) 등이 일본에 건너가 전수한 것이라고 알려져 있습니다. 이와 같이 신라 유식사상 연구자들과 그 사상 내용은 동아시아에서 그 연구서들의 숫자나 연구내용의 질 모두 당과 왜에 견주어 그들을 능가하고 있었고, 이런 학풍은 고려시대에도 이어졌습니다. 현대의 중국과 일본 불교학자들도 이 책들을 연구 대상으로 삼고 있습니다.

6. 맺는 말: 선가禪家에서 '달과 손가락 비유'를 통해 본 앎

유식학파(唯識學派)에서는 근본식인 아뢰야식(阿賴耶識, alaya-vijñana)으로부터 이 세계가 전개되어 나온다고 하는 아뢰야식연기(阿賴耶識緣起)를 주장했으며, 여래장사상가들은 자성청정한 여래장이 일체의 존재를 낳는다고 하는 여래장연기(如來藏緣起)를 주장했습니다. 한편 중국의 화엄종에서는 유식과 여래장사상을 결합하여 법

계연기설(法界緣起說)을 주장했습니다. 이것은 현상계를 떠나 따로 실체의 세계가 존재하지 않으며, 이 세계 그대로가 궁극적인 진리의 세계라고 말합니다. 따라서 진리 그 자체로서 존재하는 모든 존재는 서로 끝없이 연관되어 있으며, 상즉상입(相卽相入)하여 두루 걸림이 없다는 것입니다.

선가에서는 교학에서의 이론들의 전개가 번쇄하다고 생각하여 이론 없이 실상의 진리를 간단히 그리고 빨리 알아서 부처가 되는 것에 관심을 쏟습니다. 『능엄경』과 『능가경』에서는 지혜로운 사람이 손가락으로 달을 가리키는데, 어리석은 사람들은 가리키는 달은 보지 않고 손가락만 본다는 이야기, 견지망월(見指忘月)을 통해 시적으로 비유적으로 앎과 연관된 이야기를 전해 주고 있습니다. 여기서 달은 자신의 불성(佛性)에 대한 은유(隱喩)입니다. 앎의 정점에 불성이 있는 것입니다. 불성은 앎의 대상이기도 하고 앎의 주체이기도 합니다. 위에 언급하고 있는 손가락은 보통 선사들이 불성을 가리키는 수단입니다. 그것이 말일 수도 있고, 글일 수도 있고 눈짓일 수도 있습니다. 행동일 수도 있습니다. 그런데 그것이 가리키는 불성을 보지 않고 그것을 가리키는 수단들에만 주의를 집중해서 보고 있다는 것입니다. 이 이야기는 『송고승전』에 "달을 잊어버리고 손가락만 생각하고, 고기를 잡고나서 통발에만 집착한다. [인지망월(認指忘月) 득어집전(得魚執筌)]"는 말을 통해 전승되었습니다. 동아시아에서 주목을 끌고 자주 이야기되며 오늘날까지 전해지는 이 구절은 『능가경』과 『능엄경』 구절을 전승하면서도, 『장자』나 『주역』 「계사전」 등에 이미 있는 이와 유사한 글들과 결합 또는 변형을 통해서 동아시아적으로 이해되고 있는 것입니다.

구지(俱指)의 손가락은 이와는 약간 다르게 보이기도 합니다. 그는 원래 마조(馬祖, 709~788) 문하의 대매법상(大梅法常, 752~839)의 법과 항주(杭州)에 있던 천룡(天龍)의 법을 전수하였습니다. 그리고 이 두 선사 밑에서 그는 대기대용(大機大用)을 익혔고, 이후 법을 물어온 사람을 향해 손가락을 세워 보이는 것으로 가풍(家風)을 삼았습니다. 이처럼 선가에서는 손가락으로 달을 가리키는 손가락만 있는 것은 아닙니다. 그렇지만 손가락이 무언가 진리를 전해주고 있었던 것만은 분명한 듯 합니다.

『무문관(無門關)』 3칙 구지수지(俱指竪指)의 온전한 이야기는 다음과 같습니다. "구지스님은 누가 무어라고 물어도 오직 손가락 하나를 들어올렸다. 그러던 어느 날 한 방문객이 한 사미승에게 '스님께서는 어떤 법요(法要)를 설하던가요?' 하고 물었다. 이에 이 사미승 역시 손가락 하나를 들어올렸다. 후에 스님은 이 말을 듣고 마침내 칼로 이 사미승의 손가락을 잘라버렸다. 이 사미승이 아파 통곡하며 달아날 때, 스님이 그를 불렀다. 이 사미승이 머리를 돌리자, 그때 스님이 손가락 하나를 들어 보였고, 그 순간 그 사미승이 바로 깨쳤다. 구지스님이 세상을 떠나려 할 때, 대중에게 '나는 천룡의 일지두선(一指頭禪)을 배워 한평생 쓰고도 남았다'라는 말을 마지막으로 하고 입적했다." 여기서 손가락이 무엇인가에 대한 여러 설명들이 있어왔습니다. 어떤 이는 여기서의 손가락은 달을 가리키는 것이 아니라고 합니다. 앞에서 달을 가리키는 손가락은 고기를 잡는 통발입니다. 여기서의 손가락은 그저 있는 그대로 현재 작용이 그대로 본질이라는 '작용시성(作用是性)'의 입장에서 볼 때, 손가락은 달을 가리키거나 불성을 가리키는 도구가 아닙니다. 손가락은 그대로 달이고, 불성입니다.

선가에서 "고기를 잡고 나서 통발에만 집착한다[得魚執筌]."라는 질책의 말은 『장자』「외물편」의 "고기를 잡으면 통발을 잊는다[得魚忘筌]"를 변형시킨 것입니다. 『장자』「외물편」에 "물고기를 잡으면 통발을 잊고, 토끼를 잡으면 그물을 잊으며, 뜻을 얻으면 말을 잊는다."라고 하였습니다.

역철학에서도 많은 주석가들이 뜻[意]과 상(象)과 말[言]의 관계를 해석함에 있어서도, 여러 설명 전통을 이어왔습니다. 그 가운데 왕필의 『주역약례(周易略例)』에 "의미는 '상'으로써 극진히 하고, '상'은 말로써 드러난다. 그러므로 말이란 상을 밝히는 것이니 상을 얻으면 말을 잊고, 상이란 의미를 보존하는 것이니 의미를 얻으면 상을 잊는다. 마치 올무는 토끼를 잡는 도구이니 토끼를 잡으면 올무를 잊고, 통발이란 물고기를 잡는 도구이니 물고기를 잡으면 통발을 잊는 것과 같다. 그렇다면 '말'이란 '상'을 잡기 위한 올무이고, '상'이란 '의미'를 잡기 위한 통발이다."라고 한 것이 대표적입니다.

의미를 아는 것이 앎의 최고 경지입니다. 불교에서의 최고 경지는 바로 무아(無我)의 자성(自性)인 불성(佛性)을 아는 것입니다. 선가에서는 무아 자성이 따로 어디 본질로서 있는 것 아님을 분명히 합니다. 매일매일의 일상에서 배고프면 밥먹고 졸려우면 잠자는 것이 그대로 진리입니다. 일상이 곧바로 진리입니다. '날마다가 좋은 날[日日是好日]'이고, '평상의 마음이 곧 도[平常心是道]'입니다. 『장자』에서는 고기를 잡으면 통발을 버리라고 하지만, 내가 보기에, 고기를 잡을 때는 늘 통발이 필요한 법입니다. 도(道)가 고기인데, 통발도 도가 아니라고 할 수는 없는 법입니다. 역(易)철학에서도 상(象)이 바로 있는 그대로의 역(易)을 보여주는 것입니다.

선(禪)이 증자증분만 인정하는 1분설을 옹호하고 있는지는 나는 아직 잘 모르겠습니다. 나는 선이 그저 한마음을 말하고 싶어하는 것이 아닌가 하는 생각이 듭니다. 원효 입장에서 말하는 한마음은 1분설과 3분설 모두를 설명 가능하기도 설명 불가능하기도 한 점을 모두 보여주는 것이라는 생각이 듭니다. 그래서 이런 전통이 이후 송명청대로 이어지고, 조선을 비롯한 왜나라에도 이어져 연구된 성리학에서 인심도심(人心道心)에서의 도심(道心)에 비견되고, 미발지각(未發知覺)으로서의 사려미맹(思慮未萌)으로서 중(中)에 비견되어 이해되기도 하였던 것이 아닌가 생각됩니다.

생각해 볼 문제

1. 플라톤(Πλάτων, Plátōn, 기원전 428?/424~기원전348?/347?)의 대화편 가운데 하나인 「테아이테토스(Theaetetus)」에서, 누군가 어떠한 사물이나 사건에 대해 ○○○된 ○인 ○○을 가지고 있다면, 그 어떤 이는 그 사물 또는 사건을 '안다'고 할 수 있다고 하였습니다. 게티어(Edmund L. Gettier, 1927~)는 그의 소논문 「앎은 정당화된 참인 믿음인가?(Is Justified True Belief Knowledge?)」(1963)에서 플라톤의 앎에 대한 정의가 앎에 대한 ○○조건은 되지만 ○○조건이 되지 못한다고 문제를 제기했습니다.
   동그라미에 들어가는 글자들이 무엇인지 말해 보고, 이에 대해 이야기해 봅시다.

2. 범칭(法稱, Dharmakirti, 600~680)과 원효(元曉, 617~686)는 절대적 진리의 차원에서 견분(見分)·상분(相分)·자증분(自證分)의 ○○○을 인정하지 않습니다. 반면에, 세속적 차원에서 인간의 전도된 견해에 의해 생겨난 견분·상분·자증분을 인정합니다. 원효에 따르면, 공(空) 또는 비유(非有) 곧 있는 것이 아니라는 차원에서는 세 가지로 나누어지는 것이 아닙니다. 곧 ○○○도 인정하지 않습니다. 그리고 식(識) 또는 비무(非無) 곧 없는 것이 아니라는 차원에서는 세 가지로 나누어지는 것입니다. 곧 ○○○을 인정하는 것입니다.
   동그라미에 공통적으로 들어가는 글자들이 무엇인지 말해 보고, 세계가 있는 것이 아니라는 차원과 세계가 없는 것이 아니라는 차원의 상반된 설명에 따라 전개되는 이 이론에 대해 이야기해 봅시다.

3. 장님들의 코끼리에 대한 ○은 그들 각자 경험 안에서의 ○입니다. 그들 각자 경험 안에서의 ○이란 그들 각자의 경험이 갖는 한계 내의 ○이란 뜻입니다. 그들 각자가 자신이 경험해서 생긴 ○만을 알고, 다른 사람이 경험한 ○은 본인의 경험한 ○과 동일하지 않은 줄을 모를 수 있습니다. 그렇기 때문에 다른 사람의 ○의 내용을 부정하게 되고 그르다고 여기게 되기까지 합니다. 심지어 자신이 맞고 다른 이들이 틀리다고 하며 다투게까지 되기도 합니다. 이것은 장님이 코끼리에 대해 부분적인 ○인 부분지(部分知)를 갖는 것이고, 눈뜬 이는 코끼리에 대해 전체적인 ○인 전체지(全體知)를 갖게 되는 것이라는 비유적 설명입니다. 부분지와 전체지에 대한 사례를 찾아 이야기해 봅시다. 동그라미에 들어가는 공통되는 글자가 무엇인지 말해 보고, 그것의 범위와 한계에 대해 이야기해 봅시다.

4. 의미를 아는 것이 앎의 최고 경지입니다. 불교에서의 최고 경지는 바로 무아(無我)의 자성(自性)인 불성(佛性)을 아는 것입니다. 선가에서는 무아 자성이 따로 어디 본질로서 있는 것이 아님을 분명히 합니다. 매일매일의 ○○에서 배고프면 밥먹고 졸려우면 잠자는 것이 그대로 진리입니다. ○○이 곧바로 진리입니다. '날마다가 좋은 날[日日是好日]'이고, '평상의 마음이 곧 도[平常心是道]'입니다.
동그라미에 공통으로 들어가는 글자들이 무엇인지 생각해 보고, 나는 무엇을 알아야 하고 또 어떻게 살아야 하는가에 대해 이야기해 봅시다.

더 읽어보면 좋을 책과 논문

1. 김기현, 『현대인식론』, 민음사, 2003.

저자 김기현 교수는 서울대학교 철학과 교수입니다. 이 책은 서양 철학, 더 좁게는 영미 철학의 앎론(인식론 또는 지식론)을 소개하고 있습니다. 앎은 인간이 세계를 지적으로 만나 이해하는 통로입니다. 또 앎은 인간을 다른 어떤 존재자와 구별하여 인간으로 규정하는 하나의 중요한 특성입니다. 따라서 앎은 서양철학의 초창기부터 여러 중요한 문제 중 하나로 다루어져 왔습니다. 이 앎의 문제를 다루는 학문이 바로 앎론(인식론 또는 지식론)이라 할 수 있습니다. 우리는 이 책을 통해 이 학문 분야에서 다루는 중요한 논쟁점들을 이해할 수 있을 것입니다. 그리고 우리는 이 논쟁점들이 앎에 관한 논의에서 어떤 위치를 차지하고, 각 논의는 서로 어떻게 연결되어 있는지를 알 수 있습니다.

2. 한자경, 『空寂靈知: 마음은 이미 마음을 알고 있다』, 김영사, 2018.

저자 한자경 교수는 이화여자대학교 철학과 교수입니다. 그녀는 인간의 심층마음을 일관되게 연구하여 자신만의 고유한 사유체계를 정립한 '일심의 철학자'입니다. 이 책은 한자경 교수가 그의 사유의 정수만을 모아 쉽고 명쾌하게 풀어낸 대중 철학서입니다. 이 책은 일반 독자가 이해하기 쉽도록 간단명료하면서도 저자의 일대 연구가 알알이 녹아있는 책으로, 앎의 주체와 관련된 불교적 가르침의 핵심을 담고 있습니다.

3. 사이먼 블랙번, 남경태 옮김, 『철학을 낳은 위대한 질문들: 모든 위대한 사상은 질문에서 시작되었다(원제: The Big Questions: Philosophy)』, 휴머니스트, 2012.

저자 사이먼 블랙번은 케임브리지 대학교 철학과 교수로 있다가 2011년 은퇴 후 현재 노스캐롤라이나 대학교 철학과 석좌교수로 있습니다. 이 책은 우리 삶에서 우리가 알기 바라는 가장 본질적인 질문들을 다룹니다. 물질의 근원과 행성과 물체의 운동을 설명하려는 것은 그리스 최초의 철학자 탈레스와 2,000

년 동안 서구 지식을 지배했던 아리스토텔레스가 고민했던 문제입니다. 최근 인간의 인식 능력에 관해 심리학과 인지 과학, 생리학에서 활발하게 연구되고 있는 주제들도 마찬가지입니다. 그것들은 인간을 자연 현상에서 패턴과 규칙을 찾는 지적인 동물로 본 흄의 철학에서 출발했다고 볼 수 있습니다. 이 책에서 제기하는 20가지 질문을 통해 우리가 생각하고 느끼는 것, 그리고 앞으로 생각하고 느끼고 알아가야 할 '앎의 대상과 앎의 내용'들에 대해 생각해 볼 수 있습니다.

4. Gettier, Edmund L., "Is Justified True Belief Knowledge?", **Analysis,** Vol. 23, 1963, pp. 121~123.

저자 게티어 교수는 앰허스트(Amherst)의 메사추세츠대학교(University of Massachusetts) 명예교수입니다. 그는 1963년 『분석(Analysis)』 학술지에 발표한 이 짧은 논문으로 앎 분석에 대한 현대적 논쟁에 새바람을 불러왔습니다. 이 짧은 논문은 앎이 무엇인지에 대한 설명을 명확하게 하기 위한 철학적인 논쟁을 본격적으로 불러일으킨 아주 중요한 전문적인 논문 중 하나입니다.

앎의 문제를 통해 본
주자의 불교 비판과 선진 유학 이론의 계승·발전

연재흠

1. 시대적 배경

중국의 송(宋)나라는 당나라 멸망 이후 50여 년 동안 오대십국(五代十國)의 혼란기를 거친 끝에 세워졌습니다. 송나라는 앞 시대의 혼란을 거울삼아 무력보다는 문치(文治)를 중시했습니다. 그 결과 처음에는 거란족의 요나라(907~1125)와 충돌하여, 화평조약(澶淵의 盟)을 맺고 불안한 평화를 유지했습니다. 요나라가 멸망한 뒤에는 여진족이 세운 금나라(1115~1234)의 침입을 받아 수도가 함락되고 휘종과 흠종 두 황제가 포로로 잡혀가는 사태(靖康의 變)까지 발생하였습니다. 이 사건은 북송(960~1127)이 멸망하고 남송(1127~1276)이 세워지는 계기가 되었습니다. 이민족에게 중원을 내어주고 양자강 이남으로 밀려난 남송은 몽고족의 원나라(1206~1368)의 침입을 받아 멸망하게 됩니다. 송나라는 정치·군사 분야에서는 불안했지만 농업과 상공업 등의 발달로 경제적으로는 풍요로웠습니다. 송나라에서는 이러한 경제적 여유를 바탕으로 학문과 예술이 발전하였습니다.

1.1. 송대 지식인과 불교

송나라는 사대부(士大夫)의 나라였습니다. 개인의 능력과 실력을 바탕으로 과거시험을 통해 선발된 지식인들이 이전 시대의 문벌귀족들이 차지했던 지위를 대체하였습니다. 유학(儒學)에 관한 상당한 지식과 소양을 갖춘 문신·관료들은 국가를 이끌어 가는 근간이 되었습니다. 송대 유학은 이전 시기에 비해 정밀한 체계와 심도 있는 내용을 갖추고 있습니다. 넓은 의미에서 송대 유학은 인간과 자연의 근원을 통일적으로 이해하여 그것을 자신의 내면에 확립하고, 일상의 삶 속에서 그 가치를 실현하고자 했던 반성적 사고이자 실천이라고 할 수 있습니다. 특히 송대 유학은 자신의 도덕적 수양을 핵심(爲己之學)으로 하는 선진 시대 유학을 계승함과 동시에 불교와 도가의 사유방식을 비판적으로 수용하여 새로운 철학 체계를 세우고자 했기에 '신유학(新儒學)'이라고 일컬어지기도 합니다.

한편 불교가 중국에 전래된 이래, 수나라와 당나라 때 크게 유행하여 헤아릴 수 없을 정도로 많은 사찰이 세워지고 승려들이 배출되었습니다. 송대에 들어서도 승려들은 물론이고, 상당수의 사대부들은 불교에 매료되어 그 이론을 깊이 연구하기도 하였습니다. 북송 시대 정이는 그의 형인 정호를 기리며 "여남의 주돈이 선생이 성인의 도를 논하는 것을 듣고 마침내 과거 공부에 싫증을 느껴 성인의 도를 구하려는 뜻을 지니게 되었다. 그러나 그 요체를 알지 못하여 여러 학파의 사상을 섭렵하고 거의 십 년 동안 도가와 불교에 관심을 가졌다가 돌아와 유가의 육경(六經)을 공부한 뒤에 도를 얻었다."라고 말하였습니다.[1] 이처럼 그 당시 유학자들이 도가와 불교에 대해 관심을 갖고 공부하여 일정한 소양을 지니고 있던 것이 일반적인 현상이라고 말할 수 있습니다.

불교계에서는 북송 말부터 남송 초에 걸쳐 활약한 대혜종고와 같은 걸출한 선사(禪師)가 출현하였습니다. 대혜선사는 당시 선종(禪宗)의 여러 종파들을 두루 섭렵하였으며, 화두(話頭)를 들어 깨달음을 얻어야 한다는 간화선(看話禪)을 주장하였습니다. 대혜선사는 당시 영향력 있는 학자·관료들과 폭넓게 교류하며 그들에게 선(禪)을 전파하였습니다. 특히 대혜선사는 "유학의 언어로 사대부들에게 불교를 설명하여 이후의 학자들을 불교로 인도"할 것을 학자들에게 주문하기도 했습니다.[2] 이처럼 불교는 송대 사상계를 여전히 풍미하고 있었고, 유학과 불교 사이에는 융합과 대립의 관계가 형

---

1) 『二程集』 『河南程氏文集』 卷第十一 「明道先生行狀」. "先生爲學: 自十五六時, 聞汝南周茂叔論道, 遂厭科擧之業, 慨然有求道之志. 未知其要, 泛濫於諸家, 出入於老·釋十年, 返求諸六經而後得之."

2) 『朱熹集』 卷63 「答孫敬甫」. "少時喜讀禪學文字, 見杲老 「與張侍郎書」云: "左右旣得此把柄入手, 便可改頭換面, 却用儒者言語說向士大夫, 接引後來學者."(其大意如此, 今不盡記其語矣.) 後見張公經解文字一用此策."

성되어 있었습니다.

1.2. 주희와 불교

남송(南宋)시대 활동했던 주희(朱熹, 1130~1200)의 철학을 '주자학'이라고 합니다. 모든 학문이 그렇듯이, 주자학 역시 앞선 시대의 철학과 뗄 수 없는 관계를 지니고 있습니다. 주희는 주돈이·소옹·장재·정호·정이와 같은 북송 시대 철학자들의 이론을 종합하여 자신의 철학체계를 건립하였습니다. 그리고 스승이었던 이통이나 학문적 동지였던 장식, 여조겸 등과 같은 학자들도 주희 철학에 많은 영향을 끼쳤습니다. 아울러 노자와 장자의 도가철학이나 불교 역시 주희의 삶과 철학을 이야기할 때 빼놓을 수 없는 부분입니다. 특히 청년시절 주희는 불교로부터 큰 영향을 받았습니다.

주희는 불행하게도 소년시절 아버지를 여의었습니다. 그리고 아버지의 유훈에 따라 유자휘·유면지·호헌을 선생님으로 모시고 공부하였습니다. 이 세 분 선생님들은 유학(儒學)에 조예가 있었을 뿐만 아니라, 도가와 불교에 대해서도 모두 깊은 이해를 지니고 있었습니다. 특히 유자휘는 유가와 불교의 이론이 합치한다고 생각하여 『성전론(聖傳論)』이라는 책을 쓰기도 하였습니다. 이러한 시대적 분위기와 가르침 속에서 성장한 주희 역시 자연스럽게 도가와 불교에 대해 깊은 관심을 가지게 되었습니다. 이것은 "나 역시 열대여섯 살 때 일찍이 선(禪)에 마음을 두었다."[3]거나 "저는 타고난 자질이 미련하여 어렸을 때부터 기억하고 묻고 말하는 것이 다른 사람에게 미치지 못하였는데, 선친의 유훈 때문에 나를 위한 학문(爲己之學, 儒學)에 뜻을 두어야 한다는 것을 자못 알고 있었지만 머무를 곳을 얻지 못하였습니다. 그래서 10여 년간 불교와 도가에 드나들었습니다."라는 주희의 고백을 통해 확인할 수 있습니다.[4]

열대여섯 살 때부터 10여 년간 불교에 마음을 두었던 주희를 이끌었던 사람은 바로 대혜종고의 수제자인 개선도겸선사(開善道謙禪師)였습니다. 주희는 "과거시험을 보러 갔을 때, 그 스님(도겸선사)의 생각에 따라 되는 대로 썼다. 당시 나의 문장은 지금처럼 세밀하지 않았지만 다른 사람들이 조잡하게 설명함으로 인해, 시험관이 나의 설명에 마음이 움직여 마침내 과거에 급제할 수 있었다. 그 때 나이 열아홉이었다."라고 말하였습니다.[5] 이것은 과거시험의 답안을 작성한 주희가 선사(禪師)의 이론을 빌려 유학을 설명하고, 시험관들 역시 그것을 긍정적으로 평가할 만큼 당시 불교가 성행했다는 것을 반증한다고 할 수 있습니다. 그런데 이처럼 불교에 빠져있던 주희가 학문 방향을 전환하게 되는 결정적인 사건이 일어납니다. 그것은 바로 청년시절 주희의 스승이었던 연평 이통(延平李侗)과의 만남입니다.

---

3) 『朱子語類』卷104. "某年十五六時, 亦嘗留心於此."
4) 『朱熹集』卷38「答江元適」. "熹天資魯鈍, 自幼記問言語不能及人, 以先君子之餘誨, 頗知有意於爲己之學, 而未得其處. 蓋出入於釋·老者十餘年. 近歲以來, 獲親有道, 始知所向之大方."
5) 『朱子語類』卷104. "及去赴試時, 便用他意思去胡說. 是時文字不似而今細密, 由人粗說, 試官爲某說動了, 遂得擧. 時年十九."

나중에 동안현으로 가서 부임했을 때 내 나이는 스물 네다섯 살이었는데 처음으로 연평(延平) 이통(李侗) 선생님을 뵈었다. 선생님과 말씀을 나누었는데, 이통 선생님은 나의 말이 옳지 않다고만 말씀하셨다. 나는 오히려 이통 선생님께서 이것[禪]을 이해하지 못하신다고 생각하여 거듭 질문하였다. 이통 선생님은 인품이 성실하고 중후하셔서 그다지 말씀을 잘하시진 않았는데 다만 성현의 말씀을 읽어보라고 하셨다. 나는 결국 선(禪) 공부를 잠시 보류하였다. 마음속으로 선은 구속됨이 없으니 성인(聖人)의 책을 읽어보자고 생각하였다. 성현의 책을 이리저리 읽으면서 하루에 하루가 거듭되자 성현의 말씀이 점점 의미가 있음을 깨달았다. 이러한 변화가 있은 뒤에 불교의 이론을 보자 점점 벌어져 터지면서 문제점이 수없이 드러났다.6)

이통은 이정(二程, 정호·정이)으로부터 양시(楊時), 나종언(羅從彦)으로 이어지는 도남학파(道南學派)의 계승자였습니다. 주희는 이통에게 수학하면서 불교와 결별하게 됩니다. 앎(지식)과 관련된 문제에 있어, 이통은 주희가 개별 사물에 내재한 이(理: 分殊理)를 이해하도록 가르쳤습니다. 이통의 가르침은 후일 주희 철학 구성하는 큰 밑바탕 가운데 하나가 되었습니다.

선종(禪宗)의 교리는 '직지인심(直指人心), 견성성불(見性成佛)'로

---

6)『朱子語類』卷104. "後赴同安任, 時年二十四五矣, 始見李先生. 與他說, 李先生只說不是. 某却倒疑李先生理會此未得, 再三質問. 李先生爲人簡重, 却是不甚會說, 只敎看聖賢語言. 某遂將那禪來權倚閣起. 意中道, 禪亦自在, 且becoming聖人書來讀. 讀來讀去, 一日復一日, 覺得聖賢言語漸漸有味. 却回頭看釋氏之說, 漸漸破綻, 罅漏百出!"

요약할 수 있습니다. 여기서 말하는 마음은 인간의 분별심이 아니라 경전의 근원으로서의 마음이므로 절대 주체를 의미하고, 성 또한 상대적인 본성을 말하는 것이 아니라 인간의 본성으로서의 진실한 자아이며, 이를 불성 또는 심성이라고 하며, 본래면목(本來面目)이라고도 할 수 있습니다. 직지(直指)는 인심(人心)을 보거나 가리키는 것이 아니고 진실한 자기를 깨닫는 것이라 할 수 있습니다.[7] 간략하게 말하자면, "인간 각자의 근원적인 본래심(本來心=佛性)의 자각과 실천"을 의미한다고 할 수 있습니다.[8] 그리고 이러한 '자각'은 참선(參禪)의 수행 과정 속에서 어떤 계기로 인해 '단번에 깨우치는 것(頓悟)'이라고 할 수 있습니다.

주희는 어려서부터 불교에 관심을 갖고 공부하였기에 그가 사용한 용어나 언급한 내용 가운데 불교와 관련된 것들이 적지 않습니다. 그렇지만 주희는 결코 불교(선종)의 입장에 동의하지 않았습니다.

비록 스스로 곧바로 마음을 깨닫는다[直指人心]고 생각하지만 실제로는 마음을 알지 못하고, 비록 스스로 불성(佛性)을 깨달아 부처가 된다[見性性佛]고 생각하지만 실제로는 성(性)을 알지 못하니, 이로써 사람이 지켜야 할 인륜을 모조리 없애버리고 금수의 영역에 떨어졌지만 오히려 죄가 있음을 스스로 알지 못한다.[9]

---

7) 교양교재편찬위원회 편, 『(개정판) 불교학개론』, 동국대학교 출판부, 2009, 264~265쪽.
8) 동국대학교 불교문화대학 불교교재편찬위원회, 『불교사상의 이해』, 불교시대사, 1999, 276쪽.
9) 『朱熹集』卷70「讀大紀」. "雖自以爲直指人心而實不識心, 雖自以爲見性成佛而實不識性,

오늘날 불교를 배우는 자들은 '마음을 깨닫고 본성을 깨닫는다[識心見性].'라고 말하는데, 어떤 마음을 이해하고, 어떤 성을 깨닫는 것인지 알 수 없다.10)

불교 교리에 대한 비판에 있어, 주희의 가장 근본적인 관점은 "사람이 지켜야 할 인륜을 모조리 없애버리고 금수의 영역으로 떨어지게 한다."라는 것입니다. 주희가 보기에 불교의 주장은 배움을 통해 도덕적인 인격체가 되기를 지향하는 유학의 학설과 정면으로 대립하는 것입니다. 그리고 마음이나 본성과 같은 핵심 개념에 대한 이해에 있어 주희의 철학과 불교 사이에는 건널 수 없는 간극이 있습니다. 예를 들어 불교와 달리, 주희는 인간의 본성[性]과 마음[心]을 엄격하게 구분하였습니다. 그리고 주희는 인간에게는 오로지 하나의 마음이 있을 뿐이기에, '마음을 깨닫는다[識心]'는 불교의 교리에 대해 "마음으로써 마음을 구하고, 마음으로써 마음을 부리니, 마치 입으로 입을 깨무는 것과 같고, 눈으로 눈을 보는 것과 같다."라고 비판하였습니다.11) 주희는 불교의 입장에서 유학을 이해하려는 사대부들과 치열한 논쟁을 벌였습니다. 주희는 당시 여러 학자들처럼 비록 초기에 불교에 대한 탐구에 집중하였지만, 후일 각고의 노력을 통해 그것을 극복하고 자신만의 새로운

是以殄滅彝倫, 墮於禽獸之域, 而猶不自知其有罪."

10) 『朱子語類』 卷17. "今學佛者云'識心見性', 不知是識何心, 是見何性."

11) 『朱熹集』 卷67「觀心說」. "釋氏之學以心求心, 以心使心, 如口齕口, 如目視目, 其機危而迫, 其途險而塞, 其理虛而其勢逆."

사상을 확립하였습니다. 주희가 이룩한 철학체계의 중심에는 바로 '앎(지식)'의 문제가 자리 잡고 있습니다.

2. 앎의 대상

주희의 이론체계 속에서 인간을 포함한 만물은 이(理)와 기(氣)의 결합에 의해 이뤄집니다. 주희는 이에 대해 "하늘과 땅 사이에는 이(理)가 있고 기(氣)가 있다. 이(理)라는 것은 형이상(形而上)의 도(道)이며 만물(萬物)을 낳는 근본이다. 기(氣)라는 것은 형이하(形而下)의 기(器)이며 만물을 낳는 도구이다. 이 때문에 사람과 만물의 생겨남에 반드시 이 이(理)를 품수 받은 뒤에 성(性)이 있고, 반드시 이 기(氣)를 품수 받은 뒤에 형(形)이 있다. 그 성(性)과 형(形)은 비록 하나의 몸에서 벗어나지 않을지라도 그러나 도(道)와 기(器) 사이에는 구분이 분명하기에 어지럽힐 수 없다."라고 말하였습니다.[12] 주희에게 있어 본성(本性)이란 만물을 낳는 근본인 이가 개체 사물에 내재해 있는 것을 의미합니다. 만물은 동일한 이를 지니고 있지만 현실 속에서 이를 온전하게 실현할 수 있는 존재는 인간뿐입니다. 인간이 지닌 리, 즉 본성에는 만사만물에 대응할 수 있는 모든 도리가 갖춰져 있습니다. 그런데 주희에 따르면 인간은 이러한 본

---

12) 『朱熹集』 卷58 「答黃道夫」. "天地之間, 有理有氣. 理也者, 形而上之道也, 生物之本也. 氣也者, 形而下之器也, 生物之具也. 是以人物之生, 必稟此理然後有性, 必稟此氣然後有形. 其性其形雖不外乎一身, 然其道器之間, 分際甚明, 不可亂也."

성을 직접적으로 지각할 수 없습니다. 주희는 사물이 지닌 이와 인간이 지닌 이는 동일하기에, 각각의 사물을 통해 표현되는 이를 파악함으로써 인간의 본성에도 그와 같은 이가 존재함을 알 수 있다고 주장합니다. 이러한 주희의 주장에 따르면, 인간의 본성은 수많은 도리(道理)로 가득 차 있고, 이러한 도리들은 크게 인·의·예·지(仁義禮智)라는 네 가지 도덕원칙으로 갈래지울 수 있습니다.

2.1. 이(理)의 의미

주희 철학 속에서 '물(物)'의 의미는 매우 넓습니다. 한 마디로 우리 눈앞에 보이는 모든 사물을 '물'이라고 할 수 있습니다. 이러한 '물'에는 당연히 우리 자신의 신체는 물론 어버이와 자식, 남편과 아내 등과 같은 가장 기본적인 인간관계 역시 포함됩니다. 나아가 주희는 어떠한 사물이 있으면 반드시 그 사물의 '이(理)', 즉 그 사물이 그 사물이 되는 까닭·규율이 있다고 생각했습니다. 다시 말해 인간의 눈과 귀는 하나의 '물'이고, 이 눈과 귀에는 각각 눈과 귀의 '이'가 있다는 것입니다. 또한 어버이와 자식과 같은 관계 역시 하나의 '물'이고 어버이와 자식 사이의 '이'가 있다는 것입니다. 이것은 동시에 '이'가 모든 사물의 존재 근거가 된다는 것을 의미합니다.

주희의 이러한 생각은 선진시대 『시경(詩經)』에서 말한 "하늘이 수많은 백성을 낳음에 이러한 물이 있으면 반드시 이러한 법칙이 있다[天生烝民, 有物有則]."라는 사상을 계승한 것입니다. 그렇다면 과연 눈과 귀의 '이'는 무엇일까요? 주희는 선진시대 『상서(尙書)』에서 말한 "보기를 멀리 하되 밝게 볼 것을 생각하고, 듣기를 덕스러운 말로 하되 귀 밝게 들을 것을 생각하라[視遠惟明, 廳德惟聰]."라는 말에 근거하여, 눈과 귀의 '이'는 밝게 보고[明], 밝게 듣는 것[聰]이라고 주장하였습니다. 그리고 어버이와 자식 간에는 '친함[親]'이 어버이와 자식이란 '물'의 '이'라고 생각하였습니다. 아울러 각각의 사물이 지니고 있는 '이'는 인간이 어떻게 할 수 있는 것이 아니라, '하늘'이 '물'에 부여한 것이라고 주장하였습니다.

주희가 말한 '이'는 먼저 '마땅히 그러해야 하는 법칙[所當然之則]'이란 의미를 지니고 있습니다. 주희의 주장에 따르면, 우리의 눈은 마땅히 멀리 밝게 보아야 하고, 어버이와 자식 간에는 당연히 친함이 있어야 합니다. 그렇다면 우리는 왜 눈으로 마땅히 멀리 밝게 보아야 하고, 어버이와 자식 간에는 당연히 친해야 할까요? 우리의 눈이 소리를 듣거나 맛을 보지 않고 사물을 보는 기능을 가진 것이나, 어버이와 자식 간에는 자애와 효도를 통해 친함이 자연스럽게 생겨나는 것은 그것을 가능하게 하는 근거가 우리 내면에 선천적으로 존재하기 때문입니다. 주희는 이것을 '이'가 지닌 '그러한 까닭으로서의 이유[所以然之故]'라는 의미로 설명하였습니다. 따라서 주희에게 있어 '이'는 '마땅히 그러해야 하는 법칙'과 '그러한 까닭으로서의 이유'라는 두 가지 의미를 지니고 있으며, 후자가 전자의 궁극적 원인·근거가 된다고 할 수 있습니다. 주희는 모든 사물과 마찬가지로 인간에게도 '이'가 내재하며, 그것이 바로 인간의 본성이란 의미에서 "성이 곧 이이다[性卽理]."라는 주장을 견지하였습니다.

한편 주희는 '이'는 하나[理一]이지만 개별 사물에 내재해 있는 '이'는 각기 다르다[分殊]고 주장하였습니다. 앞에서 말한 것처럼 눈의 '이'가 명(明)이라면, 귀의 '이'는 총(聰)이라고 할 수 있습니다. 이렇게 보면 모든 사물의 이가 각기 다르기에 세상에는 헤아릴 수 없을 만큼의 이가 존재한다고 할 수 있습니다. 그러나 주희는 '이'는 오직 하나일 뿐이고 그것이 이르는 곳에 따라 수많은 이름으로 갈라져 나온다고 생각하였습니다.[13] 예를 들어 인간에게는 하나의 이가 있지만, 그것을 눈에 적용하면 명(明)이 되고 귀에 적용하면 총(聰)이 된다는 것입니다. 동시에 어떤 사람이 그의 부모에 대해서는 자식이 되기에 효도를 해야 하지만, 그의 자식에 대해서는 부모가 되기에 자애를 베풀어야 하는 것 역시 하나의 이가 다르게 표현된 경우라고 할 수 있습니다. 주희는 개별 사물의 이에 대한 앎과 그 축적을 통해 전체로서의 하나의 이에 대한 이해에 도달해야 한다고 주장하였습니다.

2.2. '견성(見性)'과 '작용이 성이다[作用是性]'에 대한 비판

만약 마음이 없다면 도대체 성(性)을 어디에 놓겠는가! 반드시 마음이 있어야 성을 담아내어 드러낼 수 있다. 생각건대 성(性) 안에 모든 도리는 인의예지일 뿐이니 곧 충만한 이(理)이다. 우리 유학에서는 성을 충만한

---

13) 『朱子語類』 卷6. "大抵天地間只一理, 隨其到處, 分許多名字出來."

것으로 여기지만 불교에서는 성을 텅 빈 것이라 생각한다.[14]

불교에서는 '성을 깨닫는다[見性]'라고 말하는데 결국에는 텅 비어 헤아릴 수 없는 성(性)을 찾을 뿐이기에 불교의 이론을 따르면 일[事]에 있어더 이상 움직일 수 없다.[15]

물었다. "불교는 공적(空寂)으로 근본을 삼습니까?" 말씀하셨다. "불교가 공(空)을 말하는 것이 옳지 않은 것은 아니지만 공(空) 안에 반드시도리(道理)가 있어야 비로소 마땅하다. 만약 나는 공(空)을 이해하였다고말할 뿐 공(空) 안에 실(實)한 도리(道理)가 있음을 알지 못한다면 무슨소용이 있겠는가? 비유하자면 한 연못의 물이 바닥이 보일만큼 맑고 차가워 마치 물이 없는 것처럼 보인다. 불교는 이 연못은 텅 빈 것이라고 말할뿐, 손으로 물이 차가운지 따뜻한지 만져본 적이 없기에 물이 연못 안에있다는 것을 알지 못한다. 불교의 견해는 바로 이와 같다.[16]

주희에 따르면 유가가 말하는 본성은 '성이 곧 이이다.'라는 주장에 기초하여 모든 도리를 갖추고 있습니다. 기리고 이러한 본성내지 리에 근거하여 일상생활 속에서 마주하는 모든 사물들을 처

---

14) 『朱子語類』 卷4. "然若無箇心, 卻將性在甚處! 須是有箇心, 便收拾得這性, 發用出來. 蓋性中所有道理, 只是仁義禮智, 便是實理. 吾儒以性爲實, 釋氏以性爲空."

15) 『朱子語類』 卷15. "釋氏只說見性, 下梢尋得一箇空洞無稽底性, 亦由他說, 於事上更動不得."

16) 『朱子語類』 卷126. "問: '釋氏以空寂爲本?' 曰: '釋氏說空, 不是便不是, 但空裏面須有道理始得. 若只說道我見箇空, 而不知有箇實底道理, 卻做甚用? 譬如一淵清水, 清泠徹底, 看來一如無水相似. 它便道此淵只是空底, 不曾將手去探是冷是溫, 不知道有水在裏面. 佛氏之見正如此'."

리해 나갈 수 있습니다. 반면 주희가 보기에 불교에서 말하는 성은 어떤 도리도 갖추지 않은 텅 빈 것입니다. 따라서 주희는 이른바 '성을 깨닫는다[見性].' 해도 아무 의미가 없을 뿐만 아니라, 어떠한 도리도 갖추지 않은 성에 의거해서는 현실에 있어 어떤 일도 처리할 수 없다고 비판합니다.

생명 활동[生]의 이(理)를 성(性)이라고 부른다.[17]

성(性)은 사람이 하늘에서 얻은 이(理)이고, 생명 활동[生]은 인간이 하늘에서 얻은 기(氣)이다. 성(性)은 형이상자(形而上者)이고, 기(氣)는 형이하자(形而下者)이다. 사람과 물(物)이 생겨남에 이 성(性)이 있지 않음이 없고, 이 기(氣)가 있지 않음이 없다.[18]

생명 활동[生]은 사람과 물(物)이 지각(知覺)하고 운동(運動)하는 것을 가리켜서 말한 것이다.[19]

주희는 성(性: 理)과 기(氣), 형이상자(形而上者)와 형이하자(形而下者)로써 만물의 생성과 변화를 설명합니다. 인간에 대해 말하자면, 성(性)은 인간이 표현하는 모든 생명 활동[生]의 가능 근거이자 원

---

17) 『朱子語類』卷5, 83쪽. "生之理謂性."
18) 『孟子集注·告子章句上』. "性者, 人之所得於天之理也; 生者, 人之所得於天之氣也. 性, 形而上者也; 氣, 形而下者也. 人物之生, 莫不有是性, 莫不有是氣."
19) 『孟子集注·告子章句上』. "生, 指人物之所以知覺運動者而言."

리입니다. 인간의 생명 활동[生]은 기(氣)를 통해 이루어지지만 그 것이 가능한 원인은 성(性: 理)이 있기 때문입니다. 예를 들어 들숨 과 날숨의 교차로 호흡이 이루어지고, 호흡이 지속되어야 생명이 연장되는데, 들숨과 날숨이 이루어지는 신체기관은 기로 구성되지 만, 들숨과 날숨이 교차되어야 하는 까닭은 바로 그 원리로써 성이 있기 때문입니다.

주희는 이러한 생명 활동[生]을 대표하는 것으로 지각(知覺)과 운동(運動)을 예로 들었습니다. 앞에서 성과 마음의 관계에 대해 주희는 "마음이 있어야 성을 담아내어 드러낼 수 있다."라고 말하 였습니다. 주희의 철학체계 속에서, 성(性)은 마음 안에 내재하며 마음의 작용을 통해 표현됩니다. 동시에 지각(知覺)을 비롯한 마음 의 활동은 성이 있기 때문에 가능합니다. 다시 말해, 몸과 마음이 일으키는 모든 작용이 가능한 까닭 즉 인간의 삶이 가능한 궁극적 원인은 바로 성이라는 원리(原理)가 있기 때문이라고 할 수 있습니 다. 이처럼 주희는 마음과 성의 의미와 기능을 명확하게 구분하였 습니다.

> 만약 성(性)을 가리켜 마음이라 말한다면 옳지 않다. 요즘 사람들은 종종 마음을 성(性)이라고 말하는데 반드시 먼저 알아야 비로소 말할 수 있다.[20]

주희가 보기에 '성을 가리켜 마음이라 말함'은 생명활동의 원리

---

20) 『朱子語類』 卷4. "若是指性來做心說, 則不可. 今人往往以心來說性, 須是先識得, 方可說."

와 작용을 혼동하는 것입니다. 나아가 주희는 '마음을 성이라 말하는' 사람들은 작용을 담당하는 마음을 성으로 간주하는 것으로, 이와 같은 주장은 '작용이 성[作用是性]'이라는 불교의 이론이라고 비판하였습니다.

'태어나면서부터 지니고 있는 것을 성이라 한다[生之謂性].'에 대해 물었다. 말씀하셨다. "그것은 처음부터 잘못되었다. 고자(告子)는 단지 생명활동[生]의 부분만을 말하였는데 정신(精神), 혼백(魂魄)등 무릇 발동하여 작용하는 곳이 이것이다. 마치 선가(禪家)에서 '무엇이 부처인가?'라고 묻자, '불성(佛性)을 깨달으면 부처가 된다'고 답하고, '무엇이 성인가?'라고 묻자, '작용(作用)이 성이다'라고 답하는 것과 같다. 대체로 눈이 보고, 귀가 듣고, 손이 쥐고, 발이 걷는 것 등이 모두 성이라고 말한다. 이리 저리 말하지만 형이하자(形而下者)만을 말할 수 있을 뿐이다.[21]

주희는 고자가 말한 '태어나면서부터 지니고 있는 것을 성이라 한다'는 것이 불교의 '작용(作用)이 성이다'와 같은 것이라고 주장하였습니다. 주희에 따르면, 고자가 말한 생명활동(生)은 모두 작용하여 발동하는 것으로 형이하(形而下)에 속합니다. 앞에서 살펴본 것처럼, 주희는 '눈으로 보는 것'에는 '명(明)', '귀로 듣는 것'에는 '총(聰)'과 같은 원리가 있다고 주장합니다. 그러므로 주희에게 있

---

21) 『朱子語類』 卷59. "問'生之謂性.' 曰: '他合下便錯了. 他只是說生處, 精神魂魄, 凡動用處是也.' 正如禪家說: '如何是佛?' 曰: '見性成佛.' '如何是性?' 曰: '作用是性.' 蓋謂目之視, 耳之聽, 手之捉執, 足之運奔, 皆性也."

어 단순히 보고 듣는 작용이 모두 성이라고 하는 것은 원리와 작용, 형이상(形而上)과 형이하(形而下)의 구분을 무시하는 것이라고 할 수 있습니다.

2.3. 하학(下學)과 상달(上達)

공자는 일찍이 "어째서 선생님을 알아주는 사람이 없는 것입니까?"라는 제자 자공의 질문에 대해, "나는 하늘을 원망하지 않으며, 다른 사람을 탓하지 않고 아래로 일상 속의 일들을 배워 위로 통달할 따름이니, 나를 알아줄 사람은 하늘일 것이다."라고 말하였습니다.22) 이 가운데 "아래로 일상 속의 일들을 배워 위로 통달한다[下學而上達]"는 공자의 말은 후대에 이르러 불교에 대한 비판과 밀접한 관계를 지니게 되었습니다. 북송 시대 정호(程顥)는 이와 관련하여 "불교는 본래 삶과 죽음을 두려워하고 이익만을 위하니 어찌 올바른 도리(公道)겠는가? 오로지 상달(上達)에만 힘쓰고 하학(下學)은 없으니, 그렇다면 상달한 곳에 어찌 옳음이 있겠는가? 불교의 교리는 원래 이어지지 않고 나뉘어 끊어지니 참된 도(道)가 아니다."라고 말하였습니다.23) 정호는 물 뿌리고 마당을 쓸고 어른이 부르면 대답을 하고 사람들과 응대하는 사소한 일상의 일들 속에 모두

---

22) 『論語·憲問』. "子曰: '莫我知也夫!' 子貢曰 '何爲其莫知子也?' 子曰: '不怨天, 不尤人. 下學而上達. 知我者其天乎!'"

23) 『二程集』『河南程氏遺書』卷第十三. "釋氏本怖死生, 爲利豈是公道? 唯務上達而無下學, 然則其上達處, 豈有是也? 元不相連屬, 但有間斷, 非道也."

리가 있다고 생각하였습니다. 정호는 이러한 하학의 공부로부터 천리(天理)에 대한 이해와 같은 상달에 이르러야 하는데, 불교에는 하학의 공부가 없기에 그들이 도달한 상달의 경지 역시 올바르지 않다고 비판하였습니다. 이러한 생각은 주희에게 계승되었습니다.

반드시 하학(下學)하여야 비로소 상달(上達)할 수 있다. 그러나 사람이 하학함이 있지만 상달할 수 없는 것은 하학이 적절하지 않기 때문이다. 만약 적절하게 하학하였다면 상달하지 못할 수 없다. 불교에서는 단지 상달만을 말했을 뿐 더 이상 하학을 이해하지 못하였다. 그런데 하학을 이해하지 못하고 어떻게 상달하겠는가![24]

하학(下學)은 일일 뿐이고 상달(上達)은 이(理)이다. 하학과 상달은 단지 사물에 있어 이(理)를 이해하여 마음의 바르지 못함과 올바름, 옳음과 그름[邪正是非]이 각기 그 구분이 있게 하려는 것이다. 만약 자세하게 성찰(省察)하지 않는다면 이(理)라고 말하는 것을 어디에서부터 볼 수 있겠는가![25]

주희 역시 하학(下學)이 상달(上達)의 기초가 된다고 생각하였습니다. 그리고 하학과 상달 모두 사물에 있어 이를 이해하는 것이라고 주장하였습니다. 이것은 우리가 일상 속에서 접하는 사물의 이

---

24) 『朱子語類』 卷44. "須是下學, 方能上達. 然人亦有下學而不能上達者, 只緣下學得不是當. 若下學得是當, 未有不能上達. 釋氏只說上達, 更不理會下學. 然不理會下學, 如何上達!"
25) 『朱子語類』 卷44. "下學只是事, 上達便是理. 下學·上達, 只要於事物上見理, 使邪正是非各有其辨. 若非仔細省察, 則所謂理者, 何從而見之."

를 파악하고 그것을 기준으로 내 마음이 올바른지 아닌지, 사물을 처리하는 방식이 옳은지 그른지를 판단하려는 것입니다. 주희의 주장에 따르면, 일상 속의 일들은 간과하고 오로지 '견성(見性)'과 같은 상달에만 힘쓴다면, 상달 역시 이룰 수 없습니다. 동시에 하학이 없다면 일상 속의 일들을 올바르게 처리할 수도 없습니다. 주희가 보기에 불교의 교리로는 현실의 문제를 도리에 맞게 처리할 수 없습니다. 그러므로 주희는 국내·외적으로 크고 작은 문제에 시달리고 있던 남송 사회의 모순을 해결하기 위한 일환으로 출세간적 입장을 기본으로 하는 불교를 강력하게 비판하였습니다.

3. 앎의 방식

주희 철학에 있어 지식 내지 앎과 연관된 문제는 매우 중요한 의미를 지니고 있습니다. 특히 앎과 실천의 관계에 있어 주희는 먼저 앎이 있은 후에야 실천할 수 있다는 입장을 견지하고 있습니다. 주희의 입장에 따르면 우리가 서울에 살면서 부산에 가고자 할 때, 부산이 어디에 위치하는지, 어떤 교통편을 이용하여 부산에 갈 수 있는지 등등을 반드시 먼저 알고 있어야 한다는 것입니다.

3.1. 앎[知覺]

주희는 인간의 마음[心]이 이러한 앎[知覺]의 기능을 담당하고 있다고 생각하였습니다. 그리고 주희는 마음이 지닌 앎의 기능을 통해 우리의 몸과 감정을 제어·조절하고 본성을 실현하며 모든 사물을 주재할 수 있다고 주장하였습니다. 이처럼 주희 철학에 있어 앎의 기능과 앎을 통해 축적된 지식은 인간의 삶을 이끌어 나가는 관건이 된다고 할 수 있습니다.

물었다. "앎이 어떻게 물(物)을 주재합니까?" 말씀하셨다. "지각(知覺)하는 바가 없으면 만물을 맡아 다스릴 수 없다. 만물을 다스리려면 또한 반드시 지각(知覺)해야 한다."[26]

주희에게 있어 마음은 결코 만물을 존재하게 하는 궁극적 근원이 아닙니다. 마음과 만물의 관계 속에서 마음이 주도적·능동적 지위를 점하고 있습니다. 나아가 만물에 응대하는 과정 속에서 인간은 자신의 의지와 사고에 의거하여 그 사물이 원만한 결과를 얻게 할 수 있습니다. 이것이 마음의 만물에 대한 주재 작용이라고 말할 수 있습니다.

대개 어떻게 이것이 선(善)한지 선하지 않은지 알 수 있는가는 반드시 자신의 마음이 견실하게 주재하여야 비로소 가능하다. 주재함이 있으면 옳은 것을 옳다하고 그른 것을 그르다 하며 선을 좋아하고 악을 미워함이 마음속에서 분명해져 이것에 합하는 것은 옳고, 이것과 부합하지 않는 것은

---

26)『朱子語類』卷17. "問: '知如何宰物?' 曰: '無所知覺, 則不足以宰制萬物. 要宰制他, 也須是知覺'."

옳지 않다.27)

　　이(理)는 이 안에 정하여져 있고, 마음은 곧 이러한 이(理)를 운용하는 것이니 반드시 앎이 이르러야 한다. 앎이 만약 이르지 못했다면, 선(善)을 행하려고 해도 또한 기꺼이 네가 선(善)을 행하게끔 하지 않고, 악(惡)을 행하려 하지 않지만 또한 기꺼이 네가 악을 행하지 않게끔 하지 않는다.28)

　　주희는 마음의 주재 기능이 확립되어야 비로소 선과 불선을 분별할 수 있다고 생각하였습니다. 주희의 견해에 의하면, 만약 마음이 인간의 내면에 존재하면서 정상적인 작용을 발휘한다면 자기 스스로 시시비비(是是非非)를 판단하는 기준과 선을 장려하고 악을 징벌하고자 하는 의지를 매우 분명하게 느끼며 알 수 있습니다. 따라서 만약 이러한 기준에 부합한다면 정당한 것이고 그렇지 않다면 부당한 것입니다.

　　주희에게 있어 마음의 주재 작용은 '지각(知覺)'과 매우 밀접한 관계가 있습니다. 주희는 마음의 주재 기능은 지각(知覺)을 전제로 삼는다고 생각하였습니다. 앞에서 "만물을 다스리려면 반드시 지각해야 한다."라고 말한 것처럼, 주희는 마음이 반드시 사물의 이(理)를 지각(知覺)하여야 비로소 정확하게 그 사물에 대응하고 처리

---

27)『朱子語類』卷79. "蓋如何知得這善不善, 須是自心主宰得定, 始得. 蓋有主宰, 則是是非非, 善善惡惡, 瞭然於心目間, 合乎此者便是, 不合者便不是."
28)『朱子語類』卷17. "理是定在這裏, 心便是運用這理底, 須是知得到. 知若不到, 欲爲善也未肯便與你爲善; 欲不爲惡, 也未肯便不與你爲惡."

할 수 있다고 주장하였습니다. 또한 만약 인간이 이(理)를 지각(知覺)할 수 없다면, 그가 비록 선한 일을 하고자 할지라도 반드시 선을 행할 수 있는 것은 아니며, 나쁜 일을 하려고 하지 않지만 도리어 악을 행하지 않을 방법이 없습니다. 이로부터 주희에게 있어 마음의 주재 작용과 인간의 도덕실천은 밀접한 관계가 있으며 동시에, 정상적인 주재 작용을 발휘하기 위해서는 마음은 반드시 '지각'을 선결조건으로 삼는다는 것을 알 수 있습니다.

주희는 지각을 두 종류로 구분하였습니다. 하나는 어른이 부르면 대답하고, 신체의 통증을 느끼는 것과 같은 생리적·심리적 차원의 지각입니다. 다른 하나는 마땅히 해야 할 것과 하지 말아야 할 것에 대한 앎, 옳고 그름에 대한 앎과 같은 도덕적 차원의 지각입니다. 주희가 말한 지각에는 이 두 가지 차원의 지각이 모두 포함되지만, 그가 중시했던 것은 바로 도덕적 차원의 지각입니다. 주희는 나아가 지(知)와 각(覺)을 구분하여 설명하였습니다.

지(知)는 그 일의 소당연(所當然)을 앎을 말한다. 각(覺)은 그 이(理)의 소이연(所以然)을 깨달음을 말한다.[29]

지(知)는 사물로 말미암아 모두 알 수 있다. 각(覺)이란 마음속에 각오(覺悟)한 바가 있음이다.[30]

---

29) 『孟子集注·萬章章句上』. "知, 謂識其事之所當然. 覺, 謂悟其理之所以然."
30) 『朱子語類』 卷58. "知者, 因事因物皆可以知. 覺, 則是自心中有所覺悟."

행부가 '각(覺)'에 대해 물었다. 말씀하셨다. "정(程) 선생님은 '지(知)는 이 일을 앎이고, 각(覺)은 이 이(理)를 깨달음이다.'라고 말하였다. 생각건대 지(知)는 이러한 한 가지 일을 앎이고, 각(覺)은 홀연히 스스로 이해할 수 있음이다."[31]

주희는 이른바 '지(知)'는 사물과의 접촉을 통하여 그 사물의 당연한 바[所當然]를 이해하는 것이며, '각(覺)'은 일종의 깨달음을 통하여 그것이 그러한 까닭[所以然]을 파악하는 것이라고 생각하였습니다. 주희의 설명방식에 의하면, '지(知)'와 '각(覺)'의 관계에 있어, '지(知)'는 인간의 경험과 밀접한 관계가 있으며 주로 개별 사물의 소당연(所當然)을 이해하는 것입니다. 이와는 달리 '각(覺)'은 '지'의 기초위에서 마음의 사유작용을 통하여 전면적으로 그것의 '그러한 까닭으로서의 이유[所以然之故]'를 깨닫는 것으로, 주희는 또 "각은 홀연히 마음속에서 스스로 깨달은 바가 있어 도리가 이와 같음을 이해함이다."[32]라고 말하였습니다. 이렇게 볼 때, '각'은 '지'에 비해 보다 더 차원 높은 지적(知的) 활동이라고 말할 수 있습니다. 주희에게 있어 지각(知覺)의 궁극적 목적은 본성의 실현 또는 도덕적 실천에 집중되어 있습니다. 도덕과 지각의 문제에 있어, 주희는 '리'에 대한 자각을 강조하였습니다. 이것은 도덕적 시비를 판단하고 자신의 행위를 제어할 수 있는 기준의 보편성과 객관성을 중시

---

31) 『朱子語類』 卷58. "行夫問'覺'. 曰: '程子云: '知是知此事, 覺是覺此理.' 蓋知是知此一事, 覺是忽然自理會得"."
32) 『朱子語類』 卷17. "覺, 則是忽然心中自有所覺悟, 曉得道理是如此."

한 것이라고 할 수 있습니다.

3.2. 격물(格物)과 치지(致知)

맹자는 일찍이 "사람이 배우지 않고도 어떤 일을 할 수 있는 것은 양능(良能)이고, 생각하지 않고도 어떤 일을 알 수 있는 것은 양지(良知)이다. 두세 살짜리 어린아이라도 그 어버이를 사랑할 줄 모르지 않고, 장성해서는 형을 공경할 줄 모르지 않는다. 어버이를 친애하는 것은 인(仁)이고 윗사람을 공경하는 것은 의(義)이다. 이 것은 다름이 아니라 세상에 공통되기 때문이다."라고 말했습니다.33) 맹자의 이러한 주장은 공자가 말한 "인을 실천하는 것은 자기 자신에게서 비롯된다[爲仁由己]."는 것을 계승한 것이라고 할 수 있습니다. 맹자에 다르면 인간은 누구나 선천적으로 양능을 지니고 있기에 어버이를 사랑하고 윗사람을 공경하는 인의(仁義)의 도덕적 행위를 실천할 수 있습니다. 그리고 양지를 지니고 있기에 이리저리 생각하지 않아도 도덕적으로 옳고 그름을 판단할 수 있고, 스스로 행위의 기준을 세울 수 있습니다. 이것은 모두 후천적 학습이나 경험과는 무관하다고 할 수 있습니다. 그러므로 맹자의 관점에서 볼 때, 양지와 양능을 지닌 인간은 모두 자율적·직각적으로 도덕적 판단을 내릴 수 있고 도덕원리를 실천할 수 있는 역량을 갖추고 있다고 할 수 있습니다.

---

33) 『孟子·盡心上』. "孟子曰: '人之所不學而能者, 其良能也; 所不慮而知者, 其良知也. 孩提之童, 無不知愛其親者; 及其長也, 無不知敬其兄也. 親親, 仁也; 敬長, 義也. 無他, 達之天下也'."

주희 역시 맹자의 양지·양능에 관한 이론을 수용하고 있습니다. 그러나 주희는 동시에 인간이라면 지닐 수밖에 없는 기질(氣質)과 물욕(物欲)의 문제 역시 중시했습니다. 인간은 타고난 기질에 따라 쉽게 이해하고 실천하는 사람이 있는 반면 그 정반대의 경우도 있습니다. 또 배우고 익히기를 즐거움으로 삼는 사람이 있는가 하면, 음주가무만을 삶의 낙으로 삼는 사람도 있습니다. 이처럼 인간은 그 타고난 기질이 천차만별이라고 할 수 있습니다. 그리고 우리가 지닌 감각기관은 외부 사물의 자극에 이끌려가기 쉽습니다. 감각기관이 지닌 선천적 욕구의 만족을 추구하다 보면 일정한 기준을 넘어 과도한 방향으로 흐르게 됩니다. 주희는 이러한 기질과 물욕의 방해로 인해 맹자가 말한 양지와 양능이 정상적으로 발휘되기 어렵다는 입장을 지니고 있었습니다. 주희는 오히려 이러한 기질과 물욕의 폐단을 극복하고 도덕을 실천하기 위해서는 반드시 먼저 배움이 필요하고, 배움은 무엇보다 분명하게 아는 것이라고 강조하였습니다. 주희는 앎에 먼저 알아야 할 것과 나중에 알아도 되는 것[先後], 상대적으로 덜 중요한 것과 중요한 것[輕重]이 있고 또한 앎 자체에 깊음과 낮음[深淺], 정밀함과 거침[精粗]의 구분이 있다고 생각하였습니다. 그래서 주희는 먼저 알아야 할 중요한 것을 우선으로 하여, 그것에 대해 낮고 거친 앎의 단계로부터 깊고 정밀한 앎의 단계에 이르도록 점진적으로 배워나가야 한다고 주장하였습니다.

앞에서 말한 것처럼, 주희는 인간이 지닌 앎의 능력 즉 지각의 기능과 작용을 중시하였습니다. 인간은 누구나 배가 고프면 먹을 것을 찾고 목이 마르면 마실 것을 구할 줄 압니다. 그리고 물은 차갑고 불은 뜨거운 것임을 압니다. 이것은 앞에서 언급한 생리적·심리적 차원의 지각입니다. 주희는 이런 지각을 매우 낮은 단계의 지각이라고 생각했습니다. 그래서 주희는 눈앞에 먹고 마실 것이 있다면 그것을 먹고 마셔도 되는 것인지 반드시 생각해야 한다고 주장하였습니다. 아울러 물과 불에 대해서도 차가움과 뜨거움이란 속성을 넘어 그것이 차갑고 뜨거운 원인에 대한 이해에 까지 도달해야 한다고 강조하였습니다. 다시 말해 이것은 사물의 '당연한 법칙[所當然之則]'과 '그러한 까닭의 이유[所以然之故]'를 지각해야 한다는 것입니다.

　주희의 이와 같은 주장은 『대학(大學)』의 '격물치지(格物致知)'에 기초한 것입니다. 주희는 『논어』·『맹자』·『대학』·『중용』 이른바 사서(四書) 가운데 『대학』을 매우 중시하였기에, "『대학』은 자신을 수양하고 남을 다스리기 위한 본보기"[34]이자 "학문의 강령과 세목이다."라고 말하였습니다.[35] 주희에게 있어 『대학』은 유학의 궁극적 목적인 수기안인(修己安人)·내성외왕(內聖外王)의 내용을 담고 있으며, 그 목적에 도달하기 위한 세 가지 강령[明明德·在親民·止於至善]과 여덟 가지 조목[格物·致知·誠意·正心·修身·齊家·治國·平天下]을 구체적으로 제시하고 있는 책입니다. 주희는 『대학』을 깊이 연구하여 문장을 재구성하고, 상세한 해설을 더했습니다.

---

34) 『朱子語類』 卷14. "大學是修身治人底規模."
35) 『朱子語類』 卷14. "大學是爲學綱目."

『대학』의 '격물(格物)'에 대해, 주희는 기본적으로 '사물에 내재해 있는 이(理)를 깊이 이해하는 것' 즉 사물의 이를 지각하는 것이라고 보았습니다. 이처럼 '격(格)' 자(字)에는 먼저 깊이 이해한다, 지각한다라는 의미를 지니고 있습니다. 그리고 '격(格)' 자에는 이르다[至], 나가다[卽]라는 의미가 있습니다. 격물은 그 사물에 나아가[卽物] 또는 사물에 대하여 이(理)를 지각하는 것이지, 사물과 동떨어져 눈을 감고 머릿속에서 상상하는 것이 아닙니다. 아울러 '격(格)' 자에는 '다하다[盡]'라는 의미도 있습니다. 이것은 이(理)를 지극하면서도 전면적으로 이해한다는 것으로, 주희는 "격물(格物)에서 격(格)은 다함[盡]이다. 반드시 사물의 이(理)를 깊이 이해하여 다하여야 한다. 만약 20~30%만 이해했다면 격물이 아니다. 반드시 100% 이해함을 다하여야 비로소 격물이다."라고 말하였습니다.[36]

주희는 이러한 격물공부가 오랫동안 지속되어 비약적인 이해 즉 시원하게 트인 듯이 분명하게 이해하는[豁然貫通] 단계를 거치면 모든 사물의 리를 이해할 수 있다고 주장했습니다. '이는 하나지만 나뉘어져 다르다[理一分殊]'라는 관점에서 보자면, 격물의 목적은 개별 사물에 내재해 있는 리에 대한 지각을 초월하여 궁극적인 '하나의 이[一理]'를 깨닫는 경지에 도달하려는 것이라고 할 수 있습니다. 주희는 한 그루의 나무, 한 포기의 풀도 남김없이 모든 사물의 리를 이해해야 한다고 말했지만, 그 선후 경중(先後輕重)을 고려할 때 격물의 가장 중요한 방법은 곧 책을 읽는 것이었습니다.

---

36) 『朱子語類』卷15. "格物者, 格, 盡也, 須是窮盡事物之理. 若是窮得三兩分, 便未是格物. 須是窮盡得到十分, 方是格物."

성현이 남긴 책이야말로 성현의 말씀·도리를 담고 있기에 독서를 통해 리를 깨달아야 한다는 것입니다. 그러므로 주희의 관점에서는 언어문자로 설명하지 않고[不立文字], 문자에 의한 교설로는 깨달음을 전할 수 없다[敎外別傳]는 불교의 주장은 결코 수용할 수 없는 것이었습니다.

주희는 사물의 리를 지각하여 자신의 앎을 넓혀 나가야 한다고 주장하였습니다. 이것이 바로 '치지(致知)'입니다.

치(致)는 미루어 지극히 하는 것이다. 지(知)는 식(識)과 같다. 나의 앎[知識]을 미루어 지극히 하여 그 아는 바가 다하지 않음이 없게 하려는 것이다.[37)

앎을 넓혀 나가는[致知] 공부는 또한 이미 알고 있는 것에 근거하여, 깊이 생각하고 미루어 나가는 것이다. 마음에 갖추어진 것은 본래 충분하지 않음이 없다.[38)

주희는 치지(致知)의 '지(知)'를 '나의 지식', '이미 알고 있는 것'으로 간주하였습니다. 이것은 격물을 통하여 지각한 사물의 리를 의미한다고 할 수 있습니다. 그리고 '치(致)' 자(字)를 '미루어 지극하게 한다[推極].'는 의미로 이해하였습니다. 치지는 이미 알고 있는

---

37) 『大學章句』. "致, 推極也. 知, 猶識也. 推極吾之知識, 欲其所知無不盡也."
38) 『朱子語類』卷15. "致知工夫, 亦只是且據所已知者, 玩索推廣將去. 具於心者, 本無不足也."

이에 기초하여 다른 사물의 이에까지 확장해 나가는 것이라고 할 수 있습니다. 결국 격물은 외부 사물의 이를 얻는 과정이고, 치지 (致知)는 획득한 이로써 자기 자신의 앎의 영역을 넓혀 나가는 것이라고 할 수 있습니다.

처음에는 단지 도리(道理)는 이와 같은데 저러한 일은 옳지 않음을 알기에 감히 하려고 하지 않는다. 그 다음에 분명하게 이해하면 기꺼이 하려고 하지 않는다. 또 그 다음에 명료하게 이해하면 그것을 하지 않으니 오래된 나쁜 습관이 모두 없어진다.[39]

주희가 여기에서 '저러한 일'이라고 말하는 것은 격물의 대상을 가리키고, '옳지 않음'은 격물의 결과를 가리킬 뿐만 아니라, '저러한 일'에 대한 치지를 의미합니다. 이것은 바로 '저러한 일'에 대해 '옳지 않다'라는 결론을 얻음으로 말미암아, '저러한 일'에 대한 자신의 앎이 확장됨을 말합니다. 그리고 '감히 하지 않음', '기꺼이 하려고 하지 않음', '하지 않음'은 자신의 행위를 가리킵니다. 앎과 실천의 선후관계로부터 보자면, 이러한 행위들은 모두 자신의 앎에 기초합니다. '감히 하지 않음'은 격물치지의 결과에 근거하여 마음이 자신의 행위를 주재하게 되는 것입니다. '분명하게 이해함', '명료하게 이해함'은 격물치지의 심화과정 즉, 마음이 '저러한 일'에 대해 더욱 지극하고 전면적인 앎을 얻음을 가리킵니다. 앎이

---

39) 『朱子語類』 卷15. "其始且見得箇道理如此, 那事不是, 亦不敢爲; 其次, 見得分曉, 則不肯爲; 又其次, 見得親切, 則不爲之, 而舊習都忘之矣."

깊어지고 넓어짐에 따라, 실천의 방면에 있어 마음은 '기꺼이 하려고 하지 않음'으로부터 '하지 않음'의 상태로 전화되어 자신의 행위를 조절하고 제어할 수 있으며, 마침내 '오래된 나쁜 습관이 모두 없어지는' 정도에까지 도달할 수 있게 됩니다.

3.3. 참된 앎[眞知]

주희는 앎과 실천의 문제에 있어, 앎과 실천이 일치하지 않는 까닭은 앎이 아직 지극한 경지에 이르지 못했기 때문이라고 생각하였습니다.

> 앎과 실천의 공부는 반드시 함께 나아가야 한다. 앎이 더욱 분명해질수록 실천도 더욱 독실해지고, 실천이 더욱 돈독해질수록 앎도 더욱 분명해진다. 두 가지는 모두 한 쪽을 버려서는 안 된다. 마치 사람의 두 다리가 서로 번갈아 앞뒤로 걸어야 점점 앞으로 나갈 수 있는 것과 같다. 만약 한 쪽이 약하다면 한 걸음도 앞으로 나갈 수 없다. 그러나 또한 반드시 먼저 알아야 비로소 행할 수 있다.[40]

> 앎과 실천은 항상 서로 의지하니, 마치 눈이 있어도 발이 없으면 걷지 못하고, 발이 있어도 눈이 없으면 보지 못하는 것과 같다. 선후(先後)를

---

40) 『朱子語類』 卷14. "知與行, 工夫須著並到. 知之愈明, 則行之愈篤; 行之愈篤, 則知之益明. 二者皆不可偏廢. 如人兩足相先後行, 便會漸漸行得到. 若一邊軟了, 便一步也進不得. 然又須先知得, 方行得."

따지면 앎이 먼저이고, 경중(輕重)을 따지면 실천이 더 중요하다.[41]

선후(先後)를 논하면 마땅히 치지(致知)를 우선으로 삼아야 하고, 경중(輕重)을 논하자면 응당 역행(力行)을 중요한 것으로 삼아야 한다.[42]

앎과 실천의 문제에 있어, 주희는 앎과 실천이 함께 나가야 한다고 주장하였고, 또한 두 가지 사이에 서로가 서로를 분명하게 해주는 관계가 있다고 생각하였습니다. 그러나 앎과 실천의 선후관계에 대해 살펴보자면, 주희는 앎이 우선해야 한다고 생각하였습니다. 주희는 "예를 들어 사람이 길을 갈 때 어떤 길로 가야 할지 모르면서 어떻게 가겠는가? 요즘 사람들은 대부분 사람들에게 실천을 가르치는데, 모두 스스로 기준을 세워서 다른 사람에게 권하고 있다. 물론 좋은 자질을 가지고 있어서 궁리(窮理)·격물(格物)·치지(致知)가 필요 없는 사람도 있다. 성인께서 『대학』을 지으신 것은 모든 사람들이 성현(聖賢)의 경지에 들어가도록 하신 것이다. 만약 도리(道理)를 분명하게 이해했다면, 저절로 부모를 섬기면서 효도하지 않을 수 없고, 형을 섬기면서 공경하지 않을 수 없으며, 친구와 사귀며 미덥지 않을 수 없다."라고 말하였습니다.[43] 주희에게

---

41) 『朱子語類』卷9. "知·行常相須, 如目無足不行, 足無目不見. 論先後, 知爲先; 論輕重, 行爲重."

42) 『朱子語類』卷9. "論先後, 當以致知爲先; 論輕重, 當以力行爲重."

43) 『朱子語類』卷9. "王子充問: '某在湖南, 見一先生只教人踐履.' 曰: '義理不明, 如何踐履.' 曰: '他說: 行得便見得.' 曰: '如人行路, 不見, 便如何行. 今人多教人踐履, 皆是自立標致去教人. 自有一般資質好底人, 便不須窮理·格物·致知. 聖人作箇大學, 便使人齊入於聖賢之域. 若講得道理明時, 自是事親不得不孝, 事兄不得不弟, 交朋友不得不信'."

있어 '이'는 '바꿀 수 없고' 또한 '그만 둘 수 없는' 특징을 지니고 있습니다. '바꿀 수 없다'는 관점에서 보자면, 여기서 말한 '스스로 기준을 세움'은 결코 확실하고 적절하지 못한 것입니다. 주희가 보기에, 이는 사물에 드러나고 있기에 따라서 사물과 접촉할 때 응당 각각의 사물의 이를 따라서 대응해야만 합니다. 그래서 주희는 '스스로 기준을 세우는' 태도를 비판하였습니다. 아울러 '그만 둘 수 없음'에 대해 살펴보자면, 위에서 말한 '효도하지 않을 수 없고', '공경하지 않을 수 없다'의 '하지 않을 수 없다'와 밀접한 관계가 있습니다. 주희의 설명에 따르면, '만약 도리를 분명하게 이해하였을' 때라면 인간의 마음 깊은 곳에서 자연스럽게 저절로 도리를 실천하고자 하는 의지가 용솟음쳐 나옵니다. 이것은 철저하게 도리를 깨달았을 때 인간의 마음은 필연적이며 자발적으로 자신이 깨달은 도덕원리를 실천하고자 하는 것을 말합니다. 이렇게 볼 때, 주희에게 있어 '앎'은 사물의 이를 지각하는 마음의 활동과 관계가 있을 뿐만 아니라, 나아가 도덕원리를 실천하고자 하는 마음의 의지와도 밀접한 관계가 있음을 알 수 있습니다.

치지(致知)는 참된 앎[眞知]을 구하려는 것이다. 참된 앎은 철저하게 모든 것을 분명하게 이해해야 하는 것이다.[44)]

알면서도 행하지 않는다는 것은 아직 앎을 얻지 못한 것이어서 그런

---

44) 『朱子語類』 卷15. "致知所以求爲眞知. 眞知, 是要徹骨都見得透."

것이지 어찌 단지 그 앎을 사용할 수 없어서이겠는가? 그러므로 여기서 말하는 앎이란 참된 앎[眞知]이 아니다. 참된 앎은 행할 수 없는 것이 없다.[45]

주희에게 있어 격물치지의 궁극적 목적은 곧 '참된 앎[眞知]'을 얻음에 있다고 말할 수 있습니다. '행할 수 없는 것이 없다.'라고 말한 것처럼, 참된 앎은 실천을 담지하고 있으며, 또한 참된 앎에서 비롯되는 행위는 모두 이와 부합하는 것이라고 할 수 있습니다. 주희는 참된 앎을 통해 알지만 실천할 수 없다거나 알면서도 실천하지 않는다는 문제를 해결하고자 했습니다. 주희가 볼 때 이러한 경우는 모두 '아직 앎을 얻지 못한 것', 즉 참된 앎에 도달하지 못했기 때문입니다. 이처럼 주희는 격물치지를 통해 지각한 이를 넓혀나가는 동시에 자신의 삶속에서 실천하여 기질과 물욕의 방해를 극복하고 자신의 마음과 이를 일치시켜 나가고자 하였습니다.

4. 결론

주희에게 있어 앎은 곧 지각을 의미하고, 그 대상은 주로 개별 사물에 내재한 이(理)입니다. 이러한 이는 과학의 영역에 속하는 것이 아니라, 마땅히 그러해야 하는 법칙이자 그러한 까닭으로서

---

45) 『朱熹集』 卷72 「張無垢中庸解」. "知而未能行, 乃未能得之於己, 豈特未能用而已乎? 然此所謂知者亦非眞知也. 眞知則未有不能行者."

의 이유로 도덕의 영역에 속하는 것입니다. 다시 말하자면 주희는 우리가 직면한 사물에 대해 마땅히 어떻게 해야 하는지, 그렇게 해야 하는 이유가 무엇 때문인지를 이를 통해 해결하고자 하였습니다. 그리고 이러한 리가 모든 사물의 성(性)으로 내재해 있다고 생각했습니다.

주희는 격물을 통해 이러한 이를 파악하고 치지를 통해 확장해 나가고자 했습니다. 그리고 우리의 앎이 참된 앎의 단계에 도달할 때 그것을 실현하려는 자발적 의지가 생겨나 그 실천을 담지 할 수 있다고 주장했습니다. 주희는 이와 같이 앎을 통해 선천적인 기질과 물욕의 폐해를 극복하고 이(理: 性)와 마음이 하나가 되는 이상적 인격체를 이루고자 하였습니다.

주희에게 있어 앎의 주체는 마음입니다. 이러한 주희의 입장에서 볼 때, '마음을 깨닫는다[識心]'는 불교의 교리는 마음으로 또 다른 마음을 깨닫는 것으로, 결국 인간에게 여러 개의 마음이 있는 것으로 비춰졌습니다. 그리고 존재와 도덕의 궁극적 원리라 할 수 있는 본성에 대해서도, 주희는 그것이 인의예지의 도덕원리나 만사 만물의 이로 가득 차 있다[實]고 생각했기에, 무자성(無自性) 내지 성공(性空)을 주장하는 불교의 이론을 수용할 수 없었습니다. 아울러 앎의 과정 역시 격물치지를 통해 앎을 점진적으로 축적·확장해 나가야 한다는 주희의 관점에서 단박에 깨친다는 불교의 주장은 용납될 수 없었던 것입니다. 이처럼 주희와 불교는 앎의 주체·대상 그리고 그 과정에 있어 서로 수용할 수 없는 평행선 위에서 있었다고 할 수 있습니다.

주희의 불교 비판이 비록 그다지 성공적이진 못했을지라도, 당시 성행했던 불교에 맞서 『대학』을 중심으로 선진 유학의 기본방향을 계승하여 '앎'에 관한 정밀한 이론을 제시했다는 점에 있어 동양의 철학과 문화의 발전에 큰 의미가 있다고 할 수 있을 것입니다.

생각해 볼 문제

1. 주희가 불교에 반대한 가장 큰 이유 가운데 하나는 불교가 사람이 마땅히 따라야 할 인륜을 저버리고 있다는 것입니다. 그렇다면 과연 불교에서는 인륜을 중시하지 않을까요? 불교의 입장에서는 인륜·도덕의 문제를 어떻게 설명해야 할까요?

2. 주희가 반드시 알아야 한다고 역설한 이(理)는 도덕과 관련된 것입니다. 따라서 과학적 지식의 영역은 상대적으로 독립적인 의미를 얻기 어려웠습니다. 인간에게 있어 앎을 담당하는 것이 마음 내지 이성이라고 할 때, 인간의 마음(이성) 역시 도덕적 지식과 과학적 지식을 각기 인식하는 두 부분으로 구성된 것일까요? 그렇지 않다면 하나의 마음(이성)에서 도덕과 과학의 지식을 함께 얻는 것일까요?

3. 주희는 참된 앎에 도달했을 때, 그것을 자발적으로 실천하려는 의지 역시 생긴다고 보았습니다. 그러나 우리는 알면서도 행하지 않는 경우가 많습니다. 이것은 주희의 지적처럼 우리의 앎이 철저하지 못해서일까요? 아니면 도리에 대한 이해와 실천은 별개의 문제일까요? 앎을 통해 실천의 의지를 이끌어낼 수 있을까요?

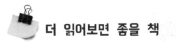

더 읽어보면 좋을 책

1. 거자오광(葛兆光), 이동연 외 옮김, 『중국사상사』 2, 일빛, 2015.

   이 책은 7세기에서 19세기까지 중국의 지식과 사상 그리고 신앙세계를 다루고 있습니다. 광범위한 시기와 내용을 다루고 있지만 본문은 비교적 평이하게 서술되어 있고, 중요한 부분마다 충실한 각주를 통해 보충 설명하고 있습니다. 특히 이 책의 1편은 주로 수나라와 당나라 시기의 불교를 설명하고 있고, 2편에서는 송·원·명나라의 사상을 서술하고 있습니다. 불교와 송대 철학의 전반적인 흐름을 이해하는 데 좋은 길잡이가 될 책이라 생각됩니다.

2. 윤영해, 『주자의 선불교비판 연구』, 민족사, 2000.

   이 책은 주자의 불교에 대한 비판을 전문적으로 다루고 있습니다. 저자는 인생관·존재론·심성론·공부방법론·사회윤리 등 다양한 각도에서 불교에 대한 주자의 비판을 분석하였습니다. 특히 이 책의 말미에 『주자어류』 가운데 불교와 관련된 卷第126 釋氏篇을 모두 번역하여 싣고 있어, 주자와 제자들 사이에 불교에 관한 토론을 생생하게 엿볼 수 있습니다.

3. 아라키 겐고(荒木見悟), 심경호 옮김, 『佛敎와 儒敎: 성리학, 유교의 옷을 입은 불교』, 예문서원, 2000.

   이 책은 본래성과 현실성을 근간으로 화엄경, 원각경, 주희, 왕수인의 철학을 다루고 있는 전문서적입니다. 특히 이 책은 주희에게 많은 영향을 미친 대혜종고의 사상에 관해 상세하게 설명하고 있습니다. 대혜종고의 선종과 유학에 관한 이해 내지 주희의 불교 비판에 관한 깊이 있는 이해를 위해 정독할 가치가 있는 책입니다.

양명학의 주자학적 지식론 비판 및 지행합일론

조원일

1. 송명 이학의 발생

북송시대에 이르러 이학(理學)이 대두되는 데에 있어서는 '영향론'이 주로 언급되고 있습니다. 본래 선진유학(先秦儒學)은 하나의 철학체계를 형성했다고 하기보다는 행동규범을 제시하는 실천윤리적인 성격이 강한 것이었다고 말할 수 있습니다. 공자의 인(仁)이나 맹자의 사단(四端), 순자의 화성기위(化性起爲)는 모두 그러한 성격을 띠는 사례들이라고 말할 수 있습니다. 이와는 달리, 북송시대에 이르러서 이학은 선진유학의 실천적이고 규범적인 성격을 초월하여 새로운 형태의 세계관을 형성하고 있었습니다. 이러한 세계관 속에는 불교와 도교가 가진 세계와 자연에 대한 인식의 영향이 상당히 크게 자리매김 하고 있었습니다.

먼저 불교에 있어서는 인과율(因果律)로서 근본과 파생의 체용론(體用論)이 있습니다. 그리고 그 이전에 비해 불교의 영향이 대두되었던 위진남북조시대(魏晉南北朝時代)의 사상계에는 "세상의 모든 것은 '태허(太虛)'에 있어서 자기원인적으로 생겨나며 홀연히 스스로를 만들어낸다."와 같은 '지도(至道)'='지무(至無)'라는 상식이 통용되고 있었고, 이 또한 체용론과 그 논리를 같이하는 것이었습니다. 이는 "하나가 곧 모든 것이며[一卽一切], 모든 것이 곧 하나이다[一切卽一]."라는 불교의 범심론적인 성격과 결부되어 주자학의 한 축을 이루었습니다.

다음으로는 도교의 영향을 지적해야겠습니다. 도교 또는 도교적인 것이라고 생각되는 도가철학, 도교 이론, 민중 도교 중에서 주자학의 토대를 이루는데 영향을 미친 것은 도가철학보다는 오히려 도사(道士)들에 의해 구축된 도교 이론이었다고 말할 수 있습니다. 도사들은 진인(眞人)의 경지를 추구하며 천지조화(天地造化)의 기운을 붙잡아두고자 하였습니다. 또한 이는 우주적인 원리와 공감하려고 하는 감정으로서 대우주-소우주의 감정을 탐구하는 것이었습니다.

이와 같이 불교와 도교가 선진유학과 함께 이학의 사상적 토대를 이루고 있다면, 당말 오대(唐末五代) 시기에 대두했던 사대부 계층은 그 이전의 호족이나 문벌귀족과는 대비되는 비교적 '개방적'인 사회계층으로서 학문의 경지와 현실정치를 직결시키고자 했습니다. 이와 관련하여 그들은 이학의 세 가지 특징으로 지적되는 정통주의(正統主義), 수신제가치국평천하(修身齊家治國平天下), 사변주의(思辨主義)를 추구했습니다. 이는 그 이전에 이념과 사상의 혼재, 가치의 혼란 상태에서 유교의 정통성을 강조했던 한유(韓愈)처럼, 전체적인 근본정신을 강조하는 것이었습니다. 그리고 이를 통해 도덕과 정치와의 일치 또는 철학과 정치와의 일치를 추구하여 한 사람 한 사람의 사대부가 덕이 있는 군자가 되고 천하국가의 정치 업무를 담당하고자 하였던 것입니다. 이와 함께 널리 지식을 구하기보다는 깊이 사색(실천)하려고 하였습니다.

이처럼 이학의 태동은 사대부들이 추구했던 이상이 관련되어 있었다고 볼 수 있는 것입니다. 다음으로 언급할 것은 이학의 최초의 선구자로 지적되는 주렴계(周濂溪, 1017~1073)로부터 이정자(二程子)로 불리는 정명도(程明道, 1032~1085)·정이천(程伊川, 1033~1107) 형제, 장횡거(張橫渠, 1020~1077)까지 이어지는 도학(道學)의 계통은 송명 이학의 태동에 있어서 사상적 배경으로 회자되고 있습니다.

먼저 주렴계는 송명 이학의 선구자로 언급될 수 있습니다. 그는 위진남북조시대의 도학가들로부터 내려오는 태극도(太極圖)를 이론화하고 그 해설을 썼는데, 특히 '무극이태극(無極而太極)'이라는 첫 글귀는 이후 주자와 육상산의 격렬한 논쟁을 초래하게 됩니다. 또한 그는 인간은 무욕(無欲)을 배움으로써 "인위도덕의 완벽한 체현자"로서의 성인의 경지에 이를 수 있다고 하였습니다. 이는 본래 욕망을 긍정한 토대에서 '과욕'이나 '절욕'을 요구했던 유교의 욕망론을 한층 심화시켜 욕망을 '부정'하는 엄격주의의 발현이었습니다. 이와 함께 그는 정(靜)을 강조하여 인간은 정을 본질태로 하는 존재라고 정의하였습니다. 끝으로 그는 사대부 모델을 제기하여 사대부는 내면적이고 도덕적으로 거의 완벽에 가까운 인격자로서, 성인을 추구하여 학문하는 사대부의 구체적인 이미지는 위로는 천자로 하여금 요순과 같은 성천자가 되게 하고, 아래로는 서민의 한 사람이라도 그 처소를 얻지 못하는 일이 없도록 만든다는 위정자로서의 큰 책임과 내면적, 사색적인 인격이 혼연히 융합된 것 같은 인격이었습니다.

다음은 이정자(二程子) 형제 중의 형, 정명도입니다. 그의 사상의 근저에는 "만물의 생명의지를 보아야 한다."와 같은 생생(生生)의 관념이 깔려있습니다. 이는 곧 도(道)로서 "천지가 기운이 왕성하여 만물을 자라나게" 하며, 인간을 포함한 모든 자연물은 천지생생의 성질을 띠고서 태어난다고 하는 것입니다. 또한 이는 '기(氣)'의 자기운동 과정에서 생겨났으며, 사람과 만물은 각각 다른 정도에서의 기의 응집과 결합의 상태일 따름인 것입니다. 이때 기는 오성에 의해서는 예측할 수 없을 만큼 정묘하고 자율적인, 말하자면 영적(靈的)인 것, 즉 신(神)을 갖게 되기 때문에 인간은 다른 만물이 영적인 것 이상으로 영적인 존재가 되는 것입니다. 그러므로 사람은 만물 중에서 가장 뛰어난 능력인 양지양능(良知良能)을 가지며, 천지의 중용(中庸)을 받고 태어난 사람은 "위의 하늘과 아래의 땅과 서로 나란히, 즉 '천지와 더불어 참여하게' 되어 중앙에 설 수 있게" 된다는 것입니다.

이는 모두 생생이자 신으로서, 천지의 삶의 의지가 사람과 사물을 관통하고 있기 때문으로, 정명도에 따르면 이는 곧 '만물일체의

인(仁)'인 것입니다. 왜냐하면 인이란 "천지를 몸체로 하고, 만물을 사지백체로" 하는 구별이 없는 물아일체이기 때문입니다. 따라서 인은 가장 본질적이고 근본적인 것이며, 오상의 다른 네 가지 요소들에 선행하여 그들의 토대를 이루는 것입니다. 이와 같은 견지에서 절대적인 도, 곧 인으로써 학문을 추구하는 궁극적인 목적은 커다란 '즐거움(樂)'을 추구하는 것입니다. 여기서 천리(天理)가 등장하게 됩니다. 천리는 "스스로 체득"하는 것으로, 말하자면 "일에 선악이 있는 것은 모두 하늘의 이치"일진대 "천하의 선악이 모두 하늘의 이치이며, 악이란 결코 본래적으로 선에 대항하는 것은 아니며 혹은 넘치거나 혹은 미치지 못하는 것에 이름 붙인 것일 따름입니다." 또한 천지의 생생이란 우주에 충만한 음과 양의 기운이 왕성하게 서로 운동을 계속해 나아가는 중에 다양한 만물이 생성되는 것이며, 이는 인으로써 곧 모든 것이 천리인 것입니다. 따라서 하늘이 인간에게 부여해 준 천리, 곧 양지양능이 인간에 내재해 있는 한, 인의 파악은 본디부터 원리적으로 보증되어 있는 셈인 것입니다.

세 번째는 정명도의 동생인 정이천입니다. 이학의 계승도가 주염계－정명도·정이천－장횡거－주희로 그려지는 것이 사실이긴 하지마는, 실제로 주희가 학설을 직접적으로 수용한 것은 이정자 중에서 정이천이었지 정명도의 것은 아니었습니다. 정명도의 학통도는 오히려 양명학 쪽으로 그려지기도 하는 것은 이정자 형제의 이학에 있어서 어느 정도의 차이가 있었음을 짐작케 합니다.

정이천은 인에 대해 "공정히 하여 사람으로 하여금 이를 체득하게 하는 것"이라고 하여 천리로서 만물일체의 인이 곧 사람에게 이미 내재해 있다고 주장한 정명도와는 그 생각을 달리하는 것이었습니다. 또한 체(體)와 용(用)을 엄격히 구별하여 마음[心]을 성(性)과 정(情) 둘로 나눈 후, 전자를 미발(未發)로서 체, 후자를 이발(已發)로서 용이라 했습니다. 이는 이후 주희에게서 최종적으로 정리됩니다. 즉 형인 정명도의 학문적, 사상적 태도가 혼일적이고 직각적이었다면, 동생 정이천은 분석적, 사변적, 논리적이었다고 할 수 있습니다. 또한 정이천은 생각[思]을 매우 강조하여 "천하의 사물들을 모두 이치로 비추어 보아야 한다."라고 하여 주희의 격물설에 영향을 주게 됩니다.

음양과 도의 관계에 있어서도 그의 형이 "기는 곧 도이고(器卽道), 도는 곧 기이다(道卽器)."라고 하여 혼연적이었던 데에 비해—여기서 기(器)란 음양입니다—, 정이천은 확실한 선을 그어버립니다. 즉 도를 음양하는 까닭의 것으로 정의하고, 도는 형이상학적이고 음양은 기이므로 형이하학적이라 하였습니다. 이는 도를 음양이라는 현상의 배후에 있으며 음양의 근거가 되는 것으로 봄으로써 말하자면 도와 음양을 체와 용의 엄격한 분립관계에서 파악한 것입니다.

그의 사상의 절정을 이루면서, 주희가 절찬했던 것은 성즉리(性卽理)였습니다. 그는 이(理) 그대로의 성을 실현하는 데 수양의 원리를 두었습니다. 상술하자면, "생(生), 이를 성이라 한다."와 "천명(天命)의 바를 성이라 한다."의 두 가지 해석에 대해, 정이천은 전자를 기(氣)에 의해 조절되는 선천적인 도덕성이라 하고, 후자를 극본구원(極本究源)의 성이라 했던 것입니다. 즉 그는 "하늘의 이치가 아니면 사사로운 욕심"일 따름이라는 이(理) 철학으로서의 인간관을 견지하고 있었습니다. 또한 그는 "함양에는 반드시 경을 써야 하며, 배움에 나아가는 것은 곧 치지에 있다."라고 하여 수양의 방법으로 경(敬)을 강조하고 이를 '한 가지만을 오로지 몰두하여 하는 것(主一)'이라고 했습니다.

마지막으로 장횡거를 들어야겠습니다. 정이천의 철학이 '이(理)' 철학이었다면, 장횡거의 철학은 '기(氣)' 철학이라고 말할 수 있습니다. 말하자면 그는 정이천－주희로 이어지는 성즉리의 객관유심론적 관념론의 철학과는 그 견해를 달리하는데, 이른바 유물론 철학이라고 할 수 있습니다. 그렇다면 그의 철학을 말함에 있어서 '기'를 정의하는 일은 다른 그 어떤 것보다도 중요하다고 할 수 있습니다. 그에 따르면 천지우주는 본디부터 "공허한 것입니다." 이때 기는 "모여서 만물을 이루지 않음이 없고, 만물은 흩어져서 태허가 되지 않은 것이 없다."로 표현되는 것으로 기란 우주 그 자체를 구성하고 있는 그 '무언가'이고 사람과 만물은 '기의 바다'에 떠 있을 따름인 것이라고 말할 수 있습니다. 이와 같은 기에 의해 '만물이 화하게' 됨으로써 도가 있고[由氣化, 有道之名], 도란 기의 자기운동의 과정 그 자체인 것입니다.

이와 함께 그는 기로 이루어진 세상에서 "건을 아버지라 칭하고, 곤을 어머니라 칭하는데, 나는 이런 작은 모습으로 뒤섞여 그 가운데에 처하므로", "천지와 더불어 대등하게 되는 것"이라고 말했습니다. 이와 함께 "무릇 천하에서 …… 모두 우리 형제"라 하여 소위 우주적 가족주의를 천명하였는데, 이는 또한 우주적인 가부장주의였다고 말할 수 있습니다. 이는 극단적인 이상주의가 아니며, 유토

피아주의 또한 아니며, 묵자의 겸애 또한 아니었다고 생각됩니다.

2. 주자학의 형성

북송 시기의 도학자들의 주된 관심은 자기수양과 황제와 백성에 대해서 책임을 가진 사대부로서 얼마나 사회의 실천에 관여할 것인 가라는 문제에 집중되어 있었습니다. 실은 이는 모두『대학』에 "수신치국(수기치인과 동일)"처럼 유교의 가장 근본적인 테마이기 때문에, 다시금 송대의 사대부 앞에 나타난 것입니다. 그러나 북송 시기의 도학자는 이 질문에 대한 명확하며 주도면밀한 대답을 제출하지 못하고, 이 과제는 남송의 주희에게 계승되었는데 시대가 남송으로 접어들어 가면서 양상은 일변하였습니다. 남송은 이민족인 금나라에 의해서 황하 이북을 탈취당한 후에, 금나라에 대해서 신하의 예를 취하는 굴욕적인 강화조약을 감수해야 하였습니다. 이러한 상황 속에서 남송의 의식 있는 사대부는 분개하고 금나라에 대하여 결연히 항전을 할 것을 주장하였는데, 주희의 부친인 주송도 그와 같은 열렬한 항전주의자 중 한 사람이었으며, 주희 자신도 금나라와의 화평 노선에는 반대를 계속했는데, 주자학의 형성에 이런 위기적인 시대상황이 크게 작용한 것은 부정 할 수 없는 사실이라고 말할 수 있습니다. 또한 사상계에 눈을 돌려도 이단사상인 선(禪)의 간결하고 직재한 교의에 마음이 끌린 사대부가 수없이 많이 존재하였습니다. 이러한 현상은 이미 북송 시기부터 만연하였습니다. 주희 자신도 10대 때에 참선의 경험을 가졌을 정도로, 당시 선종은 사대부 사회에서 일종의 붐을 이루었다고 할 수 있습니다. 그러나 주희에게 더 한층 걱정된 점은, 이처럼 국가와 중국문화가 위기에 빠져 있음에도 불구하고 다수의 사대부가 자신의 영달에만 치우쳐서 과거를 위한 수험공부에 열중한 모습이었던 것입니다. 주자학은 물론 주희라는 한 개인의 탁월한 두뇌에 의해서 형성된 것이지만, 그 형성의 배후에는 위에서 언급한 상황이 촉매제로 존재하였다고 말할 수 있습니다. 즉, 주자학은 한 민족의 정치적, 문화적 아이덴티티의 회구의 소산이었다고 볼 수 있습니다.

이학의 발전에 있어서 주렴계(周濂溪)-이정자(二程子)-장횡거(張橫渠)로 이어지는 도통은 주희(朱熹, 1130~1200)에 의해 주자학(朱子學)으로 완성되었습니다. 그는 이상주의자이자 시인이었던 아버지의 유언에 따라 도학을 연구했고, 대략 9년 동안 관직 생활을 수행했었습니다. 그는 불합리한 세금을 폐지하고 사회시설을 창시하는 등 유능한 행정관이기도 했지만, 우리에게 잘 알려져 있다시피 뛰어난 철학자이자 교육자였습니다.

주희에 의해 완성된 이학, 그러니까 주자학의 내용은 크게 다섯 가지 정도로 정리될 수 있는데, 첫째는 존재론으로서 이기설(理氣說), 둘째는 윤리학 내지 인간학으로서 주자학의 중심을 이루는 성즉리설(性卽理說), 셋째는 거경궁리설(居敬窮理說), 넷째는 『사서집주(四書集注)』·『시집전(詩集傳)』과 같은 고전주석학 및 『자치통감강목(資治通鑑綱目)』·『문공가례(文公家禮)』 등 저술, 다섯째는 과거에 대한 의견이나 기타 구체적인 정책론(사창법, 권농문) 등입니다.

지금부터는 앞의 세 가지를 중심으로 글을 전개해 나가보도록 하겠습니다.

먼저 존재론의 측면에 관해서입니다. 세계는 이(理)와 기(氣)의 지속적인 회전운동에 의해 형성되며, 이로써 땅이 만들어지고 하늘이 이루어집니다. 다만 주희의 기 이론에는 분명한 모순이 존재하는데, 이는 기 이론이 주희의 독자적인 학설이 아니라, 멀리는 양한시대 이래의 우주론 전통에서, 가깝게는 장횡거의 기 철학을 받아들이면서 이를 집대성하는 과정에서 발생한 것으로 보입니다. 주희가 이처럼 기 체계를 상당히 근사하게 구조화했음은 중국사상사에서 일찍이 없던 일로 상당한 의미를 지니는 것이라고 할 수 있습니다. 어쨌든 기(氣)는 존재하는 모든 사물을 설명할 수 있는 논리구조로서, 사물이 단순히 있는 것이 아니라, '있어야 할' 모습으로 존재하게 하는 것입니다. 바로 '있어야 할' 모습으로 만들어주는 것이 이(理)로서, "천하의 사물은 반드시 각각 그런 까닭[所以然]과 그 당연히 그러해야 할[所當然] 법칙이 있는데, 바로 이것이 이른바 이(理)인 것입니다."

다만 유의해야 할 점은 이(理)의 정의에서 나타나는 두 가지 측면입니다. 하나는 총체적인 시각으로, 우주만물의 근거이며, 우주로 하여금 있어야 할 모습을 부여해 주고 있는 원리로서의 이(理)이며, 다른 하나는 개별적인 시각으로서 개개의 사물을 개개의 사물로 만들어주고 있는 원리로서의 이(理)입니다. 전자는 태극(太極)이며, 후자는 '천명'으로서 성(性)입니다. "합해서 이를 말한다면 만물의 총체는 하나의 태극이며, 나누어서 이를 말한다면 각각 하나의 태극을 갖추고 있습니다."

이때, 이와 기의 관계는 "어느 쪽이 먼저이고 어느 쪽이 나중이라고 할 수 없는" 것으로, "아직 천지가 생기기 이전에 필경 먼저 이러한 이(理)가 있으며", "이러한 이가 있는 이후에 이러한 기가 생기는 것입니다." 이때 이는 그 어떠한 작용도 하지 않는 것으로, 이는 "기의 이"가 아니라 "기에 대한 이"인 것입니다. 이는 어떤 의미에서는 무(無)이지만, 단순한 무가 아니라는 것도 명백하므로 만물의 근거로서 어디까지나 '있지' 않으면 안 되는 것입니다. 이는 기본적으로 이기이원론(理氣二元論)으로, 주희는 어디까지나 "기에 대한 이"를 주장했으므로 이란 기와 대등하게 존재적, 실체적으로 되는 것입니다. 또한 이의 초월적인 성격이 희박해지고 물질적, 신체적 성격이 농후해지는 것입니다.

두 번째는 성즉리입니다. 이(理)는 정이천의 성즉리를 계승한 것이라 할 수 있는데, "마음은 성과 정의 통일체"로서 "본연의성과 기질의성이 대립하면서, 기질을 변화시킴으로써 기질의 성에서 본연의 성으로 돌아가는, 말하자면 자신을 이겨 예로 돌아가는[克己復禮]" 것입니다. 따라서 도덕주의로써 인간은 중용의 상태를 지향하고자 하는데, "생각이 무엇인가를 지향했다는 것만으로도 이미 욕심이 되는," 이 또한 욕심이고 인간의 마음은 '천리(天理)와 인욕(人欲)이 엇갈려 싸우고 있는' 싸움터와 같은 것입니다. 바람직한 상태를 '지향'하는 이와 같은 이론들은, 사대부들이 주자학에서 참된 자기의 윤리학을 갖게 만들어주었던 것입니다. 그러나 이것이 실제로는 기존의 것들을 합리화하는 방향으로 작용되었음을 부정하기는 어렵습니다. 즉 주자학적인 '명분의 가르침'은 효도와 군신의리의 두 방향으로 나타났고, 유교의 기본 테제인 '부자천합(父子天合), 군신의합(君臣義合)'을 견지하는 것이었을 따름입니다.

셋째는 학문의 방법으로서의 경(敬)과 격물치지(格物致知)입니다. 이학에 있어서의 학문의 방법은 천리를 있게 하고 인간의 욕망을 버리는[存天理去人欲] 것입니다. 다시 말하자면 성인이 되기 위한 방법으로, 첫째는 거경(居敬)이고 둘째는 궁리(窮理)를 하는 것입니다. 먼저 거경의 경우, 경은 하나에만 몰두하는 것으로서 마음을 오직 한 곳에 집중시킨 상태로 계속 유지하는 것입니다. 주희는 이에 대해 "격물치지에서 치국평천하까지 모두 경의 뒷받침을 받아야 한다."라고 하여 학문에서 경의 중요성을 극도로 강조하였습니다. 두 번째 방법은 궁리로서, 이치를 궁리한다는 것은 곧 격물치지입니다. 즉 "그 뜻을 성실하게 하려고 하는 사람은 먼저 그 앎을 다하고, 앎을 다하는 것은 사물에 이르는 데 있다."라고 하여 사물의 이치를 그 궁극적인 데까지 탐구한다는 것이라고 하였습니다.

주희는 이 이론을 간결하게 정리하여 "격물보전(格物補傳)"에서, "'치지는 격물에 있다.'는 것은 나의 앎을 다하려고 생각한다면 사물에 입각해 그 이치를 궁구하지 않으면 안 된다."고 하여 경(敬)의 태도에 입각하여 사물의 이치를 궁구해야 함을 역설하였습니다. 즉 "오랫동안 노력하고 있는 동안에 어느새 환하게 트이고 관통하게 되면 모든 사물의 안과 밖, 정밀함과 거침이 모두 파악되어 내 마음의 전체, 대용(大用)이 모두 명백하게 된다."는 것입니다. 다시 말하자면 이(理)는 인간 내부에 있는 성(性)이면서 인간의 외부에 있는 천지

자연의 천리(天理)이기도 하므로, 성인이 되는 것은 곧 이(理)그 자체인 것 같은 인간이 되게 함을 의미하며, 이를 위해서 격물치지와 거경궁리의 자세를 갖춰야 함을 역설하고 있는 것입니다.

이때 필요한 것이 유교 경전을 읽고 연구하는, 즉 '독서'이며, 이는 "군자는 이전의 말과 지난 행동을 많이 아는 것을 통해 덕을 쌓는다."라고 하는 것의 일환입니다. 물론 단순한 박학은 "사물을 탐하여 뜻을 잃어버린다."고 하여 경계되고 배척되었지만, 사물을 탐하지 않는, 거경의 자세에서 지식을 궁구하는 객관적 지식주의의 관념론으로서의 주자학에게 있어서 경전의 탐구는 매우 중요한 것이었습니다.

이상과 같이 살펴본 바와 같이 주자학은 '격물치지'로부터 출발하여 '그 뜻을 성실히 하고[誠意], 그 마음을 바르게 하고[正心], 그 자신의 몸을 수련하고[修身], 그 집을 다스리고[齊家], 그 나라를 다스려[治國],' 그리하여 '천하를 평안하게 만든다[平天下]'. 즉 다시 말하자면 격물치지에서 시작하여 '팔조목(八條目)'에 이르는 사대부들의 도덕적 이상주의를 천명하는 논리적, 철학적 기저였던 것이라고 말할 수 있습니다.

주희는 자신의 견해와는 대치되는 주장을 펼치던 육상산(陸象山, 1139~1192)과 세기의 논쟁을 펼치게 됩니다. 육상산은 주희가 마음을 성과 정으로 구분했던 데에 비해 이를 혼연일체(渾然一體)로 파악하여 인간에게 가장 중요한 것인 '마음'에 모든 관심을 집중시킬 것을 강조하는 심즉리설(心卽理說)을 주장하였습니다. 이러한 견해는 정명도와 사상채(謝上蔡, 1050~1103)의 계보에서 나타난 것으로,

육상산에게 있어 천리 인욕은 철저히 부정됩니다. 그에 따르면 천리의 실천원리는 "본래의 마음을 자각하고 먼저 그 중요한 바를 세우는 것 이외에 다른 것이 아니다."라고 하는 것입니다. 육상산에게서 악이란 명백한 이(理)가 눈앞에 존재하고 있는데도 불구하고, 그것을 사람들이 스스로 가리고 있는 것에 불과한 것입니다.

주희와 육상산은 논쟁에 있어서 비록 상당히 치열하게 벌였지만, 두 사람은 서로를 깊이 존중했습니다. 1175년 아호(鵝湖)의 회합이나 1181년 주희가 강의하던 백록동서원(白鹿洞書院)에 육상산이 초빙된 일 등을 미루어 볼 때, 두 사람은 서로 상대방을 존경하고 존중하고 있었던 것을 알 수 있습니다. 그러면서도 상대방의 주장에 대해서는 매우 격렬하게 논쟁을 하였습니다. 대표적인 예로 도(道)에 관한 논쟁에서, 주희는 도는 형이상학적인 것이고 음양하는 까닭이며, 음양은 형이하학적인 기이므로 결코 도가 될 수 없다고 하였습니다. 이러한 주희의 주장에 반해 육상산은 『역경(易經)』의 구절을 근거로, "형이상학적인 것을 도라 하며, 일음일양을 도라 한다."라고 하였으므로 "도라는 것은 일음일양(一陰一陽)일 뿐이다."라고 주장하였습니다. 다시 말하자면 육상산은 음양의 운동이 형이상학적인 도라고 하였던 것입니다.

3. 양명학의 성립과 발전

명대 말기에 송응성에 의해서 저술된 『천공개물(天工開物)』에는 삽화까지 곁들여 명나라의 발달한 산업과 과학기술상을 망라해 수록해 놓았습니다. 이 책에 평야지대의 강을 막는 '언', 산간 지대에 계곡물을 막는 '피' 등의 수리시설과 수차가 보일정도로 명대에는 수리시설이 발달하여 개간지가 확대됨으로써 농업 생산량이 크게 늘어났습니다. 특히 황무지가 널려 있었던 호광지방 즉 호남·호북 지역이 대표적인 곡창지대로 떠올랐습니다. 호광지방에 풍년이 들면 전국이 풍족하다는 말까지 유행하게 되었습니다. 15세기에서 16세기에 걸친 200년간 호북 지방의 경지 증가율은 310퍼센트에 달했는데, 이는 각 지역을 유랑하던 농민들이 호광지방에 정착하기 시작하여 쓸모없는 땅을 농토로, 박토를 옥토로 바꾸어갔기 때문에 가능한 것이었습니다. 그들이 개간한 땅은 소유권을 인정받을 수 있었으며 몇 년간의 세금도 면제받을 수 있었습니다.

농업의 발달에 힘입어 상업과 수공업이 획기적으로 발전하였습니다. 중국의 경제는 북송 시기에 이미 상업도시가 출현하고 상인 조직이 등장하였으며 지폐가 유통되고 있었습니다. 명대는 전국적 규모로 상권을 장악하는 대상인 집단이 출현하게 되었습니다. 대표적인 집단이 휘주상인과 산서상인이었습니다. 명대 초기의 산서 상인은 북쪽 국경의 군량을 곡물로 조달하고 소금 판매권을 부여받아 재부를 쌓았습니다. 그런데 1492년부터 곡물 대신 은으로 납부하도록 제도가 바뀐 틈을 타서 휘주상인들이 새로이 부상하였습니다. 이들은 소금뿐만 아니라 호광의 쌀, 화북의 면화, 안휘의 목재 등 각 지방의 특산물들을 전국적으로 유통시켰고 이익의 대부분을 고향에 송금하여 토지를 구입하였습니다.

주희가 세상을 떠난 뒤에 남송의 학술사상계는 도학을 위학이라 규정하는 경원(慶元)의 당금(黨禁)으로 59명의 학자들이 위당으로 지목되었으며 주자학은 그 영향력이 매우 미미한 수준에 그쳤다고 말할 수 있습니다. 그러나 원대에 이르러서 남방에서는 학술계의 주류로 자리 잡게 되었으며, 허형(許衡, 1209~1281)·유인(劉因, 1249~1293) 두 사람에 의해서 북방으로도 확산되었습니다. 이러한 일련의 과정을 통해서 1314년에 과거제도가 부활되면서 시험과목으로서 주자학이 특별히 중시했던 사서(四書: 『大學』·『論語』·『孟子』·『中庸』)가 채택되고 그 주석으로서 『사서집주(四書集注)』를 기준으로 삼도록 하는 조치가 취해지게 됩니다. 이러한 현상은 당시에 이미 주자학이 사회적으로 매우 큰 파급력을 지닐 만큼 보편화되었음을 의미한다고 말할 수 있겠습니다.

명대에는 주자학 일색이 되면서 학술사상계가 극단적으로 활기를 잃고 있었습니다. 이러한 분위기 속에서 진헌장(陳獻章, 1428~1500)이 독창적인 사상체계를 가진 사상가로 등장하였습니다. 진헌장은 실천주의적인 주자학 학자였던 오강재(吳康齋, 1391~1469)의 문하에서 공부하다가, 돌아와 매일 독서에 열중했으나 "나의 이 마음과 저 도가 아무리 해도 하나로 일치되지 않았다."라고 하는 문제에 봉착하자, 과감하게 책을 버리고 정좌하여 사색하기 시작해 마침내 "이르는 곳마다 천리를 체인(體認)"함을 발견하게 되었습니다. 이는 왕양명(王陽明, 1472~1528) 사상의 선구자적 위치에 있는 것이라고 말할 수 있는 것입니다.

왕양명은 어려서부터 전쟁놀이를 좋아하여 뒷날에 문관이면서 수많은 반란을 평정할 정도로 천재적인 용병가였으며, 13세 때 생모가 돌아가신 이후 올빼미 단 한 마리를 가지고서 아버지의 첩에게 혼쭐을 냈었다고 하는 다소 악질적인 이야기가 전해지기도 합니다. 또한 왕양명은 순탄치 못한 관료생활을 했으며, 가정(嘉靖)·만력(萬曆)의 문화적 난숙기 이후 대규모의 농민 반란이 빈발하는 시기에 군사 전략가이자 정치가로서 명성을 얻어 오히려 "적비토벌(赤匪討伐)의 철학자"라는 평판을 면치 못하였습니다.

왕양명은 "마음 밖에 어떤 사물도 없고(心外無物), 마음 밖에 어떤 이치도 없다(心外無理)."는 유명한 명제를 제시하였습니다. 그러니까 사물이나 이치는 모두 마음과의 상관관계를 통하여 드러나는 것이지, 마음을 떠나 따로 어떤 사물이나 이치가 존재할 수 없다고 하는 것입니다. 이러한 주장은 육상산의 "마음이 곧 이치이다(心卽理)."라는 명제를 한층 더 명확히 표현한 것이기도 합니다. 이러한 언급은 개체적인 각자의 마음이 보편적인 이치(天理)를 그 내용으로 삼는다는 것입니다. 다시 말하자면, 개별적 도덕 주체가 보편적 도덕 법칙과 일치되는 것입니다. 그러므로 개체성과 보편성이 동시에 긍정되는 것이기도 합니다. 이러한 이치는 주희의 이기론에서 말하는 모든 것을 존재하게 하는 까닭으로서의 원리가 먼저 있는 것이 아니라, 모든 것이 마음과 관련되어 나타난 이치, 즉 조리(條理)의 성격을 띠고 있습니다. 또한 왕양명은 "마음이 곧 이치이다. (…중략…) 예를 들어, 어버이를 섬기는데 어버이한테 가서 효의 이치를 구할 필요가 없다. (…중략…) 모든 것이 오직 이 마음에 있다."라고 하였습니다. 이와 같은 주장은 인간은 본성상

어버이에게 효도하는 이치가 먼저 있어서 효도해야겠다는 마음을 갖는 것이 아니라, 효성스런 마음을 가진다면 바로 여기에 효도하는 이치가 있고, 효성스런 마음이 없으면 효도하는 이치도 없다는 것이 됩니다. 이것은 도덕적인 원리나 규범, 예컨대 예의 등이 마음을 떠나서 따로 존재하지 못한다는 것을 분명히 한 것입니다.

왕양명이 말하는 마음이란 바로 맹자 이래 육상산이 주장했던 "본심(本心)" 그 자체이며, 이것을 양명은 "양지(良知)"라고 표현하기도 하였습니다. 이러한 양지설은 그의 인성론을 이루는 핵심이기도 합니다. 양지는 맹자가 말한 바와 같이 옳고 그름(是非)을 즉각적으로 가려내는 마음으로서, 인간이면 누구나 생각을 거치지 않아도 알 수 있고, 학습을 통하지 않아도 할 수 있는 능력인 것입니다. 이러한 양지는 마음의 본체로서 저절로 그 무엇을 할 줄 아는 것입니다. 예를 들자면, 아버지를 보면 저절로 효도할 줄 알고, 형을 보면 저절로 공경할 줄 압니다. 또한 어린이가 우물에 빠지려는 것을 보면 저절로 불쌍히 여길 줄 압니다. 이것이 바로 양지인 것입니다. 이러한 양지는 외부에서 구하는 것이 아닌 것입니다. 이러한 것은 대상적인 지식, 즉 '~을 아는 것'이 아니라, 선천적인 능력까지 포함한 '~을 할 줄 아는' 앎인 것입니다.

왕양명은 이러한 양지를 지극히 선한 마음의 본체, 천리(天理)라고 생각하는 한, 일반적인 지각(知覺) 또는 지식과는 전혀 차원을 달리하는 것이라고 생각했습니다. 그래서 왕양명은 "양지는 하늘이 심은 영특한 뿌리"라고 말하였던 것입니다. 그러므로 양지는 선악과 시비를 판단하는 능력을 가지고 있을 뿐 아니라, 이 세상

온갖 만물이 이에 힘입어 존재하는 근거가 되는 것입니다. 다시 말해서, 양지는 모든 만물을 만들어 내고 변화시키는 영묘한 힘을 가지고 있는데, 양지의 이러한 면을 양명은 정령(精靈)이라 불렀습니다. 이와 같이 양지는 선악을 분명히 가려내는 작용으로서의 측면뿐 아니라, 마음의 본체로서 천리이기도 합니다. 왕양명은 체용일원(體用一源)의 입장에서 본성(性)과 마음[心]도 하나로 파악한 것인데, 그것은 이치와 기운을 합일로 보는 그의 견해와도 상통하는 것이라고 말할 수 있습니다.

왕양명은 마음의 본체로서의 양지는 불선(不善)은 있을 수 없고, 인간이 태어날 때부터 가지고 있는 본성이므로 지극히 선한 것이라 하였습니다. 이러한 의미에서 왕양명의 성선설은 본성에 조금도 악을 가지고 있지 않은 완전한 성선설이라고 말할 수 있는 것입니다. 왕양명은 인간이면 누구나 다 이러한 양지를 가지고 있다는 점에서 성인이나 보통 사람이나 마찬가지라고 생각하였습니다. 이러한 점에서 만인은 평등하며, "거리를 가득 메운 것이 모두 성인이다."라는 명제도 여기에 근거를 두고 한 말입니다.

4. 양명학의 주자학 비판 및 지행합일론

주자학의 기본명제는 "본성이 곧 이치이다."라는 의미의 '성즉리(性卽理)'이고, 양명학의 기본명제는 "마음이 곧 이치이다."라는 의미의 '심즉리(心卽理)'입니다. 주자학에서는 모든 사물이 각각의 이치를 가지고 있다고 보고 있습니다. 즉 사람에게는 사람의 이치가 있고, 개에게는 개의 이치가 있으며, 꽃에는 꽃의 이치가 있다는 것입니다. 그리고 그러한 이치는 하늘이 정한 것이라는 것입니다. 그러나 양명학은 각각의 사물에 하늘이 정한 이치가 들어 있다는 생각에 대하여 부정적인 입장을 취하고 있습니다. 즉 모든 이치가 각 사물에 있는 것이 아니라 내 마음속에 있다는 것입니다. 이것은 맹자가 "만물이 내게 갖추어져 있다."라고 한 말의 연장인 셈이라고 할 수 있습니다.

한번은 왕양명이 친구와 함께 유람할 때 한 친구가 절벽에 피어 있는 꽃나무를 가리키면서 "세상에 마음 밖에는 아무것도 없다고 하였는데 꽃나무는 깊은 산속에 있으면서 제 스스로 피고 지는 것이니 과연 내 마음과 무슨 상관이 있단 말인가?"라고 물었습니다. 그러자 왕양명은 "그대가 이 꽃을 보기 전에는 이 꽃과 그대 마음이 모두 고요할 뿐이었지만, 그대가 와서 이 꽃을 보았을 때 비로소 꽃의 빛깔이 일시에 또렷해졌으니, 곧 이 꽃이 그대 마음 밖에 있는 것이 아니라는 사실을 알 수 있지 않겠는가?"라고 대답하였습니다. 이와 같은 왕양명과 친구 사이의 절벽에 핀 꽃을 보면서 나눈 대화가 양명학의 '심즉리'를 잘 보여 주고 있는 실례라고 할 수 있을 것입니다.

이런 점에서 본다면 주자학과 양명학 모두 이(理)를 강조하고 있다는 점에서 두 사유체계는 똑같이 관념론에 속한다고 말할 수 있습니다. 다만 양자를 구분한다면 주자학은 내 밖의 사물이 객관적으로 있다고 보는 입장이므로 객관적 관념론이라고 불리고, 양명학은 객관적 존재를 부정한다는 점에서 주관적 관념론이라고 불리고 있습니다. 주자학과 양명학은 모두 유학이며 유학의 가장 큰 특징은 인본주의입니다. 인본주의란 세계 만물의 기준을 사람으로 보는 인간중심주의를 뜻하는 것입니다. 고대 그리스 철학자 프로타고라스는 '인간은 만물의 척도'라고 주장하였습니다. 이 말은 사물에 대한 감각과 인식이 인간 개개인의 판단에 달려 있기 때문에 그 개별 인간 하나하나가 만물을 재는 척도가 된다는 뜻입니다. 얼핏 보면 유가의 인간중심주의와 같아 보이기는 하지만 유학의 또 다른 특징은 도덕중심주의라고 할 수 있습니다. '성즉리'와 '심즉리'의 이(理)가 자연법칙이기도 하지만 동시에 도덕법칙인 것이며 그런 점에서 '성즉리'의 성은 도덕성이고, '심즉리'의 심은 도덕심이라고 할 수 있습니다. 주희는 '성즉리'를 깨달아 가는 과정이 『대학』에 나오는 '격물치지(格物致知)'라고 보았습니다. 그렇지만 주희는 예전부터 전해 오는 『대학』에서는 '격물치지'에 대한 설명이 빠져 있다고 보고 정이천의 생각에 자신의 생각을 더하여 새로 134자를 만들어 넣었습니다. '격물치지'는 '사물에 나아가[格物]' 앎을 완성한다[致知].'는 의미입니다. 이 말만 보면 앎의 대상이 사물인 것처럼 보이지만 사실 궁극적인 탐구 대상은 사물이 아니라 그 사물 속에 들어 있는 이(理)인 것입니다. 그렇기 때문에 '격물궁리(格物窮理)'라고도 합니다. 주희는 그 과정을 다음과 같이 설명합니다. 즉 세상만물은 모두 각각의 이를 지니고 있고, 사람에게는 그것을 파악할 수 있는 신령한 앎의 능력이 마음속에 있다는 것입니다. 그렇기 때문 모든 천하의 사물에 나아가 이미 알고 있는 이치를 바탕으로 매일매일 탐구해 가다 보면 마침내 하루아침에 모든 사물의 이치를 꿰뚫어 낼 수 있다는 것입니다. 그 결과 사물의 겉과 속, 정교하고 미세한 사물과 거친 사물 할 것 없이 사물의 이치가 다 깨달아질 것이며 내 마음의 온전한 본 모습과 그 마음의 활용이 밝아지지 않음이 없게 된다고 하였습니다.

그렇지만 주희의 말처럼 온 세상 만물을 다 만난다는 것은 불가능한 일이라고 할 수 있습니다. 그래서 주희는 독서를 통해 깨닫는 것과 함께 유추법을 제시하였습니다. 즉 유추법이란 10개 가운데 7~8개를 깨달으면 나머지는 저절로 알게 된다는 것입니다. 그렇다고 하더라도 얼핏 보면 천하 만물의 이치를 깨닫는 것이 쉽게 이해되지 않습니다. 이 점은 이렇게 생각해 볼 수 있습니다. 개와 고양이와 나무와 돌의 이치는 모두 다른 것입니다. 그렇기 때문에 각각의 모습과 역할이 다른 것입니다. 그렇다면 개의 이치는 어떤 것일까요? 본래 주자학에서는 이치는 변하지 않는 것이며 그렇기 때문에 언제나 선(善)이라고 보고 있습니다. 따라서 개의 이치를 따지는 일은 어떤 개가 가장 좋은(착한) 개인지를 찾는 일과 같다고 할 수 있습니다. 가장 좋은 개는 주인 잘 따르고 집 잘 지키는 개일 것이고 주인을 물거나 도둑을 보고 겁을 내는 개는 나쁜 개가 되는 것입니다. 그리고 이런 평가 원칙은 지금 우리 집에서 기르는 개만이 아니라 옆집 개와 뒷집 개, 아직 한 번도 보지 못한 다른 나라 개들까지도 모두 해당되며, 이미 죽은 개나 앞으로 태어날 개에게도 해당된다고 할 수 있습니다. 그렇기 때문에 주자학에서는 이치가 사물 존재보다 앞선다고 합니다. 그렇다면 가장 좋은(착한) 고양이는 어떤 고양이일까요? 쥐 잘 잡고 주인 잘 따르는 고양이가 착한 고양이일 것이며, 이 원칙도 이미 죽은 고양이나 앞으로 태어날 고양이에게까지 해당된다고 할 수 있을 것입니다. 나무도 마찬가지입니다. 목재로 쓰기도 좋으면서 예쁜 꽃과 풍성한 열매를 맺는 나무가 좋은(착한) 나무일 것입니다. 그렇게 보면 개와 고양이와 나무의 이치는 다르지만 좋은 나무, 좋은 고양이 좋은 개로 생각을 넓히면 그 이치는 모두 같아지는 것입니다. 따라서 모든 만물의 이치는 결국 선의 이치라는 점에서 같다는 결론이 나오며, 이러한 이치는 사람에게도 마찬가지로 적용될 수 있는 것입니다.

사실 위와 같은 생각을 가지고 사물의 이치를 따지는 것은 사람 중심의 논리일 뿐입니다. 그렇지만 인간중심주의인 유학의 입장에서는 이상할 것이 없다고 할 수 있습니다. 그래서 깨달은 궁극의 진리는 그 이치가 내 속에 들어 있는 사람다움의 이치와 다를 것이 없다는 사실입니다. 그렇기 때문에 주희는 만물의 이치를 다 합친 것이 태극이라고 하였던 것입니다. 따라서 '격물치지'를 통해 궁극에는 태극을 깨닫는 것이 되는 것입니다. 그러나 젊어서 주자학을 공부했던 왕양명은 주희의 '격물치지' 이론을 직접 실험해 보았습니다. 즉 왕양명은 1주일 동안 대나무 앞에 앉아서 먹지도 않고 자지도 않고 대나무만 바라보며 대나무의 이치를 탐구하다가 결국에는 병을 얻었습니다. 그런데도 대나무는 대나무대로 나는 나대로 있음을 경험하였습니다. 다시 말하자면, 왕양명이 깨달은 것은 내 마음이 대나무에게 갈 때 대나무가 비로소 존재 의미가 있게 되는 것이며, 따라서 내 마음속에 들어 있는 타고난 양지를 잘 기르면 그만이라는 것이었던 것입니다.

그러나 이러한 양지를 모든 사람이 다 가지고 있는데, 보통 사람과 성인이 차이가 나는 것은 무엇 때문일까요? 그것은 바로 양지를 현실 생활에 잘 이루어 내었는가, 그렇지 못한가에 달려 있는 것입니다. 다시 말해서, 치양지(致良知)의 공부, 즉 양지를 확충시키는 노력을 했는가 하지 않았는가에 그 관건이 놓여 있다는 것입니다. 그러면 양지를 어떻게 확충시킬 있는 것인가요? 그것은 주로 성의(誠意) 공부를 중심으로 전개되는 것입니다. 성의, 즉 의를 참되게 한다는 것은 무엇을 말하는 것입니까? 왕양명에게 있어서 성의는 마음을 바르게 한다는 정심(正心)과 같은 뜻이며, 또 격물치지와도 같은 뜻을 가지고 있습니다. 그것은 왕양명이 말하는 마음[心], 몸[身], 양지[知], 의(意), 그리고 사물[物]의 관계를 살펴보면 알 수 있습니다.

왕양명은 꽉 채우고 있는 곳을 일러 몸이라 하고, 그 주재(主宰)하는 곳을 일러 마음이라 고 합니다. 마음이 발동한 곳을 일러 의라고 하며, 의가 영특하고 맑은 곳[靈明]을 일러 양지[知]라고 합니다. '의'가 건너가 드러나 있는 곳이 물(物)입니다. 또한 왕양명은 의는 허공에 매달려 있지 않고 반드시 온갖 일들을 드러낸다고 하였습니다.

왕양명은 여기서 '마음[心]'과 사물의 관계를 의를 통하여 하나로 일관시켜 설명하고 있다는 점에서, 마음과 사물의 관계를 나누어 설명한 주희와는 전혀 다르다는 것을 알 수 있습니다. 마음이 발동한 곳이 '의'라고 한 것은 마음이 작용한 측면을 가리키는데, 이것은 의식 작용이라 할 수 있습니다. '의'가 건너가 드러나 있는 곳을 사물이라고 한 것은 의식 대상인 것입니다. 그리고 모든 의식은 그 자체로 독립되어 있는 것이 아니라 '무엇에 관한 의식'이므로 반드시 어떤 것을 지향하고 있는데, 왕양명이 말하는 '의'는 바로 이러한 특성을 가지고 있다고 말할 수 있습니다. 의식 활동이 의식 대상을 구성하는 것이라고 한다면, 마음이 작용한 곳, 즉 '의'가 있는 곳에는 사물이 있지만, '의'가 없으면 따라서 '사물'도 없는 것이 됩니다. 이러한 문제를 분명히 하기 위하여 왕양명은 "'의'가 작용하는 곳에는 반드시 그 '사물'이 있다. 물이 곧 일[事]이다. 만약 '의'가 어버이 섬김에 작용하면 어버이 섬김이 하나의 물이고, '의'가 백성 통치에 작용하면 백성 통치가 하나의 물이다. (…중략…) 의가 독서에 작용하면 곧 독서가 일물(一物)이다."라고 분명히 주장하였습니다.

왕양명에게 있어서 '물(物)'은 '의'를 떠나 있을 수 없습니다. 그는 어버이나 책을 하나의 '물'이라 하지 않고, 어버이 섬김을 하나의 '물'로 보았고, 책을 읽음을 하나의 '물'로 보았습니다. 그러니까 책이 앞에 있어도, 갓난아이에게는 아무런 의미가 없고, 태국어로 쓴 책은 이를 해독하지 못하는 사람에게는 역시 아무런 의미가 없다는 것입니다. 그것을 읽어야 비로소 책의 의미가 있게 되는데, 이것을 일물(一物)이라 한 것입니다. 책을 장정하는 제본 기술자에게는 장서(裝書)가 일물이 되며, 학생들에게는 독서가 일물이 될 것입니다. 우리의 의식[心]을 떠나서는 어떤 것(독서, 장서)도 의미를 가질 수 없는 것입니다. 그러므로 왕양명은 "마음 밖에 어떤 것도 없다. 만약 나의 마음이 어버이에게 효도할 생각을 발동하면, 즉 어버이에게 효도함이 바로 일물이다."라고 주장했던 것입니다. 사친(事親), 효친(孝親)은 우리 일상생활 세계 속에서 의미를 갖는 것입니다. 즉 우리가 효도하려는 생각, 효도 의식이 있어야 비로소 사친, 효친이라는 하나의 물이 생기는 것입니다. 그런데 이러한 의식이 잘못되었을 때 그 일물도 잘못되게 되는 것입니다. 예를 들어 어버이를 욕심과 이해관계로 보려는 생각은 곧 패륜 행위까지 하는 결과를 자아내게 합니다. 격물이란 바로 이러한 잘못된 일물을 바로잡는 것이 됩니다. 그러므로 왕양명은 '격(格)'이란 바로잡음 이라고 해석했던 것입니다. 그리고 '성의'란 다름 아닌 잘못된 '의식', 예컨대 어버이를 이해관계로 보려는 생각을 고쳐서 참되게 하는 것입니다. 우리의 의(意)의 활동에는 선도 있고 악도 있습니다. 그러면 그 악은 어디서 나왔을 까요? 그것은 사사로운 욕심과 의념[私意私慾]이 마음의 양지를 가려 방해하였기 때문에 생기게 되는 것입니다. 이러한 장애가 없다면 마음의 양지는 순수하게 천리(天理) 그 자체로서 빛을 발하게 됩니다. 사욕은 마음의 양지가 발동할 때 그 본체를 잃어버린 상태일 뿐, 독립해서 존재하는 마음의 고유한 능력이 아닌 것입니다.

양지는 또 스스로 선과 악을 아는 능력을 가지고 있기 때문에, 우리는 양지에 따라 선한 생각을 확충하고 악한 생각을 극복할 수 있는 것입니다. 이렇게 사욕을 제거함으로써 천리 자체인 양지가 드러나게 하는 공부를 왕양명은 치양지(致良知)라고 하였습니다. 그것은 주희의 거경, 궁리의 방법보다 생동적이며 간명하고 힘이 있는 가르침이라고 말할 수 있을 것입니다. 주희의 격물치지는 마음과 사물을 둘로 나누었을 뿐 아니라, 지와 행을 두 가지로 보았던 것입니다. 왕양명은 바로 지행합일을 주장하여 주자를 비판하였습니다. 그는 "오늘날 사람들의 학문은 지와 행을 둘로 나누었기 때문에, 어떤 생각이 일어난 것이 비록 불선이라 하더라도 아직 행한 적이 없었다고 해서 금지하지 않는다. 그러나 내가 지금 지행합일을 말하는 것은 바로 어떤 생각이 일어나 움직인 곳이 곧 행이란 것을 알아차리게 하려는 것이다. 생각이 일어나 움직인 곳이 불선하면 곧 이 불선한 생각을 꺾어 없애 버려 뿌리와 밑바닥에 이르기까지 불선이 가슴속에 숨어 있지 못하도록 해야 한다. 이것이 내가 주장하는 근본 취지이다."라고 주장하였습니다. 이와 같이 왕양명은 철저한 동기주의 입장에서 지행합일을 주장하였습니다. 그래서 그는 제자 서애가 어떤 사람이 부모에게 효도해야 되는 것을 알면서도 효도할 수 없다면, 그것은 바로 지와 행이 분명히 두 가지로 나뉜 것이 아니냐고 질문하자, 왕양명은 "그것은 사적인 욕망으로 말미암아 나누어진 것이지 지행의 본체가 아니다. 알고서 행하지 않는 자는 없다. 알고서 행하지 않는 것은 단지 모르는 것일 뿐이다."라고 하여 실천이 없는 앎은 참된 앎 아님을 확인시켜 주었습니다.

생각해 볼 문제

1. 북송시대에 이르러서 이학은 선진유학의 실천적이고 규범적인 성격을 초월하여 새로운 형태의 세계관을 형성하고 있었습니다. 이러한 세계관 속에는 불교와 도교가 가진 세계와 자연에 대한 인식의 영향이 상당히 크게 자리매김하고 있었습니다. 이학은 이렇게 발생하게 되는데, 이러한 영향 이외에 어떠한 요인이 더 있었을까요?

2. 주희는 이(理)는 인간 내부에 있는 성(性)이면서 인간의 외부에 있는 천지자연의 천리(天理)이기도 하므로, 성인이 되는 것은 곧 이(理)그 자체인 것 같은 인간이 되게 함을 의미하며, 이를 위해서 격물치지와 거경궁리의 자세를 갖춰야 함을 역설했습니다. 또한 이때 필요한 것이 유교 경전을 읽고 연구하는, 즉 '독서'이며, 이는 "군자는 이전의 말과 지난 행동을 많이 아는 것을 통해 덕을 쌓는다."라고 하는 것의 일환이라고 생각했습니다. 물론 주희는 단순한 박학은 "사물을 탐하여 뜻을 잃어버린다."고 하여 경계해야 하고 배척하였지만, 사물을 탐하지 않는, 거경의 자세에서 지식을 궁구하는 객관적 지식주의의 관념론으로서의 주자학에게 있어서 경전의 탐구는 매우 중요한 것이었습니다. 이와 같은 주희의 생각과 주장에서 볼 수 있는 점은 이론적인 측면을 강조하는 경향이 강하다는 것입니다. 그렇다면 실천은 이론을 완전하게 숙지하고 나서 이루어져야 하는 것일까요? 아니면 이론과 실천이 동시에 이루어져야 하는 것일까요?

3. 왕양명이 친구와 함께 유람할 때 한 친구가 절벽에 피어 있는 꽃나무를 가리키면서 "세상에 마음 밖에는 아무것도 없다고 하였는데 꽃나무는 깊은 산속에 있으면서 제 스스로 피고 지는 것이니 과연 내 마음과 무슨 상관이 있단 말인가?"라고 물었습니다. 그러자 왕양명은 "그대가 이 꽃을 보기 전에는 이 꽃과 그대 마음이 모두 고요할 뿐이었지만, 그대가 와서 이 꽃을 보았을 때 비로소 꽃의 빛깔이 일시에 또렷해졌으니, 곧 이 꽃이 그대 마음 밖에 있는 것이 아니라는 사실을 알 수 있지 않겠는가?"라고 대답하였습니다. 과연 왕양명의 이러한 대답이 객관적인 사실이라고 말할 수 있을까요?

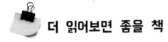

더 읽어보면 좋을 책

1. 시마다 겐지, 김석근 옮김, 『주자학과 양명학』, 까치, 2001.

이 책에서는 주자학에서 양명학에로의 역사를, 다시 말해서 성리학의 역사를 '내면주의 전개'라는 견지에서 파악하고 있습니다. 즉 양명학을 육왕학이라고 지칭함으로써 육상산(陸象山) 학문의 단순한 계승일 뿐이라고 파악하여 주자학과는 극단적으로 대립하는 형이상학으로 보는 입장을 거부하고, 그보다는 오히려 양명학은 '주자학의 전개'라고 보고 있습니다. 그는 주자학에서의 불교와 도교의 영향, 한유(韓愈), 주렴계(周濂溪), 정자(程子), 장횡거(張橫渠), 소강절(邵康節) 등의 사상과 그 존재론, 윤리학, 방법론에 대한 분석은 물론 육상산과 주자의 논쟁을 그의 특유한 시각에서 간결하지만 그러나 심도 있게 서술하고 있습니다.

2. 구스모토 마사쓰구, 김병화·이혜경 옮김, 『송명유학사상사』, 예문, 2005.

이 책에서는 송명대의 사상은 중국사상의 본령으로 지목되는 유학의 정통을 이은 것으로 평가하면서 연구자들에 의해 끊임없이 재해석되어 왔다고 주장하고 있습니다. 또한 주자학과 양명학은 우주와 인간에 대해 깊이 고민하는 가운데 어떤 상황에서도 삶에 임하는 인간의 자세를 문제 삼지 않은 적이 없었다고 하는 것에 초점을 두고 이것을 리학과 심학이라는 거대한 구도로 읽어 내고 있습니다. 그러면서 각 시대를 대표하는 학문의 특질이 그대로 시대의 전체적 정신 안에서 움직이고 있음을 확인하면서 지은이는 사상을 '동적인 양상에서 포착'하여 전체적인 거대한 흐름을 우리에게 보여 주고 있습니다.

3. 야스다 지로, 이원석 옮김, 『주자와 양명의 철학』, 논형, 2012.

중국사상사연구에서 일본의 천재적 중국철학자였으나 안타깝게도 요절했던 야스다 지로의 저작입니다. 그의 생전에 발표된 논문을 묶어 사후에 간행한 것으로 이 책에서는 어원 분석을 통한 주자학의 이(理) 개념 해석, 연속적 세계관에 입각한 기(氣)의 이해, 습관론을 바탕으로 한 주자학과 양명학의 새로운 해석 등을 상세하게 분석해 놓고 있습니다. 저자 사후 70여 년이 지난 오늘날에도 그의 관점은 여전히 많은 후학들에 의해서 계승되고 있습니다.

제3부 서구적 근대 지식 이론의 유입 및 전통 지식 이론과의 충돌, 융합

조선 실학자들의 지식 수용 및 주체적 변용

이행훈

1. '실학' 개념과 조선후기 실학

한국사상사에서 실학을 어떻게 규정할 것인가에 대해서는 여전히 논란 중입니다. 실학을 허학에 상반되는 의미로 쓴 사례는 여말선초로부터 조선조 내내 발견됩니다. 중국에서도 한대 훈고학이나 당대 사장학, 송대 신유학으로 불리는 성리학과 심학, 청대 고증학에 이르기까지 각각의 시대마다 풍미했던 학문이 있었습니다. 이처럼 시대마다 다른 다양한 학문 명칭에도 불구하고 특정한 사상과 체제로 명명할 만한 실학이 따로 존재했던 것은 아닙니다. 조선초기 불교와 도교를 허학으로 비판한 정도전은 불교는 심, 도교는 기를 위주로 하는 데 비해 유교는 리를 위주로 하므로 유교야말로 참된 학문이라고 주장했습니다(『삼봉집』「심기리편」). 이처럼 실학은 자신의 학문의 정당성을 확보하고 상대방의 학문을 허학으로 비판하는 경우에 사용하였습니다.

유교의 관점에서는, 불교의 '제법무상', '공즉시색, 색즉시공' 등의 주장은 실제를 공허한 것으로 보고, 부자와 군신 관계를 떠나 불교 신앙에 귀의하는 것은 '무부무군(無父無君)'으로 천륜을 거스르는 일이며, 참된 자아를 발견하려는 면벽 수행의 방법도 현실 문제의 해법을 마음에서만 찾는 것으로 비판합니다. 원(元)나라로부터 성리학을 수용한 조선은 불교의 탈세간주의와 허무주의를 공격하면서 유교를 새로운 국가 지도 이념으로 표방하였습니다. 이로부터 불교를 '허학(虛學)'으로 폄훼하고, 유학에 '실학(實學)'의 지위를 부여하고 이른바 '숭유억불' 정책이 조선조 내내 지속되었습니다. 여말 선초 수용된 성리학은 조선 창업의 이념적 기반이었고, 조선중기 퇴·율에 의해 재해석되었으며, 이후 '사단칠정론(四端七情論)', '인심도심론(人心道心論)', '인물성동이론(人物性同異論)'의 논쟁을 거치며 심성론을 발전시켜 조선성리학의 특질을 이루었습니다. 이와 함께 조선중기에 들어서면서 서원의 설치, 향약의 확대, 삼강오륜행실도 보급 등 유교의 예치시스템이 전국적으로 확산하였습니다. 성리학의 형이상학적 사변이 심화하는 한편 이에 반하는 움직임도 등장하였습니다.

특히 주희의 경전 주석은 조선의 유교 지식인들이 경전을 이해하는 표준 해석으로 준용하였는데, 주희의 『사서장구집주』에 동의하지 않고 육경으로 돌아가 공맹의 본의를 재해석하려는 움직임도 일어났습니다. 『조선왕조실록』에 보이는 실학 용어는 대체로 이러한 경학을 가리킵니다. 진리를 온전히 밝힌 성경현전(聖經賢傳)에 기초한 학문을 실학으로 부른 것이죠. 부화한 문장에 치중하는 사장학(詞章學)에 대해 의리를 중심으로 한 경학을 실학으로 지칭한 것입니다. 이처럼 허학에 대비되는 실학 대신 서양 과학과 청대 고증학 등 새로운 학문의 영향을 받아 경세제민(經世濟民)에 주목한 조선후기 학풍을 보통 실학으로 부릅니다. 유학 자체가 '수기치인(修己治人)', '내성외왕(內聖外王)'을 목표로 하는 학문이고, 앎과 실천을 불가분의 관계로 이미 상정하고 있다는 점에서 성리학과 실학을 딱히 구분 짓기 어려운 문제가 있습니다. 이러한 실학 개념의 혼용을 염두에 두면서, 여기서는 조선후기 새로운 지식의 수용과 그 주체적 변용에 초점을 맞추어 이들 유교적 지식인의 학문 특성과 지향을 살펴보겠습니다.

청조의 실증적인 고증학풍과 서양 과학 지식 및 종교사상까지 적극적으로 수용하여 주자학을 유일의 사회 이념으로 삼았던 조선 사회에 사상의 다변화가 일어나게 되었는데, 특히 영조대 후반 이후, 서울의 새로운 도시적 분위기 속에서 이른바 경화사족이라 불리는 신진사류의 등장은 주목할 만합니다. 이들은 변화하는 현실에 걸맞은 사대부 지식인의 사회적 책임을 촉구하고 청으로부터의 선진문물을 수용하여 새로운 학풍과 문풍을 일으키며 사회적 요구에 부응하는 사상적 변화를 모색하였습니다. 그 선봉에 홍대용(洪大容)·박지원(朴趾源)·이서구(李書九)·서유구(徐有榘) 등 노론·소론의 경화사족과 강세황(姜世晃)·정약용(丁若鏞) 등 남인 경화사족, 그리고 위항인 또는 중서층 출신 경화사족인 이덕무(李德懋)·박제가(朴齊家)·성대중(成大中) 등을 꼽을 수 있습니다. 일찍이 서얼 출신 북학론자들의 학문 활동에 관심을 지녔던 정조는, 1779년(정조3)에 규장각(奎章閣) 검서관직(檢書官職)을 신설하여 박제가, 이덕무, 유득공, 서이수(徐理修) 등 서얼 출신들을 초대 검서관으로 임명하는 등 학문 장려책을 시행하였습니다. 정조는 주자학을 계승하면서도 이기심성론 위주로 발달해 온 그런 철학, 경사체용(經史體用)을 원칙적으로만 강조하는 제왕학(帝王學)으로는 시대 과제를 해결할 수 없다고 생각했습니다(노대환, 『동도서기론 형성 과정 연구』, 일지사, 2005). 흔히 호학군주(好學君主)로 알려진 정조는 학문과 사공은 두 가지 일이 아니며, 격물궁리(格物窮理)하여 터득한 이치를 사공에 드러내야 한다는 실천 지향적인 학문관을 지녔습니다(『홍재전서』 권163, 日得錄 3, 文學 3). 북학론자들은 상업과 무역을 촉진하는 방안을 제시하였고, 반계 유형원을 사숙한 이익과 성호학파는 토지제도와 관료제도의 개혁을 통해 사회와 경제 질서의 회복을 추구했습니다. 이외에 천문지리학과 명물도수학 등 서양 문물의 전래로 학술이 다변화하면서 자연과학과 한국의 역사, 지리, 언어 등을 포괄하는 백과전서적 저술이 활발하게 간행된 것도 이 시기 학문의 특징이라 잘 보여줍니다.

2. 서학 수용과 주체적 적용

조선의 천주교와 서양 과학 기술 등 서학 수용의 주된 경로는 연행(燕行)이었습니다. 황윤석은 34세(1762) 때 그의 친구에게 보내는 서한에서 마테오 리치(Matteo Ricci, 利瑪竇)의 『기하원본(幾何原本)』을 언급하고, 선배들이 그것을 무시해서는 안 된다고 주장한 바 있다(『頤齋全書』, 『頤齋續稿』 卷3 「與金宜伯書」). 그는 이때 이미 서구의 수학과 기하학에 관심을 가졌던 것으로 보인다. 대저 서양인들의 역법이나 산법 등만은 천고에 뛰어나다. 대개 성현들의 성리학설은 주돈이·정자·장재·주희 이상 가는 것이 없지만, 역법이나 산법 등은 서양의 것보다 나은 예가 없다(『頤齋全書』, 『頤齋續稿』 卷11 「漫錄(中)」). 반면 천주학에 대해서는 비판이 많았습니다. 가령 안정복은 『천주실의(天主實義)』, 『기인십편(畸人十篇)』, 『변학유독(辯學遺牘)』 등 당시의 천주학 관련 서적을 입수하여 읽고, 천주학을 노장·불교·묵자 등의 학문과 다를 바 없는 이단으로 치부했습니다. 그는 「천학문답(天學問答)」에서 천주의 학을 사도(邪道)라 칭하고, 불교와 다름없는 허망한 논의라고 비판하였으며, 천당지옥설·영혼설을 비롯한 제설을 비판·부정했습니다.

홍대용은 서양 과학기술을 받아들여 새로운 자연관을 정립하였습니다. 그는 당시 성리학자들이 음양을 형이상학적 실체로 파악하거나 의리론에 연결하여 천도를 과학적으로 관찰하지 못하였다고 비판했습니다. 오행은 궁극적 요소도 아니요, 상생 상극하여 만물의 변화를 낳는 것도 아니며, 관점에 따라 현상의 세계를 다섯 가지의 요소로도 설명할 수 있고, 넷·여섯·여덟으로도 설명할 수 있다고 주장했습니다(『湛軒書』 內集 卷4 「毉山問答」). 박지원 또한 음양오행을 있는 그대로의 자연현상이나 실생활에서 이용후생할 수 있는 물질로 파악했습니다. 오행을 상생·상극하여 만물을 낳는다는 전통적인 오행론을 인정하지 않은 것이죠. 그는 사대부들이 이용후생, 경세제국(經世濟國), 명물도수(名物度數)의 학문을 소홀히 하여 잘못된 지식을 답습하는 것을 병통으로 여겼습니다.

천동지정(天動地靜), 천원지방(天圓地方) 등 우주에 대한 기본적인 관념은 서양의 지구구형설과 지구자전설이 수용되면서 깨졌습니다. 17세기 말 김석문이나 18세기 홍대용 같은 학자는 지전설을 이미 자신의 우주설에 흡수했습니다. 이익은 서양 과학사상을 수용하여 천원지방설(天圓地方說)을 부정하고 '지구설(地球說)'을 주장하면서, 중국은 대지 가운데 한 조각에 불과하다고 인식함으로써 존화양이론(尊華攘夷論)이나 중화주의(中華主義)를 벗어났습니다(『星湖僿說類選』 「天文門」 〈分野〉). 최한기 또한 지구구형설, 지구자전설, 태양중심설을 주장했는데, 카노(J. S. Cano, 嘉奴)의 세계 일주로 지구가 둥글다는 것이 입증되었으므로 더 이상의 논쟁은 불필요하다고 여겼습니다. 뉴튼 물리학, 미적분, 인력(引力)의 개념 등 서구 근대 과학을 수용한 것은 최한기가 최초라고 할 수 있습니다. 그가 주창한 기학은 서구 근대 과학 지식을 통해 체계화한 것으로 종래의 모든 학술을 통합하는 학문으로 여겼습니다(『기학』). 최한기는 우주에 가득 찬 기의 활동운화를 줄여 운화기라고 하고, 리는 객관적 자연법칙인 유행지리와 그것을 인식한 추측지리로 구분했습니다다. 그는 성리학에서 말하는 궁극적 존재원리인 '태극'을 인심의 추측일 뿐이며, 여기서 말하는 리 또한 허리(虛理)라고 비판합니다. 인간이 추측한 이치가 유행하는 이치에 부합할 때 자연에 대한 올바른 인식이 가능하다고 주장합니다(『推測錄』 권2 「流行理推測理」).

서학을 수용하면서도 천주학만큼은 비판적인 견해가 많았는데, 상제설과 영혼설, 천당지옥설 등에 집중되었습니다. 예수회 선교사들에 의해 중국에 전해진 『주제군징(主制群徵)』에서는 인체 생리학을 소개하면서 신체의 운동감각을 주관하는 뇌의 역할을 소개했고, 『영언여작(靈言蠡勺)』에서는 기억의 자리가 뇌라는 설명을 소개했습니다. 조선에서 처음으로 뇌가 신체를 주관한다는 뇌주설(腦主說)을 접한 이익과 신후담은 주자학적 심(心) 개념을 해치지 않는 범위 내에서 뇌의 역할 일부만을 인정했습니다. 심은 성과 정을 통섭하는 주재적 역할을 하며, 특히 아직 정으로 발현하기 이전의 심의 본체는 허령(虛靈)하고 순선하다는 성리학적 이해를 여전히 중시했기 때문입니다. 뇌가 근골의 운동을 이끄는 한 몸의 주체이지만 도덕적 지각은 여전히 심이 담당한다는 입장을 견지한 것입니다(『星湖僿說類選』 「西國醫」 5卷下). 신후담은 여기서 더 나아가 지각은 심이 하는 것이고 오관은 바깥 사물과 접촉한 것을 단지 전달할 뿐, 심각(心覺) 이외에 다른 지각은 없다고 강변했습니다(『闢衛編』 「西學辨」 12下). 최한기는 해부학을 통해 발달한 서구 의학에도 주목하였는데, 홉슨의 『전체신론(全體新論)』, 『서의략론(西醫略論)』, 『내과신설(內科新說)』, 『박물신편(博物新編)』, 『부영신설(婦嬰新說)』에서 취사선택하여 『신기천험(身機踐驗)』을 편찬했습니다. 그는 이 책에서 중국의 약이 풍토에 적합하다는 점을 인정하면서도 전통의학이 장부에 대해 무지하여 음양오행으로 엉터리 설명을 한다고 비판했습니다. 서양 해부학의 정교한 지식을 적극적으로 수용하여, 뇌기근을 통해 온 몸과 연결되어 감각운동을 주관한다는 뇌주설을 인정하면서도 신체를 주재하는 '신기'의 중심으로서 심을 이해하고 홉슨의 뇌주설의 주재성을 약화시켜 종교적이고 초월적인 영혼의 개입 여지를 차단했습니다. 이는 만유인력이 있음만 알고 만유인력이 발생하는 원인에 대해서는 밝히지 못했다면서 우주에 가득 찬 '기륜(氣輪)'으로 설명한 것처럼 서구 자연과학 지식을 주체적으로 변용한 사례로 주목할 만합니다.

3. 중국 중심의 천하관과 중화주의 해체

동아시아 국제질서의 이론 기반인 '화이론(華夷論)'과 '중화주의(中華主義)'는 명·청 교체를 거치며 심각한 균열을 일으킵니다. 특히 두 번의 호란을 겪은 조선은 후금이 세운 청나라를 문명국가로 인정하지 않았습니다. 유교의 왕도정치 이념에서 보자면, 덕이 아니라 힘을 앞세우고 사대자소의 국가 간 예법을 무너뜨렸기 때문입니다. 아울러 임진왜란 당시 원군을 보내 국망의 위기를 벗어나는 데에 도움을 준 이른바 '재조지은(再造之恩)'을 배반할 수 없다는 대명의리론은 명을 무력 정복한 청을 문명국가로 보지 않았기 때문입니다.

역사적으로 '중화' 이념은 중국이 세계의 중심이라는 천하관, 하·은·주 삼대의 문명을 지칭하는 개념, 이적을 상대화한 화이론 등으로 표상되었습니다. 이규경의 『오주연문장전산고(五洲衍文長箋散稿)』에 따르면 화이론의 관점에서 볼 때 동이(東夷)인 우리나라를 '예의방(禮義邦)'이나 '소중화(小中華)'라고 부른 기원은 당대(唐代)까지 소급되며(『五洲衍文長箋散稿』第20輯 經史篇6 論史「東方舊號故事辨證說」), '기자 동래(箕子 東來)'와 『논어(論語)』의 '욕거구이(欲居九夷)' 고사는 조선이 본래 중화에 버금가는 문명국임을 강조할 때 흔히 언급되었습니다. 그런데 17세기 중반 여진족 후금(後金)이 중원의 패자가 되자 동아시아 국제질서 이해에 일대 변환이 일어납니다. 그 가운데 하나가 '중화' 관념의 역전이(逆轉移) 현상인데, 중화의 도(道)가 이적(夷狄)에 의해 끊겼으니 도가 온전히 유지되고 있는 조선이야말로 '중화'라는 '소중화' 의식입니다. 송시열(宋時烈, 1607~1689)은 대명의리를 고수하며 복수설치를 주장한 대표적 인물입니다. 비록 조선이 지리적으로는 중화의 변방이지만 예부터 예의의 나라로 천하에 알려져 '소중화'라 불렸으며, 역대 선왕들이 중국을 사대하였는데 목전의 안일만 생각하여 오랑캐를 받들 수는 없다고 강변하였습니다(『宋子大全』卷213「三學士傳」). 송시열의 화이론은 공자의 춘추대의(春秋大義)와 존주론(尊周論)을 모범으로 한 것이며, 중국을 세계의 중심으로 하는 지리적 화이론에서 벗어나 오직 문화를 기준으로 화와 이를 판가름한다고 보았습니다(『宋子大全』附錄「雜錄」). 지역이나 종족이 아니라 '예'와 '도덕'을 기준으로 소중화를 내재화하는 문화적 중화주의라고 할 수 있습니다. 화이론의 포용적 측면에서 보면 이적도 '예'와 '의'를 갖추면 중화가 될 수 있으나, 배타적 측면에서 보면 '예'와 '의'를 갖추지 않은 타자는 도덕질서의 하위로 위계화되며 배제의 대상이 된다. 이때 타자는 인류의 단계가 아니라 야만과 금수의 단계로 표상됩니다.

한편 연행을 통해 청의 문물을 직접 체험한 조선후기 북학파는 청의 문화가 이적에서 중화의 수준으로 상승하였다고 판단했습니다. 강희·건륭시대(1662~1795)에 최고조에 이른 청나라의 문물제도는 조선 지식인들에게 커다란 충격이었고, 중화의 담지자에서 북학을 주장하는 계기로 작용했던 것이죠. 이들은 이용·후생에 필요한 청 문물의 도입을 적극적으로 주장하면서, 청을 야만으로 이적시하던 인식 또한 자연히 수정하게 됩니다. 박제가(朴齊家, 1750 ~1805)가 청을 '중화'로 새롭게 발견하였다면, 홍대용(洪大容, 1731~ 1783)의 경우는 '화(華)'와 '이(夷)'의 구분 자체를 해체하여 주체와 타자를 상대성의 관점에서 파악했다고 할 수 있을 것입니다. 기실 이적(夷狄)도 중화(中華)의 문화를 수용하면 '화(華)'로 변할 수 있다는 문화적 화이론은 청나라 건국의 타당성을 옹호하고 중화문화를 수용하는 데 적합한 이론이었습니다. 홍대용은 「연기(燕記)」에서, 조선이 청과 같은 문자를 쓰지만 사용하는 언어는 동이(東夷)를 면하지 못했다고 다소 물러나는데, 이러한 문화적 차이로 포용한 쪽은 오히려 청조였다는 점이 흥미롭습니다(『湛軒書』 外集 卷7 「燕記」 〈孫蓉洲〉).

담헌은 '지구설'과 '우주무한설'을 통해 중화의 지역성을 탈피하였고, '역외춘추(域外春秋)'를 주장하여 문화상대론적 역사인식을 제기하였으며, 김원행(金元行, 1702~1772)의 인물성동론(人物性同論)을 확장하여 '이천시물(以天視物)'의 관점에서 '인물균(人物均)'론을 주창하였습니다. 이는 중화의 지역성과 종족성을 해체하는 것이며, 문화적 화이론에 기반한 주체와 타자의 이해방식을 초월하여 우주론적 시각으로 사유 지평을 확대한 것으로 평가할 수 있습니다. 그에게서 현상적·물리적 차이는 이제 차별의 준거일 수 없으며, 모두가 각기 주체가 될 수 있다는 점에서 전통적인 '화이'의 관념은 해체됩니다(『湛軒書』 內集 卷3 「又答直齋書」). 담헌의 우주론적 시각과 상대주의적 관점은 '역외춘추'와 '이천시물' 등 철학적·원리적 언설은 『의산문답(醫山問答)』의 실옹(實翁)과 허자(虛者)의 내러티브(narative)처럼 우회적인 방식으로 표출되었습니다. 한편 19세기 서구 문물의 수용에 적극적이었던 최한기(崔漢綺, 1803~1877)는 기의 운동과 변화[運化]로 인간·사회·자연을 통일체적으로 구상함으로써 지리적·인종적·문화적인 중심과 주변의 경계를 벗어나 국가 간·문명 간 대등한 교류를 상상할 수 있었습니다.

요컨대 '중화'라는 타자를 내재화한 방식은 이적인 청에 대해 주체의 자존감을 회복하고 문화적 우월의식을 견지하는 '조선중화의식'과 청조를 다시 중화의 계승자로 인정하는 북학파의 현실 인식은 모두 문화적 화이론의 한 갈래라고 볼 수 있습니다. 하지만 북학파의 이용후생론이나 담헌의 인물균론, 혜강의 운화론(運化論)적 사유는 '지나간 미래'였으며 실현되지 못했습니다.

중국 중심의 세계관에서 탈피함으로써 주체적 역사 인식과 역사서 서술 또한 가능해졌습니다. 일찍이 삼한을 한사군 이전으로 보고, 만주를 고대의 우리 강역에 포함한 한백겸(韓百謙, 1552~1615)의 『동국지리지(東國地理誌)』는 실학의 역사 서술의 선구라 할 만합니다. 오운(吳澐)의 『동사찬요(東史纂要)』, 유형원의 『동국여지지(東國輿地誌)』, 신경준의 『동국지리지(東國地理誌)』 「강계고(疆界考)」와 『동국문헌비고(東國文獻備考)』의 「여지고(輿地考)」, 안정복의 『동사강목(東史綱目)』, 정약용의 「강역고(彊域考)」 등에 직간접으로 영향을 주었습니다. 특히 이익은 독자적인 역사 인식을 강조했는데, 동방에 태어났으면서도 동방의 일에 대해서는 전혀 살피거나 깨닫지 못함을 비판하고, 동국은 동국 자체로 그 규제와 체계가 중국의 역사와는 스스로 구별이 있다고 했습니다(『星湖全集』 권25 「答安百順」, 31쪽). 같은 맥락에서 우리 역사 사실에 대한 기록은 당연히 우리나라의 기년으로 서술해야 한다고 주장하였습니다. 나아가 중화와 이적의 문화 사이에 본질적인 우열이 존재하는 게 아니므로 이적에 태어나면 이적의 문화를 가꾸며 사는 것이 성인과 다를 바 없으니, 중화 문명만 귀하게 여기고 이적을 천시하는 것은 옳지 않다고 까지 강변했습니다(『星湖文集』 卷25 「答安百順問目」). 이익은 종래의 기자를 정통으로 하는 역사 이해 대신에 단군을 정통으로 삼고, 삼한정통론을 주장하여 중국 중심의 천하 관념을 해체하고 각각의 민족의 역사에 대등한 정통성을 부여하는 역사 인식은 높이 평가해야 합니다.

안정복(安鼎福, 1712~1791)은 자국 역사에 대한 주체적 자각을 촉구하며 『동사강목(東史綱目)』을 지었습니다. 삼한의 위치에 대해서는 한백겸설을 따랐고, 요동 지역은 본래 우리 땅인데 신라 문무왕

이후로 백제와 고구려를 병합한 것에만 만족하고, 고구려의 옛 땅을 회복하지 않아 잃게 되었다고 안타까워하였으며, 대마도에 대해서도 신라·고려로부터 조선 초기까지 우리의 영토[屬國]로 여겨 왔으므로 일단 역사서에서라도 우리 영토로 편입하는 문제를 이익과 논의하기도 했습니다.

홍대용은 하늘에서 본다면 안과 밖의 구별이 없으며, 각각 제 나라 사람과 친하고 제 나라 임금을 높이며, 제 나라를 지키고 제 나라 풍속을 좋게 여김은 중국이나 오랑캐나 마찬가지라고 보았습니다. 역사 서술에서도 공자가 만약 구이(九夷)에 들어와 살았다면, 중국 법을 써서 구이의 풍속을 변화시키고 주나라 도를 역외(域外)에 일으켜, 의리가 스스로 다른 '역외춘추'가 있었을 것이라는 주장을 펼쳤습니다(『의산문답』). 홍대용의 역외춘추론(域外春秋論)은 번방의식(藩邦意識)을 극복하는 주체적인 역사 인식의 발로요, 각국을 대등하게 인식하는 것 또한 '이천시물(以天視物)'의 관점에서는 당연한 귀결입니다.

4. 개방적·실용적 학문관

이수광(李睟光, 1563~1628)은 3차에 걸친 연행을 통해 개방적인 학문 성향을 바탕으로 성리학은 물론 천문·지리, 신변잡기까지 포괄하여 한국 최초의 백과사전이라 불리는 『지봉유설』을 집필하였고, 아울러 천주교 교리서 『천주실의(天主實義)』를 조선에 소개하여 서양 학술 및 종교에 대한 관심을 촉발시키는 한편 서양에서 만든 세계지도를 소개하여 중국 중심의 천하관에서 탈피하는 단초를 열었습니다. 이처럼 실학자들은 성리학자들이 잡학(雜學)으로 경시하던 박학(博學)을 오히려 자신의 학문 방법으로 삼아 실제적인 지식의 확장을 이끌었습니다. 박학을 중시하는 학문 경향은 이수광의 『지봉유설(芝峯類說)』을 필두로 유형원의 『반계수록(磻溪隧錄)』, 이익의 『성호사설(星湖僿說)』, 박지원의 『열하일기(熱河日記)』, 박제가의 『북학의(北學議)』, 이규경의 『오주연문장전산고(五洲衍文長箋散攷)』 등은 경전에 국한하지 않는 박학의 산물이라고 할 수 있습니다. 일례로 박제가는 『북학의』에서 중국과 조선의 문물을 상세하게 비교하고, 중국의 앞선 문물을 받아들여 민생을 안정시킬 것을 강조했습니다. 화(華)와 이(夷)의 구분도 문물제도를 기준으로 삼아 청은 문화적 선진국으로, 조선은 여전히 문화적으로 후진한 상태로 보았습니다. 따라서 백성에게 이로우면 그 법이 비록 이적에서 나왔다 하더라도 성인이 장차 취하리라는 실용적이고 개방적인 문화관을 피력했다고 할 것입니다(『楚亭全書』 卷下 「進疏本北學議」).

한편 경전의 권위를 인정하여 성현의 말씀에 담겨 있는 진리를 쫓고 단지 해석을 붙일 뿐 새로이 자신의 견해를 내세우지 않는 술이부작(述而不作)의 풍조에서 벗어나는 경향도 증가했습니다. 특히 주자학을 학문의 정통으로 삼은 조선에서 이에 반하는 주장은 이단이나 사문난적으로 공격받기 일쑤였기에 이러한 태도의 변화는 주목을 요합니다. 박세당(朴世堂, 1629~1703)은 조선사상사에 있어 유일하게 『도덕경』과 『남화경』에 대한 온전한 해석을 제시하는 한편, 『사변록』을 저술하여 주자 성리학에 이의를 제기하였습니다. 홍대용은 30대를 넘어서는 성리학의 심성론에 관심을 기울이지 않았습니다. 성리의 본질에 대한 답은 이기(理氣)에 관한 철학적이고 추상적인 논의에 있는 것이 아니라 당연히 해야 할 일들을 알아나가고 또 일상에서 실천하는 과정에 있다고 여겼습니다(『담헌서』 내집 권2 규방일기, 을미년 2월 18일). 특히 박지원은 『허생전(許生傳)』, 『호질(虎叱)』, 『마장전(馬駔傳)』, 『예덕선생전(穢德先生傳)』, 『민옹전(閔翁傳)』, 『양반전(兩班傳)』 등 다수의 한문소설을 발표하여, 당시 양반계층의 타락상을 고발하고 새로운 인간상을 제시하기는 등 문체에 얽매이지 않는 유연한 학문 태도를 보여주었습니다. 그는 독서와 강학이 모두 실용을 위한 것이라는 입장에서 고상하게 성명(性命)이나 리기(理氣)를 변론하는 데에 빠져드는 세태를 경계했습니다(『燕巖集』 卷10 「原士」). 사서삼경 등 유교의 기본 경전을 비롯하여 『소학』·『효경』·『근사록』·『심경』·『가례』 등에 관한 이익의 '질서(疾書)'는 정주성리학적 경전 이해에 머물지 않고 새로운 경전 해석의 가능성을 제기한 것입니다.

정약용은 한대의 훈고학과 송대의 성리학의 유폐를 지양하고, 경전 자체 속에서 시비득실을 판단하여 육경·사서의 원의(原義)와 본지(本旨)를 밝혀내야만 자신의 심성을 다스릴 수 있고, 세상을 도와 민생을 유익하게 할 수 있다고 주장했습니다(『與猶堂全書』 卷11 「五學論(二)」). 그는 경전 연구에 청대 고증학의 방법을 도입하여 주자학적인 해석에 구애됨 없이 공맹의 본의를 밝히는 데 주력하였습니다. 자구 하나의 고증에도 신중한 태도를 보였고, 사승관계나 당파를 떠나 객관적인 시각을 견지하고 중국과 조선의 주석뿐만 아니라 필요하다면 일본의 주석도 활용하여 경전을 연구하였습니다. 이를 통해 정약용은 자신만의 독특한 해석을 제시할 수 있었습니다. 예를 들면, 오륜을 천부의 덕성으로 본 성리학과 달리 사람과 관계에서 실행할 때 비로소 완성된다고 하여 실천적 도덕관을 피력한다거나(『與猶堂全書』 卷1 「上弇園書」, 『與猶堂全書』 「孟子要義」 卷1) 상제가 나를 내려다봄을 알고 조심하는 것을 신독으로 해석하여 자연의 이법으로 인식하였던 천관에서 벗어나 상제에 인격적 성격을 부여하였으며, 이(理)란 옥석(玉石)의 맥리(脈理)에서, 치리(治理), 법리(法理)의 의미를 빌어 왔을 뿐 실체로 인식하는 데에 부정적 견해를 표출하기도 합니다(『與猶堂全書』 「孟子要義」 卷2). 이러한 해석을 기반으로 성을 이(理)로 파악(性卽理)하는 성리학의 명제를 성은 다만 선을 좋아하고 악을 싫어하는 기호일 뿐이라는 성기호설을 주장하기에 이릅니다.

최한기는 자신의 학문을 유형한 기에 의해 이루어진 '기학'이라고 명명하고, 경학이 아니라 천학 즉 기로 이루어진 우주자연을 학문의 준적으로 삼았습니다. 성리학과 양명학은 이미 지나간 시대의 학문이요 인류의 지식이 축적되고 동서가 서로 교류함으로써 지식이 더욱 확장되는 현재에는 기학이 대세가 될 것이라고 선언하였습니다. 그는 당대인이 모두 인정한 독서가로 청을 왕래하는 서적상이 반드시 그의 집에 들를 정도로 새로운 지식을 향한 남다른 열정으로 유명했습니다. 30대에 이미 기학의 기초라 할 만한 『신기통』과 『추측록』을 묶어 북경에서 『기측체의』를 출판하였으며, 자신의 철학을 집약한『기학』, 세도정치의 폐해를 바로잡기 위해 인사 행정 및 정치의 시무를 제시한『인정』외에 서구 근대 천문학의 성과와 지리, 정치, 법제, 의학, 수학, 농학 등 제반 학문의 성과를 기학의 관점에서 취사하여 다종의 서적을 편찬하였습니다.

연행을 통하여 청대 고증학의 진수를 터득한 김정희는 '무득사실(務得事實) 매구진시(每求眞是)'하는 '실사구시'의 정신으로 경서 및 금석·전고(典故)에 대한 과학적이고 실증적인 연구를 진척시켰으며, 당시 조선에서 소홀히 하던 금석학을 독립된 학문으로 개척하여『금석과안록(金石過眼錄)』과 같은 업적을 남겼습니다. 이러한 학문 방법은 지리, 역사, 서법으로 확대되었고, 조선조 내내 배척하였던 불교에 대해서도 본래 그 가르침이 서로 다르지 않다는 유·불 회통의 열린 자세를 보여주었습니다.

5. 사회제도 개혁론과 정치사상

유형원(柳馨遠, 1622~1673)의『반계수록(磻溪隨錄)』은 영정 연간에 두 차례에 걸쳐 출간 배포될 정도로 경세학의 표본으로 인정받았습니다. 그의 전제 개혁론 또한 도와 기가 분리될 수 없음을 전제하고 의리와 경세를 체용의 관계로 보아 양자 모두 충실해야 한다는 데서 비롯한 것입니다. 그가 내세운 공전제(公田制)는 토지 균분을 통해 민생의 안정을 도모한 것으로 조선후기 정전론·균전론·한전론(限田論) 등 전제 개혁안의 발판을 마련한 것으로 평가할 수 있습니다.

숙종 때부터 영조 때까지는 이앙법(移秧法)의 보급과 대동법(大同法)의 실시, 주화(鑄貨)의 유통, 상업의 발달 등 사회 경제가 한층 발전하였으나, 한편 토지의 겸병과 부(富)의 편재(偏在) 현상이 심화되었습니다. 이에 이익은 정치에서 토지 문제보다 더 큰 것은 없으며, 토지 균분과 빈부의 균등을 왕도정치의 출발로 보고 토지소유를 균등하게 하는 균전제를 제안하였습니다(『星湖僿說類選』「治道門三」〈均田〉). 농가당 보유경작지의 최저한도를 정하고, 그것을 그 농가의 영업전(永業田)으로 삼아서 매매를 금지하고, 나머지 토지는 처분을 자유롭게 하면, 장기적으로 토지 소유가 균등하게 되리라는 주장입니다. 그는 서리(胥吏)의 부정을 막기 위해서 세제(稅制)를 바로잡고 서리의 급료를 제대로 지급해야 함을 역설하였고, 화폐가 유통에 편리하긴 하나 모리(謀利)의 수단으로 전락하고, 상업 활동을 촉진하여 이농(離農)의 가속화와 사치풍조의 만연을 초래하는 등 부작용을 오히려 경계하였습니다.

이에 반해 북학론자들은 국내는 물론이고 국가 간의 통상과 물자 교류 등 상업활동을 중시하였다는 점에서 구분됩니다. 정덕(正德)·이용(利用)·후생(厚生)에 대해 박지원은 "이용한 뒤에야 후생할 수 있고, 후생을 이룬 뒤에야 그 덕을 바르게 할 수 있다."(『燕巖集』 권11, 12쪽 「熱河日記: 渡江錄」)라고 하여, 종래의 '정덕'에 치중하던 성리학적 경향에 반대했습니다. 박제가도 『북학의』 서문에서 "대개 이용하고 후생함에 하나라도 빠짐이 있다면 위로 정덕을 해친다."라고 하여 민생을 안정시켜야 도덕 또한 보전됨을 역설하였습니다.

박지원은『열하일기』에서 과학기술의 중요성을 역설하고,『과농소초』에서는 이용후생을 위해서는 아무리 그 법이 오랑캐의 것일지라도 자존심을 버리고 겸손한 마음으로 배워야 한다(『燕巖集』卷16, 50쪽「課農小抄」〈鋤治〉)고 주장했습니다. 특히 수레와 배를 이용한 상품 유통은 물가를 안정시키며, 시장을 활성화하여 결국 농업과 수공업을 다 함께 발전시켜 백성의 생활을 윤택하게 하는 수단으로 거듭 강조하였습니다. 사대부의 학문은 농·공·상의 이치를 밝히는 실학을 도외시해서는 안 된다는 언급에서 종래 천시되었던 상공업을 농업과 대등하게 보고 사회 지도자로서 사대부의 책무와 학문의 성격을 규정했다는 점은 실용적 학문관을 확인하게 합니다.

중국과의 통상을 통해 가난이라는 국가적 병폐를 구제하고자 했던 박제가의 학문은『북학의』에 결집되어 있습니다. 그는「말리(末利)」와「시정(市政)」등에서, 상인은 사민(四民) 가운데 하나로써 나머지의 셋을 통하게 하는 직분이므로 열 사람 중에 셋은 상인이어야 한다고 말할 정도로 상업의 사회적 효용성에 대해 남다른 시각을 갖고 있었습니다. 중국은 사치하다가 망하였으나 조선은 검소하여도 쇠퇴하는 것은 어째서인가 자문하고, 물건을 이용할 줄 모르고 아끼기만 하면 물건을 생산하지 않게 되고 그 결과 날로 궁핍해지게 된다고 진단했습니다. 재물은 마치 우물과 같이 퍼 쓸수록 자꾸 가득 차고 이용하지 않으면 말라 버린다는 비유는 이윤 추구와 상업을 하찮게 여겼던 종래의 관념과 확연히 구분됩니다.

박제가의 과거제 개혁론은 시험 문제의 시의성에 대한 것이었는데 눈여겨볼 만합니다. 그는 지금 과거제에서 시험하는 문장은 현실적으로 전혀 쓸모가 없는 것이기 때문에 과거에 합격하면 그날부터 지금까지 공부한 것은 모두 버려야 되고, 또 나라에서도 그 사람을 쓸 데가 없으므로 학문이 박식하고 기예가 있는 선비를 뽑아 기용해야 한다고 주장하였습니다. 나아가 서양의 선비를 초빙할 것을 주장하면서, 서양인들이 비록 천당과 지옥을 독실하게 믿는 점에서 불교도와 다름이 없으나 또한 불교도와는 달리 기하학에 밝고 후생하는 방법에 정통하므로, 그 열 가지 기예를 취하고 포교하는 한 가지만 금하면 오히려 득이 클 것이라고 권유하였습니다.

정약용의 정치사상은 유학의 민본사상(民本思想)을 바탕으로 한 애민사상에서 절정을 이룹니다. 『서경』에서는 "백성은 나라의 근본이니, 근본이 튼튼해야 나라가 평안하다."라고 하였고, 또 『맹자』에서는 "백성이 가장 귀중하고, 사직이 그 다음이며, 군주는 가벼운 것이다."라고 한 것은, 유학의 민본(民本)·민귀(民貴)의 사상을 언급할 때 곧잘 인용되는 대표적인 구절입니다.

정약용은 「원목」에서 백성을 다스리는 목민자(牧民者)의 발생 연원을 밝히고, 「탕론」에서는 그 목자(牧者)의 역할과 그에 대한 개정(改定)의 가능성을 역사적으로 고증했습니다. "옛날에야 백성만이 있었을 뿐, 어찌 백성을 다스리는 자가 있었겠는가? 백성은 자연스럽게 무리를 지어 살았다. 그러나 어떤 사람이 이웃과 다투다 해결을 보지 못하였는데 그들 중에 참된 말(公言)을 잘하는 한 장로(長老)가 있어 그에게 가서야 바른 판결을 받았다. 이에 온 마을 사람들이 그에게 모두 복종하여 그를 추대하고 모두 존경하여 이정(里正)이라고 일컬었다. (…중략…) 이에 몇 주(州)의 어른들이 한 사람을 추대하여 어른으로 모시고 국군(國君)이라 불렀고, 몇 나라의 임금들이 한 사람을 추대하여 어른으로 모시고 방백(方伯)이라고 불렀으며, 사방의 방백들이 한 사람을 추대하여 우두머리로 삼고 황왕(皇王)이라고 불렀다. 황왕의 근원은 이정에서 시작한 것이다. 따라서 목민자(牧民者)는 백성을 위하여 있었던 것임을 알 수 있다."(『與猶堂全書』卷10 「原牧」)라고 하였습니다. 통치자인 목민관은 이정으로부터 시작하여 천하 국가로 확대한 것이며, 무엇보다 민의 갈등과 분쟁을 조정하는 능력을 인정받아 백성에 의해 추대된 것임을 분명히 했습니다. 그러므로 이정(里正)·당정(黨正)·주장(州長)·국군(國君)·방백(方伯)·황왕(皇王) 모두가 백성에 의해 추대되었다는 견해는 하늘의 명을 받은 천자가 백성을 다스린다는 천명사상과 군현에 이르기까지 중앙에서 관료를 파견하는 현실과 동떨어진 주장으로 읽을 수도 있습니다. 그러나 이 글은 목민이 발생하게 된 연원이 본래 백성의 추대에 있었다는 점을 고찰함으로써 현재 시행되고 있는 정치제도의 작동원리와 목민의 역할에 대해 다시 고민하게 하는 목적을 담고 있다 하겠습니다. 따라서 만일 백성을 대표하는 목민관이 역할을 제대로 수행하지 못할 경우, 당연히 민은 그 목민관을 바꿀 수 있다는 것이 정약용의 생각입니다.

「탕론」에서는 "대개 여러 사람이 추대하여 된 자는 또한 여러 사람이 추대하지 않으면 물러나야 한다. 그러므로 다섯 가구가 화합하지 못하게 되면 다섯 가구가 의논하여 인장(隣長)을 바꿀 수 있고, (…중략…) 구후(九侯)·팔백(八伯)이 화합하지 못하게 되면 구후·팔백이 의논하여 천자를 바꿀 수 있다. 구후·팔백이 천자를 바꾸는 것은 다섯 가구에서 인장을 바꾸고 25가에서 이장을 바꾸는 것과 같은 것인데, 누가 즐겨 '신하가 임금을 벌(伐)한다'고 말하겠는가?"(『與猶堂全書』卷11「湯論」)라고 하였습니다. 민에 의한 목의 '추대'는 백성의 갈등과 분쟁을 조정하는 목자의 조정능력을 전제로 한 것입니다. 곧 목은 갈등과 분쟁을 조정함으로써 백성을 편안케 해야 합니다. 그러므로 목이 그 조정능력이 없으면 민은 합의에 의해 목을 개정할 수 있다는 것입니다. 정약용은 이렇게 이정에서 황왕까지 모두 민의 추대에 의해 그 자리에 있게 된다는 점을 적시하여 군민(君民) 관계가 본질에서는 아래로부터 위로 향하는[下而上] 것이 '순(順)'이라고 하였습니다. 정약용은 제시한 군민 관계는 민이 통치의 대상이지만 동시에 통치자인 목을 바꿀 수 있는 개정의 주체로 인식하였음을 알 수 있습니다.

그는 당시의 정전(井田)·균전(均田)·한전(限田)의 전제 개혁론이 모두 '농자득전'의 원칙에 위배된다는 점에서 시행해서는 안 된다고 주장하였습니다. 정약용이 제시한 여전제는 토지 사유를 혁파하고 공동경작과 그에 따른 분배를 통해 만연한 토지 겸병과 수탈을 막는 데에 초점이 있었습니다. 농사를 짓지 않는 공인이나 상인은 그들이 제작한 기구(器具)나 사들인 화물(貨物)로 곡식과 바꾸면 되지만, 선비라고 하여 놀고먹어서는 안 되고 농사를 짓던가 아니면 공업이나 상업에 종사하거나, 혹은 부민(富民)의 자제를 가르쳐 주며, 혹은 토지의 적성을 분별하고 수리(水利)를 일으키고, 기구를 만들어 인력을 덜게 하며, 곡식을 심고 가꾸는 일과 가축을 기르는 방법을 가르쳐 농업을 돕게 하는 일에 종사하도록 하는 등 일종의 만민개로(萬民皆勞)사상을 구상한 것으로 볼 수 있습니다(『與猶堂全書』卷11 「田論(五)」). 『경세유표』에서는 정전제를 시행하고, 토지는 공유(公有) 내지 왕유(王有)로 해야 한다고 주장하는데(『與猶堂全書』 「經世遺表」 卷11 〈地官修制〉 賦貢制(五)), '농자득전'의 원칙과 '만민개로'사상에 기반한 토지개혁론은 과중한 수탈에 따른 농민의 유민화를 방지하려 했던 정약용의 애민정신이 사회제도로 구체화한 사례로 의미가 있습니다.

최한기는 사민을 서열화하여 차별하는 것에 반대하고 사회의 직분에 따른 구분으로 보아 사·농·공·상 각각의 사회적 역할을 중시하고 경중을 나누지 않았습니다. 특히 세도정치 하에서 정치가 소수 권력자에 의해 농단되는 상황을 개혁하기 위해 인재를 관찰하고 선발하고 가르치고 쓰는 방안을 『인정』에 집대성하였습니다. 최한기의 『기학』이 철학사상의 핵심을 간추린 것이라면 『인정』은 단순히 인사 행정 제도를 바로 잡기 위한 실무 방안에 머물지 않고 일신, 통민, 대기의 3대 운화를 표준으로 하여 개인으로부터 사회, 국가에 이르는 운영 원리를 이론적으로 체계화한 것입니다. 그는 벌열이나 당파에 의한 인사 행정의 왜곡을 비판하면서 빈부·귀천에 구애됨이 없이 실무 능력에 따라 인재를 선발하고, 그 구체적인 방법을 『감평』에 실었습니다. 인물의 평가를 10.5분으로 하여 조목을 세분하여 각각의 평가 기준을 제시함으로써 인재 선발을 객관적으로 수치화하고 합리적으로 활용할 수 있도록 안배하였다는 데에 특징이 있습니다.

최한기는 예로부터 지금까지 인도(人道)의 상행(常行)은 별로 크게 경장할 게 없고 기물(器物)의 폐단과 불완전한 법을 경장의 대상으로 간주했습니다. 이러한 주장은 사람이 살아가면서 지켜야 할 도리와 일상의 행위 규범 같은 것은 예나 지금이나 크게 다르지 않지만 지나치게 여기에 치중함으로써 실제로 경장해야 할 것은 오히려 놓치고 만다는 문제의식에서 비롯되었습니다(『인정』 권12 「교인문」 5 〈경장〉). 그는 성인이 제작한 법이라 할지라도 시의에 부합하지 않으면 바꿔야 한다고 주장합니다. 성인이 법을 제정한 취지도 당시의 백성을 헤아리는 데서 나온 것이며, 시대의 흐름에 따라 전례(典禮)나 형률(刑律)을 연혁(沿革)하는 것은 마치 사계절의 변화가 일어나듯이 자연스러운 일로 보았습니다. 이때 시의란 백성의 호오와 중론입니다. 즉 현재 백성의 호오(好惡)에 따른 법의 시행이 가장 시의에 적합한 것이 되고, 백성의 뜻에 순응하여 법을 세우고 민속을 따라 교육하고 백성들이 좋아하는 인재를 선발하는 등 백성의 여망을 실행하는 것을 정치로 이해했습니다(『人政』 卷16 「選人門」 3, 〈選人而選經綸〉). 최한기는 한 걸음 더 나아가 관(官)과 민(民)이 서로 의뢰하여 정치를 한다는 공치(共治)를 주장하였습니다. 이는 국가의 명맥이 백성에 있고 사세와 힘 또한 백성에게 있으니, 모든 일은 오직 백성에게 의뢰해야 한다는 민본사상의 표출이라고 할 수 있습니다.

생각해 볼 문제

1. 한국 실학사상에 대한 조망은 서구 근대의 맹아가 우리 역사에도 실재했다는 이른바 내재적 발전론, 자본주의 맹아론 등 근대주의의 시각에서 이루어져 왔습니다. 그러나 실학사상은 서구 자연과학의 성과를 수용하면서도 천주교 등 서구의 종교에 대해서는 비판적인 관점을 유지하면서, 청대 고증학의 실증적 학풍을 수용하여 경전 해석의 지평을 확장했습니다. 이러한 사실은 실학의 발흥이 외래사상을 흡수하여 주체의 현실에 맞추어 적용하는 사상사의 일반적인 발달과 다르지 않음을 보여줍니다. 따라서 조선후기 사상사의 연속과 불연속의 측면에서 조선 성리학과 실학의 공통점과 차이점은 무엇인지 따져 본다면 실학에 대한 이해를 한층 깊이 할 수 있을 것입니다.

2. 경세치용, 이용후생, 실사구시 등은 실학의 학문적 특성과 학파를 가르는 용어로 일반화되어 있습니다. 이러한 용어들은 실학의 경세학적 학풍을 여실히 드러내지만, 한편으로는 경세제민의 근거가 되는 의리학적 성격을 도외시하게 한다는 점에서 문제를 안고 있습니다. 성리학이 우주와 인간에 대한 본원적 탐구를 통해 현실의 문제에 접근했다면 실학은 일상의 비근한 문제로부터 출발한다는 점에 차이가 있습니다. 만약 이용후생만을 얘기하고 정덕을 배제한다면 실학이라고 할 수 있을까요?

3. 서구 자연과학을 보다 적극적으로 수용한 실학자들은 전통적인 우주자연관의 문제를 지적했습니다. 가령 하늘은 둥글고 땅은 평평하다는 천원지방설, 태양이 지구를 중심으로 회전한다는 지정설 등은 지구설, 지전설 등에 의해 비판 수정되었습니다. 자연과학적 사실은 종래 음양오행의 우주생성론에 깃들인 형이상학적 사유를 해체하는 데에 기여했습니다. 이는 사실과 가치를 분리하여 우주 자연에 대한 과학적이고 객관적인 접근을 유도했다는 데에 의미가 있습니다. 반면 서양의 종교 즉 천주교에 대해서는 보다 비판적인 관점을 유지했는데 그 이유가 무엇인지 생각해 본다면 서양 종교와 다른 유학의 종교적 특성과 학문적 성격 나아가 이성을 중시하는 한국사상의 성격을 이해하는 데에 도움이 될 것입니다.

4. 근대 자연과학의 성취는 인간 삶의 편익을 증대하였습니다. 한편으로는 인간중심주의와 기계론적 세계관은 자연에 대한 무분별한 개발로 생태 조건을 악화시키는 환경 문제에서 사회 문제로까지 비화하고 있습니다. 가령 2011년 일본 후쿠시마 원전사고는 우리 삶의 터전을 오염시키고 인간의 생명마저 위협하는 실정입니다. 인류 지식의 발전은 자연과학 분야에서 특히 많은 편익을 제공했지만 이처럼 예상하지 않았던 문제도 낳고 있습니다. 여기서 인문학의 사회적 역할이 요청되고, 현재 학문 지형에서 의리경세학으로서 실학의 현재 가치를 재음미해 볼 수 있을 것입니다.

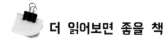

더 읽어보면 좋을 책

1. 이종란, 『의산문답: 어느 자유주의자의 절규』, 한국설득연구소, 2017.

「의산문답」은 1765년 연행사의 일원으로 북경을 방문한 홍대용의 체험을 담은 「연기」와 함께 서구 자연과학 지식이 조선후기 학술에 미친 영향을 살펴보기에 적합한 글입니다. 약 1만 2천 자로 이루어진 「의산문답」은 서양과학을 익힌 실옹과 유학에 평생 매진한 조선 학자 허자의 학문에 관한 토론을 대화체로 쓴 글입니다. 인간을 중심으로 한 사물 인식과 지리적 천하관의 허구성을 지구설과 무한우주설로 논박하고, 공자가 중국 밖에서 살았다면 『춘추』의 내용 또한 그곳이 중심이 되었을 것이라면서 중국 중심의 화이관을 깨뜨리고 주체적인 역사의식의 계기를 제공했다는 점에서 일독을 권합니다.

2. 박석무, 『다산 정약용 평전』, 민음사, 2014.

1920년대 조선학운동의 촉발과 함께 조선후기 대표적인 경세가로 주목받기 시작한 다산 정약용의 생애와 학문을 쉽게 접근할 수 있는 글입니다. 저자 박석무는 다산 연구에 평생을 헌신하여, 다수의 연구서와 번역서를 출판하였습니다. 이 글에서는 정약용의 생애에 학문 여정을 통해 그 속에 온축된 애민정신을 유려한 필치로 그려내었으며, 다산의 학문과 실천을 따라 19세기 조선의 역사 현실과 사회 문제를 이해하는 데에도 도움을 줄 것입니다. 다산의 학문에서 천주교의 영향을 일부 인정하더라도 육경사서에 대한 연구와 『경세유표』, 『흠흠신서』, 『목민심서』의 1표 2서 등 500여 권에 이르는 방대한 저술이 궁극적으로는 유교의 민본사상과 애민정신의 표출이었음을 확인할 수 있습니다.

3. 한국철학사연구회 엮음, 『한국실학사상사』, 심산, 2008.

이 책은 서설에서 한국 실학사상이 대두한 배경과 실학의 개념 및 성격, 실학의 학파와 계통, 실학의 이념 지향과 학문적 특성 그리고 그 한계 등을 개괄하여 조선후기 경세학풍의 특징을 일목요연하게 제시합니다. 아울러 한백겸, 이수광, 김육, 박세당, 유형원, 이익, 안정복, 김석문, 황윤석, 홍대용, 박지원, 이덕무, 박제가, 정약용, 김정희, 최한기, 이규경, 박규수에 이르는 실학자의 학문과 사회적 실천을 통해 조선 실학사상의 흐름을 한 권으로 살필 수 있습니다. 무엇보다 실학을 반주자학이나 탈성리학으로 단정 짓지 않고 의리경세학의 특성에 주목함으로써 조선후기 사상의 특성과 유학사상에 대한 이해의 폭을 확장할 수 있는 장점이 있습니다.

동학의 서학 및 유학의 지식 체계 비판과
그 창조적 전환

황종원

1. 동학, 서구의 지식 체계를 비판하며 등장하다

동학은 19세기 중엽에 생겨나서 20세기 전기까지 성행한 이 땅
의 학문입니다. 사람들은 흔히 동학은 하늘님을 모시라는 가르침
이 핵심이 되기 때문에 종교라고 생각합니다. 또는 동학을 믿는
농민들이 착취를 일삼아온 양반에 맞서 들고일어난 동학농민운동
을 떠올리며 그것을 민중운동의 이념이라고 생각하기도 합니다.
다 맞는 생각입니다. 동학은 종교이고 사회운동의 이념입니다. 하
지만 그게 전부는 아닙니다. 무엇보다 종교라면 천주교나 불교처
럼 '교'라고 이름 붙이고 사회운동의 이념이라면 민주주의, 사회주
의 등과 같이 '주의'라고 이름을 붙여야 했을 겁니다. 하지만 동학

은 적어도 그것이 천도교로 개명하기 전까지는 자신을 일종의 '학문'이라고 규정했습니다. 왜 그랬을까요?

이 물음에 답하기에 앞서 우선 전통학문의 주류인 유교적 지식이 갖는 성격부터 이야기해야겠습니다. 그 이야기를 먼저 하고, 그 다음으로 그런 유교적 지식과는 이질적인 서구지식에 대한 동학의 비판을 이야기해야 비로소 위 질문에 대해 분명히 답할 수 있기 때문입니다.

학문은 인간이 인간다운 삶을 살기 위해 만들어내고 발전시켜 온 것입니다. 그런데 이 학문은 삶의 방식이 어떠냐에 따라 그 성격을 달리합니다. 예컨대 전통사회에서 우리 조상들은 주로 농사를 지으며 먹고 살았습니다. 농사도 우선은 사람을 위한 것이니 좀더 풍요로운 먹거리를 얻기 위한 학문이 당연히 발달할 수밖에 없었습니다. 천문, 역법, 기상 등과 관련한 지식이 체계적으로 축적되고 농사기술도 혁신되었습니다. 그런데 농사는 생명을 다룹니다. 돌멩이를 깎고 다듬는 공업노동과는 다르지요. 생명을 다루는 일은 그 생명에 대한 윤리적 배려가 없을 수 없습니다. 그래서 옛 학문은 윤리와 지식이 융합된 성격을 띠었습니다. 사람을 위하면서도 생명을 최대한 배려하는 지식과 기술을 추구했던 것입니다. 이렇게 전통사회에서 인간과 자연의 관계를 다루는 학문은 대부분 사람을 우선시하면서도 친자연적이었습니다. 그리고 이런 학문의 경향이 옛 주류 학문이었던 유학에서는 인간과 자연의 조화라는 이념으로 귀결됩니다.

한편 전통사회에서 농사를 위주로 하던 일들은 사회적으로 신분적 관계 속에서 수행되었습니다. 몸을 움직여 직접 일하는 계층과 머리를 써서 그 일을 하는 각 단위의 사회조직을 관리하는 계층으로 분업화되어 있었던 거죠. 이렇게 신분상으로 분업화되어 있던 사회에서 강조된 것은 사회 구성원 간의 엄격한 구별 가운데의 조화였습니다. 부모와 자식, 남성과 여성, 양반과 평민 사이에는 각기 지켜야 할 상하 간의 엄격한 윤리적 법적 규범이 있었습니다. 그런 규범이 잘 지켜지는 한에서만 사회의 조화로운 질서가 유지될 수 있다고 여겼지요. 전통사회의 유교지식인들이 예의법도에 관한 지식을 축적하고 이런 지식을 바탕으로 백성들을 교육하는 역할을 담당했던 이유는 바로 여기에 있습니다.

그렇게 유학을 중심으로 해서 유지되던 전통사회가 뿌리부터 뒤흔들리게 된 건 잘 아시다시피 우리 역사가 근대에 들어서면서부터입니다. 아니, 사상적으로 보면 그보다 조금 앞선 18세기 중엽부터이겠군요. 중국을 통해 서양의 천주교와 과학기술 관련 지식이 한반도로 유입되기 시작합니다. 19세기에는 천주교를 신앙하는 조선인에 대한 대대적인 박해가 있었고요, 서양 과학기술서의 연구마저 자유롭지 않은 쇄국정책 하에서 우리 조상들은 견고한 함선과 날카로운 대포로 대표되는 서양의 문물들과 접촉하게 됩니다.

이런 충격을 겪고 당시 사람들이 보인 반응과 태도는 대체로 다음 세 가지였습니다. 첫째는 거부와 비난입니다. 대표적으로 유학의 신념체계를 지키고 사악한 서양의 모든 것을 배척하자는 뜻을 지닌 위정척사론자들은 천주교는 부모도 몰라보아 제사도 지내지 않는 종교이고 서구의 근대문물은 물욕을 자극해 인간을 타락시킨다고 주장했습니다. 이는 극단적인 주장입니다. 하지만 실제로 조선의 초기 천주교인들이 부모의 위패를 불사르고 서양인들에게 조선을 복속시켜달라고 요청하려 하였고 프랑스나 미국 같은 서양의 무력침공도 잇따르면서 다수의 백성 또한 이 주장에 동조하게 됩니다. 둘째는 적극적 수용과 이 땅에서의 실현 노력입니다. 이를테면 서양의 근대정치체제를 급격히 도입하여 나라를 부강하게 만들려고 했던 급진개화론자들은 점차 서구적인 것은 대부분 개화된 것, 좋은 것이고 전통적인 것은 대부분 미개한 것, 나쁜 것으로 여겼습니다. 특히 이런 의식은 19세기 말에서 20세기 초로 넘어가는 시기에 확산되기 시작합니다. 물론 근대 민주정치체제가 전근대적인 군주독재체제보다 낫고, 민족의 생존을 위해 근대적 산업을 육성해야 한다는 판단은 지극히 옳습니다. 하지만 전통적인 것은 모두 미개하고 서구적인 것은 모두 문명의 상징이라는 생각은 편협하다고 하지 않을 수 없습니다. 위정척사론자들이 조선만이 문명이고 서양은 모두 야만이라고 생각했던 것과 정반대이지만 말이죠. 셋째는 전통과 서구 근대의 절충입니다. 동양의 정신적 전통은 고수하고 서양의 기물, 즉 문물은 수용하자는 동도서기(東道西器)론이 그것입니다. 점진적 개혁을 추구한 온건개화론자들의 주장인데요. 전통과 서구 근대에서 모두 긍정할 것이 있다고 생각한 점은 높이 평가할 만합니다. 하지만 서양 근대문물이 서양의 근대정신을 비롯해 근대적 경제, 정치체제의 바탕 위에서 만들어졌다는 점, 전통유교의 정신문화 가운데 버려야 할 것도 있다는 점 등을 이들은 직시하지 못했습니다. 그런 점에서 이들의 주장은 어정쩡했다고 하겠습니다.

지식의 측면에서 위 세 가지 태도를 정리해서 이야기하자면 위정척사파는 유학적 지식만을 참으로 여기고 서구의 지식은 모두 거짓으로 취급한 반면, 급진개화파는 서구의 지식은 참된 것, 유학적 지식은 거짓된 것으로 취급했다고 하겠습니다. 그리고 그 사이에서 온건개화파는 유학의 윤리적 지식은 참이지만, 과학기술과 관련된 실용적 지식은 서양 근대적인 것이 참이라고 여겼음을 알 수 있습니다. 한편 이 세 가지 태도와 비교해 보면 동학의 창시자인 최제우(1824~1864)는 유학적 지식이나 서구 근대적 지식의 기준 중에서 어느 하나를 가지고 다른 하나를 일방적으로 부정하지도 않았고, 권력 유지를 위해 유교윤리를 옹호하거나 단지 실용적이라고 해서 서구 근대적 지식의 수용을 주장하지도 않았습니다.

이제 동학이 서양과 동양의 주류 학문 및 지식 가운데 어떤 것들을 수용 혹은 계승하면서도 어떤 것들을 비판했는지 살펴보고 앞서 물었던 물음에 대해 답을 할 차례가 되었습니다.

최제우는 서양 제국주의 세력이 중국과 조선을 무력으로 침탈하던 시기를 살았던 인물입니다. 그래서 한편으로 그는 당시 서양인의 강한 힘을 대단히 두려워합니다. "서양은 싸워 승리하고 공격해 취하여 이루지 못하는 일이 없으니, 천하가 다 소멸해버리면 순망치한의 탄식이 없지 않을 것이다."(『동경대전』「포덕문」) 제1, 2차 아편전쟁으로 위기에 처한 당시 중국에 관한 소식을 접하고 한 말입니다. 최제우는 저와 같은 서양인들을 비판합니다. 하지만 위정척사파처럼 유학적 지식을 바탕으로 서양인들을 비판하지는 않습니다. "1860년에 이르러 서양 사람들은 천주의 뜻이라 하여 부귀는 취하지 않는다고 하면서도 천하를 공격해 취하여 교당을 세우고 자신들의 도를 행한다고 하므로 나는 그것이 그럴까 어찌 그것이 그럴까 하는 의심이 있었다."(『동경대전』 「포덕문」) 그는 서양 사람들의 언행 불일치 혹은 자기모순을 문제 삼습니다. 천주학적 지식에 따르면 서양인들은 천주의 뜻에 따라 천주를 위하는 삶을 살아야 하지, 자신의 부귀를 추구하는 삶을 살아서는 안 됩니다. 그런데 서양인들은 말로는 그런 삶을 산다고 하면서도 실제 행동은 자신이 부귀해지기 위해 약소국을 무력으로 침공해 약탈을 일삼고는 그곳에 다시 교회당을 세우고 천주를 위하라는 취지의 전도를 하는 게 참으로 기괴하다는 것입니다.

왜 이런 언행 불일치가 일어날까요? 최제우는 그 원인이 서양 사람들의 신에 관한 지식이 잘못되었고 그로 인해 서양의 근대학문과 지식 또한 지나치게 인간 중심적 성격을 띤 데 있다고 보았습니다. 일반적으로 천주학에서 신은 우주 너머에 계시는 분으로 생각됩니다. 물론 신이 그렇게 멀리 계시는 분이 아니라 우리 곁에 계신다고 하기도 하지만, 그 점을 특별히 강조하지는 않습니다. 반면 최제우는 신이 우주와 자연의 어디에나 계신다는 점을 강조합니다. 어떤 방식으로 계시느냐 하면 신 자신이 지닌 기운을 우주, 자연, 그리고 인간 안에 쏟아부어 만물 안에 그 기운을 깃들게 하는 방식으로 계신다고 합니다. 이런 신을 최제우는 "기화하는 신(氣化之神)"(『동경대전』 「논학문」)이라 부릅니다. 일종의 일하는 신인 것입니다. 그런데 천주학에는 이렇게 신이 자신의 기운으로 만물 안에서 일한다는 가르침이 없습니다. 바로 최제우는 신에 관한 이와 같은 지식의 결여가 천주학을 믿는 서양인들의 가장 큰 착오라고 판단했습니다. 신이 만물 안에서 자신의 기운으로 일한다고 여긴다면 반드시 만물 안에 신의 기운, 즉 생명이 깃들어 있다는 점을 인정해야 합니다. 이는 마치 농부가 자신의 기운을 농작물에 투입하여 생명을 자라나게 하는 것과 같은 이치입니다. 농작물 안에는 농부의 피땀, 즉 생명이 깃들어 있는 것처럼, 만물 안에는 신의 기운, 즉 생명이 깃들어 있는 것이지요. 이렇게 생각하면 모든 인간과 자연은 다 신의 생명이 깃든 존귀한 존재입니다.

바로 이런 생각이 결여되어 있기 때문에 인간과 자연에 대한 지식 체계인 서양의 근대학문은 "천주를 위하는 단서는 전혀 없고 단지 제 몸을 위한 계책만을 빌 뿐"(『동경대전』 「논학문」)입니다. 서양의 근대과학기술은 인간 중심적인 관점에서 자연의 운동법칙을 파악하고, 그 법칙을 기술적으로 인간이 물질적으로 더 많은 이익을 얻는데 기술적으로 응용합니다. 자연은 대규모로 착취를 당합니다. 자연을 신의 생명이 깃든 존귀한 것으로 생각하여 경외하고 윤리적으로 배려하는 태도는 거의 없습니다. 그리고 이와 같은 근대 서양인의 자기중심적인 자세는 다른 문명권에 속한 사람들을 대할 때에도 똑같이 보입니다. 자연을 착취해 구축한 서구 근대 물질문명에는 신의 숨결, 생명의 자취가 거의 느껴지지 않습니다. 그런데도 이들은 자신이 이룩한 근대문명을 전 세계로 확장되어야 하는 보편적인 것으로 여깁니다. 나아가 그 확장의 과정에서 물질적 이익을 더 많이 얻을 수 있다면 다른 문명권에 속한 사람들은 착취를 당해도 좋다고 생각합니다. 한마디로 말해 서구 근대학문의 인간중심주의와 근대 서양인들의 서구중심주의로 인해 신의 생명이 깃든 자연과 인간에 대해 무자비한 폭력을 행사하게 되었다는 것이지요.

정리해서 말하자면 최제우는 서양인들의 천주에 관한 종교적 지식에는 천주의 생명이 인간과 만물 안에 깃들어 있다는 중요한 가르침이 결여되어 있고, 그로 인해 서구인들의 근대적 지식 체계에는 자연에 대한 경외와 타 문화에 대한 존중의 정신이 심각하게 부족하다고 여겼습니다. 바로 그런 이유에서 그는 자신이 세운 지식 체계가 천주학의 신에 관한 지식, 그리고 그것과 긴밀히 연관된 서구 근대지식 체계와는 다르다는 점을 강조하기 위해 동학이라는 명칭을 사용한 것이라고 하겠습니다.

2. 동학이 유학의 지식 체계에서 비판하고 계승한 것

최제우가 서양의 지식 체계인 서학에 대항해 동학을 창시했지만, 그렇다고 해서 서학을 모두 거부한 것은 아니었습니다. 무엇보다 그는 '천주 모심(侍天主)'을 동학의 가장 핵심적인 가르침으로 삼았고, 이 가르침으로부터 모든 사람이 똑같이 존귀하고 사회적으로 평등하다는 생각을 이끌어냈는데, 이러한 종교적 교리 및 사회적 신념의 정립은 서학에 힘입은 바가 크다고 할 수 있습니다.

최제우가 살던 시대에 천주교는 불온한 사상으로 취급되었으니, 천주를 모신다는 말은 당연히 함부로 입에 담을 수 없었을 겁니다. 그런데도 그가 동학의 중심적인 가르침은 '천주 모심'이라고 용감하게 말했던 까닭은 어디에 있었을까요? 이는 십중팔구 자신이 만난 하늘님이 천주교인들이 믿는 천주와 동일한 신이라고 생각했기 때문인 것 같습니다. 1860년 4월에 최제우는 하늘님과 만나는 아주 특별한 종교체험을 합니다. 그로부터 약 1년 후에 동학을 창시하면서 자신의 그 체험을 글로 여러 편 발표하는데, 이 중에서 한문으로 쓰인 글들을 보면 자신이 믿는 하늘님을 천주라고 분명히 표기합니다. 또한 천주에 관한 지식 체계인 학문의 측면에서 동학은 서학과 다르다고 하면서도 가장 중심적인 진리를 무엇으로 보느냐는 측면에서는 동학이나 천주학이나 모두 천주를 궁극적인 실재로 굳게 믿는다는 점에서 동학과 천주학의 "도는 같다(道則同也)"(『동경대전』「논학문」)고 말하기도 합니다. 물론 최제우가 이렇게 동학과 천주학이 믿는 신을 동일한 신이라고 생각하고 그렇게 표현할 수 있었던 것은 그가 천주학의 지식 체계를 어느 정도 탐구하고 그 가르침에 따른 실천을 한 경험이 있었기 때문입니다. 동학의 역사기록을 살펴보면 실제로 최제우는 1855년에 한문으로 쓰인 천주학 교리서를 접하고, 기도 훈련을 한 것으로 추정이 됩니다.

최제우가 동학의 중심적인 가르침으로 삼은 '천주 모심'이란 우선은 사람이라면 누구나 태어나면서부터 이미 자신의 몸 안에 "신령(神靈)"(『동경대전』「논학문」)으로서의 천주를 모시고 있다는 뜻입니다. 모두 똑같이 존귀한 천주를 모시고 있으니 모든 사람은 똑같이 존귀한 존재라는 생각이 이로부터 생겨납니다. 물론 이와 비슷한 생각은 불교나 유학에도 있었습니다. 불교에서는 모든 중생이 똑같이 불성을 지니고 있다고 하며, 부처님의 지혜로 보면 모든 중생이 아무 차이가 없이 평등하다고도 말합니다. 유학, 예컨대 주자학에서도 하늘이 생명운동을 하는 근본원리는 인(仁)이고 이 원리는 모든 사람에게 어진 본성(性)으로 나타난다고 말합니다. 하늘이 저 멀리에만 있는 것이 아니라 인간 내면에 선한 본성으로 표현되기도 한다는 이런 생각만 놓고 보면, 신이 사람의 몸 안에 있다는 동학의 사고방식은 유학에서 받은 영향인 것처럼 보입니다. 이 점은 명백합니다. 하지만 더욱 중요한 것은 동학이 이 전통 종교나 철학의 사고방식에서 모든 사람이 사회적으로 존귀하게 대우받아야 한다는 정치적 인식의 새로운 전환을 이루어냈다는 점입니다. 최제우에게서 그러한 인식의 전환은 자신의 집에 있던 여종 두 명을 며느리와 수양딸로 삼는 실천으로 이어졌습니다.

하지만 그러한 근대적 각성이 동학의 사회사상으로 보다 뚜렷이 정립된 건 최제우의 뒤를 이어 동학을 이끈 최시형(1827~1898)에 이르러서였습니다. 그는 동학의 그러한 각성을 사람을 섬기되 하늘처럼 하라는 사인여천(事人如天)으로 요약합니다. 그리고 과거 종교적 혹은 철학적으로는 만인의 평등을 말하면서도 사회적으로는 신분의 차이에 따라 지켜야 할 규범을 차별화한 유학의 지식 체계를 신랄하게 비판합니다. "우리나라 안에 두 가지 큰 폐풍이 있으니, 하나는 적서의 구별이고, 다음은 반상의 구별입니다. 적서의 구별은 집안을 망치는 근본이고, 반상의 구별은 나라를 망치는 근본이니, 이는 우리나라의 고질병입니다."(『해월신사법설』「포덕」) 신분적으로 갖가지 차별대우를 받아온 상놈과 서얼 또한 하늘님을 모신 존귀한 존재이므로 절대 차별해서는 안 된다는 말입니다. 오늘날 동학의 문헌에는 관련 기록이 얼마 남아 있지 않지만, 동학 지도자들의 이런 생각과 행동이 동학도들에게 미친 파급력은 어마어마했던 모양입니다. 1894년에는 동학을 믿는 농민들이 주도세력이 되어 탐관오리의 학정에 맞서 신분의 철폐를 시도하는 민중봉기가 일어나기까지 했으니까 말입니다.

그뿐만이 아닙니다. 최시형의 경우에는 사람이 하늘처럼 존귀한 존재라는 인식에 바탕을 두고 장유유서의 관념 또한 바꾸려고 합니다. 예를 들어 그는 함부로 아이를 때리지 말라고 하면서 그 이유를 이렇게 설명합니다. "아이를 때리는 것은 곧 하늘님을 때리는 것입니다. 하늘님이 싫어하시고 기운이 상합니다."(『해월신사법설』「대인접물」) 어린아이의 몸에는 하늘님의 기운이 깃들어 있기 때문에 아이를 때리는 것은 곧 하늘님을 때리는 것과 같다는 겁니다. 최시형의 이런 가르침 역시 후세 사람들에게 커다란 영향을 미칩니다. 예컨대 일제강점기를 살았던 방정환은 1920년대에 이른바 어린이운동을 벌입니다. 어린이날을 제정하고 아동문학의 길을 개척합니다. 아동에 대한 존중의 함의를 지닌 어린이라는 명칭도 적극 사용합니다. 방정환과 함께 이 운동을 벌인 김기전은 심지어 어린이에게 경어 쓰기 운동까지 합니다. 말하자면 최시형의 사상을 바탕에 두고 어린이 존중의식을 담은 근대적 지식 체계가 당시 천도교의 주도 아래 형성된 것이지요.

그밖에도 최시형은 남존여비의 가부장적 관념 또한 타파하려고 애씁니다. 전 근대, 특히 조선시대에 여성은 가정이나 사회에서 늘 남성에 종속된 삶을 살아야 했습니다. 시부모 봉양, 자녀 양육, 제사 준비, 손님 접대 등 온갖 가사노동을 도맡아 하면서도 한 가정의 주인으로 대접받지 못했고, 문밖으로 나가는 것도 어려울 정도로 사회적 활동 자체가 극도로 제한되어 있었습니다. 조선에서 여성이 이렇게 극심하게 압박을 받아왔음을 최시형은 인정합니다. 그렇다고 해서 그가 여성의 해방을 주창한 것은 아니었습니다. 예컨대 여성과 남성이 가사노동을 분담해야 한다고 말하지도 못했고 여성 또한 사회적 주체로 우뚝 서야 한다고 주장하지도 못했습니다. 그렇지만 그는 여성과 관련해 의미심장한 가르침을 몇 가지 줍니다. 하나는 여성이 하는 일이 곧 하늘님이 하는 일이라는 주장입니다. 최시형이 청주에 사는 서택순이라는 사람의 집을 지나다가 그 집 며느리가 베 짜는 소리를 듣고는 서택순에게 누가 베를 짜느냐고 묻습니다. 서택순은 자기 며느리가 베를 짜는 소리라고 하자, 최시형은 "그대의 며느리가 베 짜는 것이 참으로 그대의 며느리가 베를 짜는 것입니까?" 하고 되묻고는 이어서 "동학도의 집에 사람이 오면 사람이 왔다고 말하지 말고 하늘님이 강림하셨다고 하라"(『해월신사법설』 「대인접물」)고 말합니다. 며느리가 베 짜는 일을 하려면 일하는 며느리 자신에게 기운이 있어야 하고, 그 기운을 쏟아부을 옷감도 있어야 합니다. 이 며느리의 기운과 옷감은 궁극적으로 어디에서 온 것인가 하면 우주자연에서 온 것이고, 이 우주자연은 하늘님이 부단히 일하여 유지되는 것입니다. 그렇게 생각하면 며느리의 일은 곧 하늘님의 일이기도 한 것이지요.

다른 하나는 여성 중에 이 세상을 구원하는 위대한 일을 할 사람들이 많이 배출될 것이라는 예언입니다. 앞서 하늘님은 자신의 기운을 쏟아붓는 일을 해 만물을 먹여 살리는 존재라고 했지요. 최시형은 종종 이를 어머니가 뱃속에서 태아에게 먹을 것을 공급해 주어 키우는 것과 같은 이치라고 합니다. 또 많은 여성이 이렇게 하늘님과 비슷한 체험을 하기 때문에 "지금 이 시대에는 여성 중에 깨달음을 얻어 사람을 살리는 자가 많이 나올 것"(『해월신사법설』「부인수도」)이라고 말합니다. 이 말의 의미는 뒤에 더 명확히 이해될 겁니다. 다만 여기서는 여성 중에 삶의 체험을 통해 우주, 자연, 인생에 관한 종교적, 철학적 진리를 얻는 이들이 많아져 민중, 여성, 어린이, 자연 등 역사적으로 억압받아 온 이들이 존귀한 존재로 존중받는 세상을 만들어 갈 것이라는 의미가 담겨 있다는 정도로만 이해하면 될 것 같습니다.

이와 같이 동학은 유학의 봉건윤리적 지식 체계를 비판하는 동시에 동학의 '하늘님 모심' 사상에 근거해 근대 민주정치적인 정신을 고취해 나갔습니다. 물론 동학이 민주정치에 관한 서구의 지식 체계를 직접 받아들인 것은 아닙니다. 하지만 '하늘님 모심'이라는 종교적 이념에서 민주정치적인 생각이 도출된 요인으로 천주교의 영향 또한 무시될 수는 없을 것 같습니다. 신 앞에서는 모두가 형제자매라는 관념 속에서 평민이나 여성들이 양반과 함께 예배를 보는 모습이 아마도 동학의 근대적 사회사상 형성에 커다란 자극제가 되었을 겁니다.

이렇게 동학은 천주교에 대해서와 마찬가지로 유학에 대해서도 비판적인 태도를 보였습니다. 하지만 동학이 천주교에 대해서도 받아들인 것이 있다고 방금 말한 것과 마찬가지로 유학에 대해서도 계승한 것 또한 있습니다. 그 가운데 가장 중요한 것이 유학의 자연에 관한 기본적인 관점과 지식입니다. 이번 강의의 서두에서 얘기했듯이 유학은 생명을 다루는 농사의 많은 것들이 사고에 반영되어 있습니다. 그 중에 대표적인 것이 천지는 부모와 같은 존재라는 생각입니다. 예컨대 『주역』에서는 "건(乾)은 하늘이다. 그러므로 아버지라 칭한다. 곤(坤)은 땅이다. 그러므로 어머니라 칭한다"라고 했습니다. 모든 사람은 부모님이 낳아주시고 길러주시기 때문에 '내'가 탄생하여 유지될 수 있습니다. 마찬가지로 만물은 천지, 즉 우주자연이 끊임없이 낳아주고 길러주기 때문에 생성되고 유지될 수 있습니다. 바로 이 점 때문에 우주자연은 부모님에 비유될 수 있다고 생각한 겁니다. 또 그렇게 낳아주시고 길러주시는 부모님은 우리는 은혜로운 분들로 생각하는 것처럼, 우리에게 만물을 낳아주고 길러주는 천지는 덕(德)이 있는 것으로 생각됩니다. 우리는 천지 덕분(德分)에 살고 있다는 바로 그 생각 말입니다. 그래서 『주역』에서는 "천지의 큰 덕은 낳음이다"라고 말합니다. 최시형은 천지가 부모라는 유학의 자연관을 그대로 계승합니다. "하늘이 덮고 땅이 실으니 덕(德)이 아니고 무엇입니까? 해와 달이 비추니 은혜가 아니고 무엇입니까?"(『해월신사법설』「천지부모」) 그 역시 우주자연을 인간은 덕이 있는 존재, 은혜로운 존재로 생각해야 한다고 여겼던 겁니다.

또 유학에서는 우주자연이 기운으로 만물을 낳고 기른다는 점도 이야기합니다. 『주역』에서는 "한번 음이 되었다 한번 양이 되는 것을 도라고 한다"고 합니다. 가벼운 기운과 무거운 기운, 밝은 기운과 어두운 기운, 강한 기운과 부드러운 기운 등 서로 대립하는 기운이 상호 작용하여 만물이 형성되고 유지된다는 뜻입니다. 최시형은 이 기(氣)를 가지고 자연의 운동을 설명하는 유학의 지식 체계 또한 받아들입니다. 그는 이렇게 말합니다. "우주는 하나의 기운(氣)이 시키고 하나의 신(神)이 일하는 것입니다."(『해월신사법설』「기타」) 앞서 최제우가 하늘님은 '내' 몸 밖에서 자신의 기운으로 일을 한다고 한 설명을 기억한다면 최시형의 이 말이 무엇을 뜻하는지는 쉽게 알 수 있을 겁니다. 최시형에게 우주자연은 『주역』에서 말하는 것처럼 기운의 작용이지만 동시에 그것은 신이 일하는 것이기도 합니다. 왜냐하면 우주자연의 기운은 바로 신의 기운이기 때문입니다. 이렇게 동학은 기로 자연을 설명하는 유학의 지식 체계를 받아들이면서도 그 기운을 다름 아닌 하늘님의 기운이라고 하여 그 의미를 동학적으로 전환시키고 있습니다. 최시형은 사람이 숨을 내쉬었다가 들이마시는 것, 움직였다가 정지하는 것, 몸을 굽혔다가 펴는 것 등, 일종의 '한번 음이 되었다가 한번 양이 되는' 기운을 "하늘님의 조화의 기운", 즉 하늘님의 일하는 기운이라고 합니다. 한마디로 말해 최시형에게 우주자연은 곧 하늘님이고 하늘님은 곧 우주자연인 것입니다.

그밖에 동학에서는 효를 부모에서 천지로 확대 적용할 것을 요구했는데, 이 점 또한 매우 인상적입니다. 최시형은 천지가 부모님처럼 우리를 낳고 길러주는 은덕을 지닌 존재라면 부모님만 공경하고 효도할 것이 아니라 자연 또한 섬기고 받들어 길러야 마땅하지 않겠느냐고 묻습니다. 유학에서 중시되어 온 효라는 가정 안의 윤리규범을 자연에 대한 생태윤리로 전환한 것으로서, 이 역시 전통적 윤리지식의 창조적 계승발전이라고 할 만합니다.

3. 동학이 말하는 우주자연에 대해 안다는 것

앞에서 우리는 동학이 서학의 지식 체계 가운데 무엇을 비판하고 무엇을 수용했으며, 전통 유학의 지식 중에서는 무엇을 비판하고 무엇을 계승했는지 알아보았습니다. 이제부터는 동학이 서학과 전통유학에 대해 진행한 그와 같은 비판적 검토를 바탕으로 어떤 새로운 지식 체계를 세우려 했는지 이야기하려 합니다.

최제우는 동학의 중심적인 가르침인 '하늘님 모심'을 제대로 실천하면 만사를 다 알 수 있다고 말합니다. 올바른 지식 체계는 '하늘님을 모시는' 실천을 통해서만 확립될 수 있다는 뜻입니다. 이러한 주장은 이른바 '본주문'에 축약적으로 표현되어 있습니다. 동학의 가르침 가운데 가장 핵심이 되는 것을 10여 글자로 요약해 동학도들에게 외우게 한 것이 주문인데, '본주문'은 그 여러 개의 주문 가운데에서도 가장 중요한 것입니다. 그것은 아래와 같습니다.

천주를 모시면 조화가 정해지고 영세토록 잊지 않으면 만사가 알려진다

(侍天主, 造化定, 永世不忘, 萬事知).

최제우가 만든 이 주문의 논리를 뜯어보면 이렇습니다. 사람들이 만사를 알 수 있으려면 영원히 잊지 말아야 합니다. 무엇을 잊지 말아야 한다는 걸까요? 당연히 '천주를 모시면 조화가 정해진다'는 사실을 잊지 말아야 함을 가리킬 겁니다. 그럼 이 첫 두 구절은 구체적으로 무엇을 뜻할까요? 앞서 소개한 최제우의 생각들을 다시 간단히 언급하고 그의 생각을 계승한 최시형의 설명을 곁들여 그 의미를 설명해 보지요.

우선 천주가 내적으로는 신령으로 모든 사람의 몸 안에 존재하고 외적으로는 일하는 기운으로 존재한다는 최제우의 말을 다시 상기할 필요가 있겠습니다. 이 말을 생각할 때 '천주를 모신다'는 말 또한 실천적으로는 두 가지 뜻을 지닙니다. 하나는 사람들이 내적으로 자기 자신에게 신령의 형태로 하늘님이 계심을 자각하는 것입니다. 그런데 이 자각은 한 번으로 끝나는 것이 아니라는 점에 유의해야 합니다. 내 안에는 자기중심적 자아, 즉 사익을 추구하는 자아도 있고 그것은 아주 강력한 힘을 발휘할 때가 많습니다. 물론 사익을 추구하는 게 다 잘못된 것은 아니지만 사익은 공익과 충돌할 때도 많습니다. 그럴 경우에는 반드시 공익을 생각하는 마음, 동학적인 용어로 바꾸어 말하면 하늘님 중심적으로 생각하는 마음이 작동해야 합니다. 그리고 그런 마음을 작동하게 하는 힘은 내면에 하늘님이 계심을 부단히 성찰하는 데서 주어집니다. 그런 맥락에서 최시형은 "내 마음을 공경하는 것이 곧 하늘을 공경하는 방법을 바르게 아는 것"이라고 했습니다.

다른 하나는 사람들이 모든 사람과 만물에 하늘님이 기운으로, 생명으로 깃들어 있음을 자각하고 모든 이들을 하늘님을 모신 존 귀한 존재로 공경하는 것입니다. 모든 사람이 하늘님을 모신 존귀 한 존재이니 하늘님처럼 섬기라고 했다는 점은 앞서 여러 사례를 들어 이야기했지요. 그것에 더해 최시형은 자연에 대한 공경도 무 척 강조합니다. 예를 들어 하늘님의 음성은 신비로운 종교체험을 통해서만 들을 수 있는 것이 아니고 양심에서 우러나오는 인간의 말, 심지어 저기 지저귀는 새소리를 통해서도 들을 수 있다고 합니 다. 새 또한 하늘님의 생명이 깃든 존재이므로 새들이 내는 소리도 하늘님을 모시는 소리라는 겁니다. 나아가 그는 "만물이 천주를 모시지 않음이 없으니, 이 이치를 알 수 있다면 살생은 금하지 않아 도 자연히 금해질 것입니다"(『해월신사법설』 「대인접물」)라고 합니 다. 우주에 가득 찬 것은 하늘님의 소중한 기운이니 "땅을 소중히 여기기를 어머니의 살 같이 하라"(『해월신사법설』 「성경신」)고도 합 니다. 이렇게 하늘과 땅, 그리고 그 안에서 살아가는 모든 자연물들 이 하늘님의 기운, 하늘님의 생명이 깃든 존귀한 존재임을 자각한 다면 자연스럽게 자연을 공경하는 실천을 할 수 있을 거라고 했습 니다. 또한 사람들이 다른 사람을 공경하는 데에만 머무르지 않고 자연물을 공경하는 데에 이르러야 비로소 그 도덕적 수준이 가장 높아질 수 있다고도 했습니다.

요컨대 '하늘님을 모신다'는 말은 실천적으로 사람들이 하늘님 중심적인 삶을 사는 것을 뜻합니다. 사람들이 자기중심적인 사익만을 추구하지 않고 부단히 내면의 양심의 소리가 무엇인지 성찰하고 '나'와 똑같이 존귀한 생명인 타인들, 나아가 자연물들을 공경하고 배려하는 삶을 사는 것을 뜻합니다.

그렇게 하늘님 중심적인 삶을 살면 '조화가 정해진다'는 말은 무슨 뜻인지 살펴볼 차례입니다. 조화(造化)란 현대어로 번역하자면 일(working)입니다. 그리고 이 일 역시 구체적으로는 두 가지 의미를 갖고 있는데 하나는 하늘님, 즉 우주자연이 하는 일이 확정된다는 뜻이고, 다른 하나는 그 우주자연이 하는 일에 발맞추어 인간이 해야 할 일이 정해진다는 뜻입니다. 이 두 가지의 보다 심층적인 의미를 다 설명하고 나면 동학의 지식 체계, 다시 말해 만사를 안다는 것의 의미가 뚜렷이 드러날 겁니다.

우선 우주자연이 하는 일에 대해 이야기해 봅시다. 앞서 이미 언급한 것처럼 그것은 만물을 낳고 기르는 일입니다. 그런데 그 일에 대해서 우리가 알아야 할 가장 중요한 것은 그 일이 지닌 성격입니다. 최제우는 그것을 무위(無爲)라고 규정합니다. 무위란 본래 노자나 장자가 즐겨 쓰던 개념으로서, 그것은 사실 상고시대에 인간이 주되게 채집의 방식으로 일하던 기억이 사유에 반영된 것입니다. 예컨대 사람들은 산에서 자라는 나무에 대해 아무 일도 하지 않지만, 어느 날 그 나무는 열매를 맺습니다. 그 나무 열매를 따 먹으며 사람들은 '나'는 일을 하지 않았는데 저 나무가 저절로 변해서 열매를 맺었다고 생각합니다. 최제우는 그런 생각을 비와 이슬의 은택이 있었기 때문에 그 나무에 열매가 맺힐 수 있었음을 알지 못하는 어리석은 생각이라고 말합니다. 그는 비가 내리고 이

슬이 맺히며 사계절이 순환하는 등 모든 자연현상은 "하늘님의 조화의 흔적이 천하에 밝게 드러난 것"(『동경대전』「포덕문」)이라고 단언합니다. 모든 자연현상은 하늘님이 자신의 기운으로 일한 흔적이라는 뜻입니다. 말하자면 하늘님은 부지런히 일을 하고 있는데, 어리석은 사람들은 그 점을 잘 알지 못하여 함이 없이 변화되는 줄[無爲而化] 알고 단지 그 흔적, 즉 눈에 보이는 현상만 인정할 뿐이라는 겁니다.

최제우가 더 자세히 설명하고 있지는 않지만, 그가 사용하는 무위 개념에는 사실 또 다른 함의가 있습니다. 바로 인위성 혹은 작위성이 없음을 뜻합니다. 아마도 이 함의는 노자, 장자나 유학자들 사이에 오랫동안 공유되고 왔었던지라 더 설명할 필요를 못 느껴서 그랬던 것 같습니다. 아무튼 그런 의미에서 최제우는 서학과 구별되는 동학의 원칙을 '무위의 원칙을 지키면서 변화함', 즉 "무위이화(無爲而化)"라고 천명합니다. 사람들이 생각과 행동을 할 때 최대한 인위성이나 작위성이 배제되어야 함을 뜻합니다. 그런데 이 무위의 원칙은 자연이 이미 따르고 있는 것입니다. 자연 안에서는 어떤 한 종이 자기중심적 이익을 지나치게 추구한 나머지 다른 종이 멸종의 위기에 처하거나 동종 안에서 피비린내 나는 약육강식의 투쟁이 일어나는 법은 없습니다. 이것이 바로 하늘님 혹은 자연이 일을 할 때 지키는 무위의 원칙입니다.

최시형은 최제우가 말하는 무위의 원칙을 바로 이렇게 이해하여 좀 더 생생하게 설명합니다. 앞서 여러 차례 언급했듯이 모든 자연물에는 하늘님의 기운 혹은 생명이 깃들어 있습니다. 그 점에서 모두 소중한 존재입니다. 그리고 이 자연물들은 모두 운동을 합니다. 특히 생명을 지닌 것들은 생명의 유지를 위해 일을 합니다. 예컨대 사과나무는 최종적으로 열매를 맺기 위해 생장하는 일을 하지요. 그런데 저 사과나무가 생장하는 일은 무수히 많은 자연물이 자신의 기운을 쏟아 부어 주어야 가능합니다. 햇빛, 공기, 물, 흙, 흙 속의 미생물 등이 에너지를 공급해 주어야 합니다. 그리고 이 햇빛, 공기, 미생물 등의 기운 또한 무수히 많은 자연물들이 기운을 쏟아 부어주기 때문에 존재할 수 있습니다. 그렇게 보면 자연의 기운은 총체적으로 연결되어 있고 한 개별 생명체 안에는 무수히 많은 생명체의 기운이 응집되어 있다고도 할 수 있습니다. 사과 한 알에 우주의 기운이 응집되어 있다고 할 수도 있는 거지요. 그런 점에서 최시형은 자연물이 하는 모든 일은 하늘님, 즉 우주가 하는 일이라고 말합니다.

이런 이치를 인정한다면 모든 자연 안의 생명체는 우주의 무수히 많은 자연물이 협력하여 자신의 기운을 공급해 줌으로써 생존을 유지하는 것이라고 말해야 합니다. 종교적으로 말한다면 하늘님이 자신의 기운을 내어주어 만물을 먹여 살리는 것이라고 할 수 있겠네요. 이 대목에서 최시형은 이런 견해가 이치에 맞지 않는다고 생각될 수도 있다고 언급합니다. 아마도 당시 동아시아 사회에 유입된 적자생존, 자연도태, 약육강식의 자연관을 염두에 두고 한 말인 것처럼 보입니다. 하지만 그는 이어서 그런 관점이 "한쪽으로 치우쳐 보는" 관점, 즉 국부적인 투쟁의 측면에만 주목한 편협한 관점이라고 일축합니다. 그리고는 하늘님이 자연에서 일하는 방식, 다른 말로 하면 우주자연의 총체적인 작동 방식을 두 가지 원리로 설명합니다. 하나는 동종 간에 이루어지는 상호 부조의 방식입니다. 동종 간에는 서로 먹고 먹히는 살육이 거의 일어나지 않고, 대신 서로 돕고 살아가는 것이 주된 삶의 방식이라는 겁니다. 다른 하나는 이종 간의 먹고 먹히는 방식입니다. 사과나무의 예를 다시 들면, 사과나무는 햇빛, 공기, 물 등을 흡수하는 방식으로 먹고, 사람은 그 열매인 사과를 먹지만, 먹고 남은 씨앗은 다시 새로운 사과나무로 자라납니다. 이 이종 간의 일하는 방식은 한편으로는 잔인하고 고통스럽습니다. 서로 먹고 먹히니까요. 자연을 약육강식의 정글로 보는 근대의 자연관도 자연의 이 측면에 주목한 것입니다. 그런데 최시형은 이 이종 간에 이루어지는 먹고 먹히는 방식의 일 또한 국부적 시각이 아니라 우주 전체의 시야에서 보면 우주의 기운을 서로 소통시키는 것이라고 말합니다. 방금 든 예처럼 자연의 생태적 선순환의 과정에서 없어서는 안 될 계기로 보는 것입니다. 그래서 그는 이 이종 간 먹고 먹히는 방식의 일이 행해지는 목적이 "종과 종의 연대적 성장, 발전을 도모하는"(『해월신사법설』 「이천식천」) 데 있다고 말합니다.

잘 알려져 있다시피 근대 이후에 자연을 적자생존, 자연도태, 약육강식의 법칙이 지배되는 것으로 보는 시각은 종종 사회로까지 확대 적용되었습니다. 사회 또한 자연과 마찬가지로 무한경쟁을 통해서만 발전할 수 있고 그 과정에서 낙오하는 자가 생겨나는 것은 자연스러운 것이라는 관점이지요. 하지만 최시형의 관점에서 보면 그런 사회진화론은 자연의 국부적 질서를 침소봉대해 마치 그것이 자연의 총체적 질서인 양 호도하는 것이며 이를 기반으로 사회의 작위적, 인위적 질서를 자연스러운 것으로 둔갑시키는 것입니다. 최시형의 관점에 따르면 우주 전체의 시야에서 볼 때 자연의 본질은 투쟁적인 것이 아니라 협동적이고 조화롭습니다. 최제우가 발견한 하늘님이 일하는 무위의 원칙은 최시형에 이르러 하늘님의 일 혹은 우주자연의 작동 원리가 궁극적으로는 협동과 조화를 목표로 하고 있고 그것을 부단히 실현하고 있음을 밝히는 것으로 구체화됩니다. 거기에 더해 그는 이 우주자연의 조화가 거시적으로는 만물을 먹여 살리기 위해 자신의 기운을 내어주는 하늘님의 희생이 없으면 불가능하다는 점을 잊지 않고 지적합니다. "총체적으로 말해 하늘님이 하늘님들을 먹이는 것[以天食天]은 곧 하늘님의 기화(氣化) 작용으로 볼 수 있다"(『해월신사법설』「이천식천」)는 말이 그것입니다. 우주자연이 자연력, 생명력을 끊임없이 만물에 공급하는 자기희생적 운동을 한 덕분에 개별 자연물들은 존재할 수 있다는 뜻입니다.

정리하자면 본주문의 첫 번째 의미는 이렇습니다. 사람이 하늘님 중심적인 삶을 살면 하늘님이 자신의 기운을 만물에 내어주는 자기희생적인 운동을 함으로써 우주의 조화가 이루어진다는 점이 확정적이 되어 영원히 이 점을 잊지 않으면 우주자연에 관한 모든 일들을 알게 된다는 뜻입니다.

4. 동학에서 말하는 인간 삶에서 알아야 할 것

이제 마지막으로 '조화가 정해진다'는 말의 두 번째 의미에 대해 이야기하겠습니다. 인간이 삶의 여정에서 해야 할 일 말이지요. 앞에서도 잠시 언급했듯이 최제우는 사람이 하늘님의 마음과 기운 사용 원칙인 무위의 원칙을 인간이 따라야 한다고 여겼고, 그 무위의 원칙을 지키는 실천을 통해 인간 삶과 관련된 모든 일을 제대로 알 수 있다고 생각했습니다.

그렇다면 그가 말하는 인간 삶에서 지켜야 할 무위의 원칙이란 구체적으로 무엇을 뜻할까요? 서학과 구별되는 동학의 가장 중심적인 원칙을 무위의 원칙을 따르면서 변화함이라고 한 다음, 이어서 그는 그것을 아래와 같이 설명합니다.

> 그 마음을 지키고[守其心] 그 기운을 바르게 하며[正其氣] 그 성품을 따르고[率其性] 그 가르침을 받으면[受其敎] 변화가 자연스러운 가운데에서 생겨난다. (『동경대전』 「논학문」)

문장 가운데 '그'는 모두 '하늘님'을 가리킵니다. 그렇다면 위 구절들의 뜻은 다음과 같이 풀이될 수 있습니다. 안으로는 사익을 충족시키려는 마음을 적절히 제어해 하늘님을 위하려는 마음을 지킵니다. 밖으로는 사욕을 추구하다가 어그러진 하늘님의 기운이 그 활력을 회복하도록 바로잡습니다. 이렇게 사람들이 내 몸에 내재된 하늘님의 품성을 따르고 하늘님의 가르침을 받아들이면 나,

사회, 그리고 자연의 변화가 자연스럽게 이루어집니다. 이 네 조목이 무위의 원칙을 따르는 것인 까닭은 그것들이 각기 하늘님의 마음, 기운, 성품, 가르침을 '따르는' 행위이지, 사욕을 채우려는 마음, 기운, 성품, 가르침으로 '나'와 사회, 그리고 자연을 해치는 행위가 아니기 때문입니다.

최제우의 위와 같은 생각을 후에 최시형은 성(誠), 경(敬), 신(信)이라는 유학적 개념을 가지고 좀 더 구체적으로 설명합니다.

유학에서 성(誠)이란 진실함, 성실함을 뜻합니다. 인간 사회에는 거짓말, 거짓된 행동이 적지 않은 데 반해 자연에는 그런 거짓됨이 없습니다. 밤이 지나면 틀림없이 낮이 오고, 겨울이 가면 틀림없이 봄이 옵니다. 그런 체험을 하며 옛 사람들은 자연은 진실함 그 자체라고 생각했습니다. 그리고 인간은 그런 자연의 진실함을 생각하며 진실해지도록 노력해야 한다고 주장했습니다. 또 자연은 끊임없이 운동하고 변화합니다. 그 변화의 운동은 잠시도 그친 적이 없습니다. 이런 점에서 자연은 성실함 그 자체라고 생각되기도 했습니다. 유학의 성(誠) 개념이 지닌 두 가지 함의 가운데 최시형은 성실함의 의미를 부각시킵니다. 주야의 교체, 사계절의 순환에 의해 만물이 융성하고 해와 달이 밝아진다고 하고, 이는 천지, 즉 우주자연이 지극히 성실하여 쉼 없이 일을 한 결과라고 말합니다. 한편 유학에서는 진실함을 생각하고 진실해지려고 노력하는 주체는 주로 군주, 관리, 선비 등 정신노동을 하며 도덕수양을 하는 자들이었습니다. 최시형 또한 그런 사람들의 성실함에 대해 언급합니다. 하지만 그들과 더불어 육체노동을 하는 자들의 성실함에 대해 말합니다. "농부가 힘써 농사를 지으니 입을 거리와 먹거리가 풍족하고, 상인이 열심히 노고를 하니 재물의 쓰임이 끝이 없습니다. 노동자가 열심히 일하니 기계가 다 갖추어집니다. 이것이 인민들이 지극히 성실함을 잃지 않는 길입니다."(『해월신사법설』「성경신」) 이렇게 농부, 상인, 노동자의 성실함과 자연의 성실함을 나란히 놓는 논리가 지니는 의의는 자연과 민중이라는 이 두 주체는 일을 하는 과정에서 기운과 기운이 직접 부딪치고 뒤엉기며 합쳐지는 작용을 하는 존재들이라는 데 있습니다. 이 점을 생각한다면 "쉼 없는 성실함으로 우주자연과 법칙을 함께하고 운수를 함께하는" 최시형이 말하는 성인은 꼭 정신노동을 하는 지식인이 아닐 수도 있습니다. 오히려 우주자연의 일하는 원칙, 즉 무위의 원칙을 따라가며 협력적으로 일을 성실히 수행하는 미래의 민중들일 가능성이 큽니다.

다음으로 경(敬)에 대해 이야기할 차례입니다. 최시형은 공경의 주된 대상을 하늘, 인간, 자연물, 이 셋으로 설정해 하늘을 공경하고, 타인을 공경하고 자연물을 공경할 것을 주장합니다. 물론 이 경천(敬天), 경인(敬人), 경물(敬物)의 실천 윤리적 지식은 유학에서 가져온 것입니다. 그러나 동학의 경(敬)은 단순한 공경이 아니라 타인을 하늘님처럼 공경하고, 자연물을 하늘님처럼 공경하라고 했다는 점에서 유학의 그것과는 구별됩니다. 경인(敬人), 경물(敬物)에 대해서는 앞서 이미 충분히 이야기했으니, 여기서는 하늘을 공경하는 것에 대해서만 몇 마디 보태고자 합니다. 동학에서는 하늘님이 내 몸 안에 모셔져 있음을 강조하는지라, 최시형은 허공을 향해 공경을 표시하는 것은 경천의 올바른 방법이 아니라고 합니다. 대신 내 마음의 하늘님을 공경할 것을 요구하고, 그렇게 되면 사람들이 진리를 알게 될 것이라고 말합니다. 매사에 하늘님 중심적으로 생각함으로써 만사를 하나로 꿰뚫는 중심적인 진리를 파악하게 된다는 뜻입니다. 그 중심적 진리의 내용을 그는 이렇게 말합니다. "사람은 하늘을 공경함으로써 자기의 영원한 생명을 알게 될 겁니다. 하늘을 공경함으로써 타인과 내가 동포이고, 자연물과 내가 동포라는 전체의 진리를 깨달을 겁니다. 하늘을 공경함으로써 남을 위하여 희생하는 마음과 세상을 위하여 의무를 다할 마음이 생길 수 있습니다."(『해월신사법설』, 「성경신」) 매사에 사익을 좇는 개별 자아 중심이 아니라 하늘님 중심으로 생각하면 어느 새 나는 생명 그 자체인 하늘님과 합일되어 영원한 생명의 의미를 알게 되고, 타인과 자연물 또한 나와 똑같이 하늘님을 모신 존귀한 존재임을 알게 되며, 하늘님이 희생해 온 존재임을 자각하기 때문에 그를 모신 나 또한 남을 위해 희생하는 삶을 살려는 마음이 생긴다는 뜻입니다. 하늘님 중심으로 생각함은 하늘님 마음을 따름이니, 이 역시 무위의 원칙을 따르는 것입니다. 이 무위의 원칙을 따라 생각하면 나 자신, 인간과 인간, 인간과 자연의 본질이 밝혀지고 이를 계기로 근본적으로 변화된 삶의 태도가 새롭게 정립된다고 주장하는 겁니다. 하늘님 공경의 생명윤리적 태도는 만사의 핵심을 제대로 아는 열쇠인 것입니다.

신(信) 역시 유학에서 중시되던 개념으로서 그 기본적 의미는 사람 사이의 신의, 신뢰입니다. 유학에서는 이 신의가 유학의 근본

이념인 인의예지(仁義禮智)가 실행될 수 있는 바탕이라고 할 정도로 그것을 중요하게 생각했습니다. 서로 신뢰가 없으면 사랑도 옳음도 예의도 지혜도 인간 사이에서 실현될 수 없겠지요. 동학도 신에 대한 이런 사고방식을 받아들입니다. 다만 신뢰하는 대상이 사람이 아닌 하늘님으로 바뀌지요. 최시형이 말하는 신(信)이란 하늘님에 대한 믿음입니다. 물론 이 하늘님은 최시형에게는 내면의 하늘님, 바로 하늘님 마음이지요. 바로 그 점에서 내면의 하늘님을 믿는다는 것은 하늘님을 중심으로 생각함으로써 얻게 되는 진리에 대한 확신이기도 합니다. 최시형은 이 진리에 대한 확신이 성실[誠]과 공경[敬]이 실천될 수 있는 바탕이라고 보았습니다. 그래서 이렇게 말합니다. "마음으로 믿으면 정성, 공경은 자연히 그 가운데 있습니다."(『해월신사법설』「성경신」)

이상이 인간이 살면서 알아야 할 것에 대한 동학 지도자들의 생각입니다. 한마디로 말해 최제우, 최시형은 사람들이 하늘님 중심적인 관점에 서서 생각하고 행동하면 만사를 꿰뚫는 핵심적 진리를 인식할 수 있다고 여겼던 것입니다. 이제 이런 진리에 대한 인식에 도달하면 삶의 "변화가 자연스러운 가운데에서 생겨난다"는 구절을 제 나름대로 풀이하며 이 강의를 마칠까 합니다. 동학의 지도자들에게 하늘님은 곧 생명입니다. 따라서 위에서 이야기한 '하늘님'을 '생명'으로 바꿔 놓으면 동학의 지식론은 인간 삶에서 다음과 같은 구체적인 의미를 갖게 됩니다. '내'가 생명을 유지하고 살아갈 수 있는 것은 '내' 힘만으로는 가능하지 않습니다. '나'는 대우주, 대자연의 무수히 많은 자연력과 생명력들이 한 데 얽혀 함께 협력해 작용한 덕분에 태어났고, 지금도 살아갈 수 있습니다. 그렇게 생각하면 나는 대자연, 대우주의 생명이 있는 것입니다. 이 진리를 자각하고 확신하여[信] 매사를 자기중심적으로가 아니라 생명 중심적으로 생각한다면[敬天] 다른 사람들과 자연물 또한 똑같이 소중한 생명임을 깨달아 이들을 최대한 배려하며 소외된 이들은 돌보지 않을 수 없게 됩니다[敬人, 敬物]. 그리고 그런 배려와 돌봄이 일어나야 하는 가장 중심이 되는 곳은 일터여야 합니다. 인간의 삶은 특정 사회에서 그 일을 하는 주된 방식이 어떤 것이냐에 따라 크게 달라져 왔기 때문입니다. 동학은 일하는 사람들의 일하는 방식이 자연의 무위의 원칙을 따라야 함을 강조합니다. 인간이 더 많은 이익을 얻기 위해 돌이킬 수 없이 훼손되는 자연의 자연력과 생명력에 대해서는 아무런 고려 없이 일하는 것을 경계합니다. 한 사회의 주된 일하는 방식이 자연과 협력적인 성격을 띠어야 함을 말합니다[誠].

사람들의 자연에 대한 태도가 근본적으로 바뀌고 그래서 사회의 주되게 일하는 방식이 자연과 협동성을 회복하는 방향으로 전환되면 일종의 일하는 조직으로서의 사회의 인간관계 또한 근본적으로 변화할 겁니다. 예를 들어 사람들은 책상을 구입하고는 이 책상에는 나무라는 자연의 생명과 책상을 만들어준 사람의 생명이 어려 있는 것이니 나는 자연과 책상 만들어준 사람에게 빚을 지고 있는 거다. 사람들은 다른 사람과 자연을 이렇게 생각하고 행동으로도 이렇게 대할 것입니다. 이런 꿈같은 세상이 오는 게 가능할까요? 동학에서는 이런 세상의 도래를 후천개벽이라고 했습니다. 그리고 최시형은 이런 세상이 도래하기 직전에는 "천지도 편안치 못하고, 산천초목도 편안치 못하고, 강물의 물고기와 자라도 편안치 못하고, 날짐승과 들짐승도 다 편안치 못합니다"(『해월신사법설』「개벽운수」)라고 했습니다. 마치 오늘날 자연생태계의 위기를 예언한 것 같습니다. 그는 이런 시대에 유독 사람만 따뜻하게 입고 배부르게 먹으며 편안하게 도(道)를 구할 수 있겠느냐고 묻습니다. 보다 나은 인간의 삶에 대한 꿈은 인간에 의해 그 기운이 다 소실될 위기에 처한 자연의 활력을 되찾아주는 데서 시작되지 않으면 안 됩니다. 한 사회의 자연에 대해 가하는 일의 방식이 바뀌지 않으면 그 일을 하는 조직인 사회의 인간관계도 근본적으로 바뀔 수 없기 때문입니다. 동학사상은 이러한 점을 시사하고 있습니다. 또한 동학이 꿈꾸던 인간과 자연, 인간과 인간이 참다운 조화를 이루는 세상이 아직 도래하지 않은 것이라면 동학이 세우려 했던 지식 체계 역시 아직은 미완성인 것입니다. 그들이 세운 것은 일종의 미래의 거대한 지식 체계의 뼈대에 불과한 것인지도 모릅니다. 다만 그 뼈대에 살을 붙이는 작업은 동학이 강조한 대로 생명 중심적인 관점에서 희생당해 온 생명들을 최대한 주체로 인정하고 존중하고 배려하면서도 동시에 인간의 삶도 윤택하게 할 수 있는 방향의 지식 추구로 이루어져야 할 것입니다.

생각해 볼 문제

1. 동학의 창시자인 최제우는 서양인들이 종교적으로는 천주교를 믿어 천주를 위하는 삶을 살아야 한다고 하면서도 인간다운 삶을 살기 위해 세운 서양 근대 학문에 천주를 위하는 면은 거의 보이지 않고 오직 인간 자신만을 위한 것들만 가득하다고 하면서 근대 서양인들의 자기모순적인 생각과 행동을 비판합니다. 이런 비판에 대해 어떻게 생각하나요?

2. 동학에서는 모든 사람들이 하늘님을 모신 존귀한 존재이기 때문에 근대 이전에 평등한 사회적 위치에서 자유로운 삶을 살 수 없었던 백성, 여성, 어린이 등을 하늘님처럼 모셔야 한다고 주장합니다. 동학에서 말하는 것처럼 꼭 모든 사람 안에 '하늘님'이 계신다고 믿지 않는다고 하더라도 이런 사람들을 소중한 존재로 여기고 공경하는 행동을 보여야 한다고 생각하는지요? 그렇게 생각한다면 그 이유는 어디에 있다고 보는지요?

3. 최제우의 사상을 계승한 최시형은 하늘님이 자신의 기운으로 모든 자연물을 먹여 살리기 때문에 자연은 근본적으로 협력, 상생, 조화의 원리를 실현하고 있고, 자연 안에서 일어나는 서로 먹고 먹히는 현상 또한 거시적인 차원에서 보면 자연이 생태적 조화와 균형을 이루기 위한 국부적 현상에 불과하다고 말합니다. 자연 운행의 원리에 대한 최시형의 이런 생각은 어떤가요? 여러분은 자연이 근본적으로 대립적, 투쟁적이라고 보나요, 아니면 상호 의존적으로 조화를 실현하고 있다고 보나요?

4. 동학에서는 우리가 사는 세상이 인간과 자연, 인간과 인간 사이에 참된 조화를 이루는 세상이 되려면 자연과 인간에 대해 우리가 공경과 성실의 자세를 갖추어야 한다고 말합니다. 그리고 이 글 말미에서는 이에 더해 자연에 대해 인간이 일하는 방식이 생명을 최대한 존중하고 배려하는 방식으로 바뀌고, 우리의 지식 체계 또한 그런 성격을 갖는 것으로 다시 세워져야 한다고 말합니다. 생명을 충분히 배려하는 지식이란 어떤 지식이고, 그런 지식을 바탕으로 한 행동이란 어떤 행동일까요? 다양한 예를 들어 생각해 봅시다.

더 읽어보면 좋을 책

1. 천도교중앙총부, 『천도교경전』, 천도교중앙총부출판부, 1994.

천도교를 믿는 사람이 아니더라도 동학을 제대로 이해하려면 반드시 읽어야 하는 책입니다. 이 책 가운데에는 최제우가 쓴 『동경대전』, 『용담유사』와 최시형이 남긴 『해월신사법설』이 있기 때문입니다. 『동경대전』은 최제우가 주로 당시 유교지식인들을 겨냥해 쓴 것으로 원래는 한문으로 쓰여 있습니다만, 이 책에는 한글 번역도 실려 있습니다. 『용담유사』는 당시의 일반 백성들을 위해 쓴 것으로 동학사상을 근대 가사체 문장으로 쉽게 표현한 책입니다. 『해월신사법설』은 해월 최시형이 남긴 주옥같은 말들을 주제별로 정리한 책입니다.

2. 박맹수, 『생명의 눈으로 보는 동학』, 모시는사람들, 2015.

최시형의 삶과 사상으로 박사학위논문을 쓴 원광대학교 박맹수 교수가 동학을 생명운동, 생명사상의 시각에서 재조명한 책입니다. 동학과 생명평화사상, 그리고 한살림운동의 관계, 생명사상으로서의 동학사상이 지니는 특징과 의미, 생명운동으로서의 동학농민혁명 등 동학이 지닌 사상적, 실천적, 역사적 의미를 훌륭히 파헤치고 있습니다.

3. 이준모, 『생태노동과 우주진화』, 문사철, 2016.

생태철학적인 시각에서 동서양철학이 지닌 특징과 의미를 밝힌 책입니다. 동서양철학사의 굵직한 인물과 사상을 다 다루고 있지만, 그 최종적 귀결을 동학으로 보고 있는 점이 매우 특징적입니다. 생태철학적인 시각에서 동학이 갖는 세계사적 보편적 의의를 알고 싶다면 다소 어렵지만 읽어보면 좋을 역작입니다.

중국의 마르크스주의 인식

: 천론 수용 및 그 중국적 변용

조봉래

1. 지知와 행行의 관계에 대한 오랜 논쟁과 마르크스주의적 해결

아는 것과 행하는 것과의 관계 문제 즉 지행(知行)의 관계 문제는 중국철학에서 오래된 논쟁거리 중 하나였습니다. 이를 간단히 정리해 보면 대체로 선지후행(先知後行)과 지행합일(知行合一) 그리고 선행후지(先行後知)의 주장으로 나눌 수 있습니다.

정이천(程伊川)과 주희(朱熹)는 대체로 선지후행을 주장하였다 볼 수 있는데 정이천은 앎이 행함의 기초로서 앎이 행함을 이끌어서 인도한다고 주장했고 주희 역시 알지 못하면 행할 수 없다고 주장하지만 앎의 목적은 행함에 있기에 행함은 앎보다 중요하고[行重知輕] 또한 이 둘은 서로 필요로 한다[知行相須]고 말합니다.

지행합일은 왕양명(王陽明)의 대표적인 주장 중 하나입니다. 대학(大學)에는 "이른바 그 뜻을 성실하게 한다는 것은 스스로를 속이지 않는 것이니 마치 악취를 싫어하고, 아름다운 것을 좋아하는 것과 같은 것이므로 이를 '자겸'이라 한다[所謂誠其意者 毋自欺也 如惡惡臭 如好好色 此之謂自謙]."(大學 傳文 제6장 誠意)는 구절이 나옵니다. 왕양명은 그 중 '여오악취 여호호색'이라는 대목에 주목하여 앎과 행함은 함께 나아간다[知行竝進]는 주장합니다. 다시 말해 악취를 맡게 되면 이를 피하려 하고 아름다운 것이 있으면 쳐다보게 되는데, 악취를 맡는 것을 아는 것[知]으로 이를 피하려는 것을 행하는 것[行]으로 생각했던 것입니다. 그래서 그는 "아는 것은 행하는 것의 시작이고 행하는 것은 아는 것의 완성이다. 앎과 행함은 나누어 두 가지 일로 여길 수 없다[知是行之始 行是知之成 知行不可分作兩事]."(傳習錄)라고 주장하는 것입니다. 이 주장에는 당시에도 왕양명의 제자를 비롯하여 많은 사람들의 반론을 했습니다. 왜냐하면 사람은 악취나 아름다움을 알면 자연히 즉각적으로 반응하여 지행합일이 이루어지기도 하지만, 사람은 악행을 저지르면 안 된다는 것을 알면서도 악행을 저지르는 일이 수없이 발생하기 때문입니다. 이는 반드시 지킬 수 없는 지행합일을 지키라는 요구가 될 수 있습니다. 그러나 왕양명은 사람이 무엇을 알면서도 그것을 실천하지 않는 것은 그것을 제대로 알지 못하기 때문이라고 재반박을 합니다.

　　선행후지를 주장한 대표적인 사람은 왕부지(王夫之)인데 그는 행함을 통해서 앎의 효과를 얻을 수 있지만 앎 그 자체로써는 행함이라는 효과를 얻을 수 없다고 합니다. 대체로 앎이라는 것은 원래

행함을 통해 공을 삼는 것이지 행함이라는 것은 앎을 통해 공을 삼지는 않는다는 것입니다. 그렇지만 왕부지에게 행함이란 도덕의 실천을 말하는 것이 아니라 제대로 알기 위한 견문 행위를 말한 것이기 때문에 그 역시 앎과 행함을 두 가지 일로 나누어 여긴 것은 아닙니다.

서두에 이러한 이야기를 길게 하는 이유는 이 장에서 중요하게 다루게 될 모택동(毛澤東)의 「실천론(實踐論)」의 부제가 바로 '인식과 실천의 관계: 지와 행의 관계를 논함[論認識和實踐的關係: 知和行的關係]'이기 때문입니다. 뒷장에서 좀 더 자세히 다루겠지만 모택동은 마르크스의 변증법적 유물론을 가지고 이 오래된 문제에 대한 해답을 제시하려 합니다. 그에게 실천이란 왕부지처럼 대상을 제대로 알기 위한 견문 행위도 물론 포함되지만, 더 나아가 이 과정을 거쳐 제대로 형성된 인식을 통해 계급투쟁을 비롯한 혁명실천으로 나가야 한다는 주장은 정이천이나 주희의 주장과 닮아있기도 합니다. 모택동은 사실 『실천론』을 통하여 인식과 실천의 관계를 변증법적인 관계로 설명하는 듯이 보이나 균형의 추는 실천에 훨씬 더 기울어져 있습니다. 이러한 이유는 모택동 개인의 사유에서 찾기보다는 중국혁명의 역사에서 찾는 것이 옳을 것입니다. 즉 마르크스주의가 전파되고 수용되는 과정이 제국주의의 압박과 봉건주의의 굴레 속에서 끊임없이 대안적 활로를 찾아 나갔던 당시 중국의 진보적인 지식인들의 실천과정과 맞닿아 있다는 것입니다. 그리고 이것은 훗날 마르크스주의의 중국적 변용이라는 측면에서도 중요한 특징이 됩니다. 이를 전반적으로 이해하기 위해서는 먼저 마르크스주의가 중국에 전파되고 수용되는 과정과 그 속에서 나타나는 특징을 살펴보는 것이 좋을 듯합니다.

2. 초기 마르크스주의 수용의 과정과 특징

"철학자들은 단지 다른 방식으로 세계를 해석했을 뿐이지만 문제는 세계를 개조하는 데 있다." 마르크스의 묘비에도 새겨져 있다는 이 유명한 말은 이미 마르크스 철학이 가지고 있는 강렬한 실천성을 보여줍니다. 여기서 세계를 해석한다는 것은 인식의 문제, 세계를 개조한다는 것은 실천의 문제로 치환할 수 있습니다. 이탈리아의 마르크스주의 철학자 안토니오 라브리올라(Antonio Labriola)는 그의 저서 『유물론적 역사관에 대한 시론』에서 '실천철학'이라는 개념을 내놓습니다. 그는 철학은 바로 "생활과 세계의 일반학설"이라 규정하면서 마르크스주의 철학 자체를 하나의 실천철학으로 보았습니다. 그러나 유럽의 마르크스 철학에서의 인식론보다 중국으로 넘어 온 뒤의 마르크스 철학에서의 인식론은 실천의 중요성이 훨씬 더 강조되고 있는 것은 사실입니다. 이렇게 된 이유를 중국인들이 마르크스주의를 수용하는 과정의 역사적 배경을 통해 살펴보겠습니다.

중국의 지식인들은 왜 마르크스주의를 수용하였나 하는 문제는 수용자 개개인의 성향보다는 당시 중국의 절박했던 역사적 상황 전체를 통해 보아야 할 것입니다. 이택후(李澤厚)는 중국의 마르크스주의 전파 과정을 이렇게 설명합니다.

　　요컨대 마르크스-레닌주의의 수용과 전파와 발전은 주로 당시 중국의
현실적 투쟁의 필요에서 이루어진 것이지, 서재 속에서 서구 자유주의의
학술이론을 철저하게 분석하고 연구하여 얻어진 결과는 아니었다. 이것은
당 창립 이후 직면한 아주 긴장되고 격렬한 정치·군사적 투쟁과 혁명전쟁
때문에 사람들이 이론과 사상에서 깊은 연구를 할 여유도 갖지 못하고
곧바로 행동무대로 뛰어들어야만 했기 때문이다.[1]

　　이 모든 '현실적 투쟁의 필요'는 아편전쟁으로부터 시작됩니다.
수천 년 동안 스스로 천하의 중심임을 믿어 의심치 않았던 중국의
중화사상이 문명사적 위기를 맞게 됩니다. 이른바 서세동점(西勢東
漸)이라는 위기 국면 속에서 서양의 과학기술을 받아들여 점진적
으로 근대화를 실현함으로써 중국을 위기에서 구해야 한다는 취지
로 이른바 양무운동자강운동(洋務自彊運動, 1872~1885)이 벌어집니
다. 이 운동을 이끌던 한족 출신의 실무 관료들은 한편으로는 군사
적·경제적 근대화를 추진하면서 다른 한편으로는 서구의 문물을
학습하기 위해 많은 유학생을 서양에 파견하기 시작하였습니다.
이들을 통해 서양의 최신 학문들도 본격적으로 번역되어 소개되는
데 그들 중 가장 대표적인 사람이 1898년 토마스 헉슬리(Thomas
Henry Huxley)의 『진화와 윤리』를 번역하여 이른바 '사회진화론'을

---

1) 리쩌허우, 김형종 옮김, 『중국현대사상사론』, 한길사, 2005, 77쪽.

소개한 엄복(嚴復)입니다. 헉슬리의 책이었지만 엄복은 이를 스펜서(Herbert Spencer)의 시각을 끌어들여 각 사회의 대립과 경쟁에 초점을 맞춰 번역합니다. 이렇게 번역되어 소개된 사회진화론은 당시 중국의 지식인 사회에 커다란 충격을 던져 주었습니다. 물극필반(物極必反)의 순환적 세계관이 지배하고 있던 중국인들에게 진화론이 던져 준 발전적 세계관은 놀라움 그 자체였고 문화중심적인 화이론(華夷論)에서 벗어나 서양의 근대적 민족주의와 민족국가 개념이 들어서게 만들었습니다. 아울러 사회진화론의 소개는 결과적으로 20여 년 후인 1919년 5·4운동을 전후하여 중국의 진보적 지식인들이 마르크스주의를 수용하게 만드는 중요한 출발점이기도 합니다. 이 과정을 간단하게만 정리하면, 사회진화론을 받아들이고 근대적 민족주의에 눈을 뜬 중국의 진보적 지식인들은 얼마 지나지 않아 사회진화론이 오히려 서양의 제국주의 세력에 의한 중국의 침탈을 정당화 시켜주는 이론이라는 점을 깨달았고 한편으로는 사회진화론의 지나친 경쟁논리에 피로감을 느끼게 됩니다. 그들이 사회진화론에서 등을 돌리면서 대거 받아들이게 되는 사상이 바로 무정부주의입니다. 특히 무정부주의의 여러 사조 중에서도 사회진화론의 대척점에 서 있다시피 한 크로포트킨의 '상호부조론'을 대거 수용한 점은 당시의 사상적 흐름을 잘 설명해 줍니다. 그리고 무정부주의를 받아들인 지식인들이 1917년 러시아혁명 이후 5·4운동을 전후하여 여러 차례 논쟁 과정을 거치며 순차적으로 마르크스주의자로 변모하게 되는 것입니다.

그러나 마르크스주의가 러시아혁명 이후 처음 중국에 소개된 것은 아닙니다. 20세기 초 마르크스주의의 소개 과정을 잘 정리한 서진영의 글을 인용해 보겠습니다.

　　이미 1902년 양계초는 그가 편찬한『신민총보(新民叢報)』에서 맑스를 언급하고 있었으며, 주집신(朱執信)과 같은 초기 동맹회 이론가는 동맹회 기관지인『민보(民報)』에서 맑스주의를 비롯한 사회주의사상에 대해 소개 하였고 1906년에는 맑스의「공산당선언」일부를 번역하였다. 주집신은 연이어『민보』에 발표한「독일 사회혁명가 소전(小典)」이라는 글에서 맑스와 라쌀레(Ferdinand Lassalle)를 소개했다. 1907년에는 프랑스 파리 에서『신세기』란 무정부주의자들의 잡지가 창간되면서 공산주의적 무정부 주의에 대한 관심이 높아졌고, 또한 동경유학생들을 중심으로 사회주의, 무정부주의, 맑스주의와 같은 급진적 변혁사상이 전파되었다. 1912년에는 상해에서 발간된『신세계』라는 진보적 잡지는 엥겔스의「공상적 사회주의 와 과학적 사회주의」란 글을 번역 소개하였고, 소수의 진보적 지식인들에 의하여 조직된 각종 조직, 이를테면 강항호(江亢虎)가 조직한 사회당이나 무정부주의학회 등을 중심으로 사회주의와 무정부주의사상에 대한 학습과 선전활동을 하는 과정에서 부분적이나마 맑스주의가 중국지식인들에게 소 개되었다.[2]

　　신문화운동 이후 전반서화론자들은 중국의 모든 봉건적 요소에 대해 비판해 왔습니다. 그러나 제1차 세계대전 이후 서구 문명에

---

2) 서진영,『중국혁명사』, 한울, 1992, 70쪽.

실망하게 되었고 이로 인해 새로운 대안을 모색하던 때에 1917년 러시아혁명이 성공했습니다. 이로 인해 중국의 진보적 지식인들의 관심은 자연스럽게 마르크스레닌주의로 몰렸고, 그 이전처럼 "그 이상은 매우 고매하지만 중국은 낙후된 나라이기 때문에 그 이상을 실현하기에 적합하지 않다."고 생각하지도 않았습니다. 바야흐로 매우 현실적인 대안으로 떠올랐던 것입니다. 따라서 이후 마르크스주의의 연구와 소개는 보다 깊고 전면적으로 이루어졌다고 볼 수 있습니다. 이처럼 중국의 지식인들이 마르크스주의를 수용한 것은 서구에 대한 환멸과 중국의 민족적 위기감에서 비롯된 것입니다.

이들 초기 마르크스주의자의 대표인물로는 진독수(陳獨秀)와 이대조(李大釗)를 들 수 있습니다. '남진북이(南陳北李)'로 불리며 중국공산당의 창당을 이끌었던 두 사람이지만 그들의 마르크스주의적 성향은 사뭇 달랐습니다. 흔히 진독수의 마르크스주의가 보편성과 합리성 그리고 과학성에 중점을 두었다면 이대조의 마르크스주의에는 중국적이고 민족적인 요소와 심지어 인민주의적인 요소가 농후하다고 평가합니다. 다시 말해 진독수가 마르크스주의의 원리·원칙 그대로를 신봉했다면 이대조는 그것의 중국에서의 적용 문제에 더 천착했던 것입니다. 이대조가 북경대학의 도서관장을 맡고 있을 때 도서관 사서보조로 일하던 모택동이 그에게 큰 영향을 받게 되는데 모택동이 중국공산당을 장악한 이후 마르크스주의를 중국혁명의 필요에 맞게 변용하는 것도 이러한 영향이라고 생각됩니다. 따라서 중국의 초기 마르크스주의 수용은 러시아에 비해 역사가 대단히 짧고 치열한 이론투쟁 과정도 없었지만 혁명적 변혁에 대한 열망은 그에 못지않았다는 점과 초기에 이미 중국적인 변용의 맹아가 존재하고 있었다는 점이 중요한 특징입니다.

이제 본격적으로 중국의 마르크스주의 인식－실천론에 대해 알아보기로 하겠습니다.

3. 모택동 사상과 「실천론」을 통해 본 인식과 실천

모택동의 전체 사상에서 혁명 및 사회주의 건설이론의 본질적인 특징은 '중국화'와 '대중화'라 할 수 있는데 이 두 가지 모두 강렬한 실천성을 필요로 합니다. 이를 다시 철학사상으로 범위를 좁혀 보면 가장 큰 특징으로 언급되는 것은 실천론과 모순학설입니다. 마르크스나 레닌의 철학사상에서 이것들을 경시한 것은 아니지만 마오쩌둥은 중국혁명이라는 새로운 실천과정에서 이들을 다시 종합하여 새로운 이론으로 만들어 냅니다.

모택동은 '사회실천'이라는 개념을 핵심으로 하여 매우 실천적 특징을 가진 인식론을 만들어 내는데 이는 실천과 실천하는 사람의 주체성을 매우 중시하는 것입니다. 이것은 앞에서 살펴 보았듯이 그의 철학사상의 임무가 마르크스주의를 중심으로 중국혁명이라는 근본 문제를 해결하고 중국혁명이 성공할 수 있는 노선을 찾기 위한 것이기 때문입니다. 이로 인해 모택동과 중국공산당은 중국혁명의 필요에 부합할 수 있는, 나아가 최대의 군중을 장악할 수 있는 중국화된 마르크스주의를 만들어 냈고 그것을 마르크스주의의 중국적 변용이라고 말할 수 있는 것입니다.

그럼 마르크스주의의 중국적 변용과 관련하여 1930년대 역사과정에서 나타난 두 가지 중요한 분기점을 중심으로 마르크스주의의 인식－실천론이 어떻게 변화되었는지 알아봅시다. 우선 대장정 초기였던 1935년 이른바 '준의회의(遵義會議)'에서 모택동이 지도권을 확립하게 되는 시점부터 살펴보겠습니다. 이 회의에서는 상당히 다양한 주제가 다루어졌지만, 그중 가장 심각하게 논의되었던 것이 바로 왕명(王明)을 비롯한 당 중앙의 군사노선에 대한 것이었습니다. 직전 중국공산당은 정강산(井崗山) 일대를 중심으로 한 산악지역에 이른바 강서(江西)소비에트를 건립하여 토지혁명을 진행하였는데 이 지역은 장개석(蔣介石)의 국민당 군대에 의해 5차례나 포위토벌 공격을 받게 됩니다. 제4차 포위토벌 공격까지는 모택동이 이끄는 홍군의 유격전술로 국민당군을 패퇴시켰습니다. 그러나 모택동의 유격전술은 그 혁혁한 전과에도 불구하고 멀리 떨어진 상해의 당 지도부로부터 비판을 받게 됩니다. 당시 중국공산당의 중앙은 왕명을 비롯한 소련 유학파들이 장악하고 있었고 이들은 코민테른과 모스코바의 명령을 중국공산당 내에서 관철시키는 가교 역할을 할 뿐이었습니다. 이들의 비판은 소비에트라는 국가를 방위하는 임무를 가진 홍군이 단지 승리에 눈이 멀어 적군를 소비에트 영내로 끌어들여 유격전을 펼쳤다는 데 있었습니다. 이들의 비판으로 인해 홍군은 국민당군의 제5차 포위토벌 공격에 맞서 상대적으로 적은 병력과 열악한 무기로 정규적인 진지전을 펼칠 수 밖에 없었고 이는 큰 패배로 연결되어 결국 대장정에 나서게 된 것입니다. 이를 인식과 실천의 영역으로 다시 정리해 보면 토지혁명과 유격전이라는 실천을 통해 전술에 대해 정확한 인식을 하고 있던 모택동의 4차례의 승리와 이러한 실천의 경험이 없는 당 중앙의 잘못된 인식으로 인한 패배라 할 수 있습니다. 모택동은 이러한 당 지도부에 대해 신랄한 비판을 하였고 대부분의 홍군 지도자들이 모택동을 지지한 것으로 알려져 있습니다. 준의회의의 결과로 모택동의 군사노선은 올바른 것으로 인정되었고 이후 모택동이 당의 지도권을 장악하는데 중요한 계기가 됩니다.

모택동의 당권 장악은 실천 경험이 없는 이론가들이 퇴진하고 혁명과정을 통해 실천적으로 단련된 지도자들이 대거 중요한 위치를 점하게 되었다는 점과 중국공산당이 소련이나 코민테른의 직접적인 지시를 받는 것이 아니라 어느 정도 자율성을 획득하여 중국 혁명의 특수성을 좀더 유연하게 반영할 수 있게 되었다는 점에서 매우 의미가 크다 할 수 있습니다.

두 번째로는 모택동이 「실천론(實踐論)」을 발표하던 1937년 연안(延安)소비에트 시기를 살펴보겠습니다. 이 시기는 모택동이 그의 대표적인 저작들을 집필하는 때였습니다. 그가 저술한 많은 저작을 통틀어서 가장 철학적인 내용을 담고 있는 것이 바로 「실천론」과 「모순론」입니다. 중국에서는 이 둘을 묶어 '양론(兩論)'이라고도 부릅니다.

이 두 글은 사실 강의 교재로 사용할 목적으로 쓴 것들입니다. 대장정 이후 연안에 거점을 마련한 중국공산당은 공산당과 홍군의 간부들을 길러내기 위해 '항일군정대학(抗日軍政大學)'이라는 학교를 세웠는데 모택동은 이 학교에서 '변증법적 유물론'이라는 강의를 직접 맡습니다. 이 강의는 마르크스주의 철학의 기본 중의 기본이 되는 내용으로 강의를 듣는 학생들이 철학이나 마르크스주의에 대한 이해가 그다지 높지 않았기 때문에 이 글들은 매우 쉽고 간결합니다. 아울러 철학 혹은 마르크스레닌주의의 전문적인 개념이나 용어들도 당시 일반적인 중국인들이 받아들이기에 매우 친숙한 표현들로 바꾸어 썼습니다.

여기서는 인식과 실천의 본격적으로 다루고 있는 「실천론」의 내용을 보도록 하겠습니다. 앞서 소개한 바와 같이 이 글의 부제는 '지(知)와 행(行)의 관계를 논함'입니다. 「실천론」에서 모택동은 지를 '인식'이라는 말로 행을 '실천'이라는 말로 바꾸어 '인식과 실천의 변증법적인 통일'을 중심으로 체계적으로 이야기를 풀어갑니다. 그는 글 전체를 통해 인식과 실천의 변증법적인 통일을 강조하고는 있으나 결론적으로 말하자면 인식보다는 실천을 더 많이 무게를 둡니다. "배를 먹어봐야 배 맛을 안다."는 얘기는 실제 모택동이 「실천론」에 쓴 내용입니다.

이 글은 그다지 길지 않습니다. 따라서 글 전체의 내용을 요약하여 말씀드리겠습니다.

글의 가장 전반부는 실천과 그것이 인식과정에서 가지는 지위와 작용을 논술하고 있습니다. 인류에 있어 생산 활동이야말로 가장 기본적인 실천 활동이고 따라서 이것은 인류의 다른 모든 활동을 결정한다고 강조합니다. 사회실천에는 계급투쟁, 정치 활동, 과학

실험, 예술 활동 등 다양한 형식이 있지만, 그중에서 계급투쟁이야 말로 사람들의 인식을 발전시키는 데에 지대한 영향을 준다고 주장합니다. 모택동은 실천은 인식의 근원이자 인식의 발전을 추동하는 동력이라 하였고, 사람들의 사회적 실천만이 사람들로 하여금 바깥세상의 진리 표준을 인식할 수 있게 한다고 합니다. 실천은 인식의 목적이고 무산계급이 세계를 인식하는 목적은 바로 세계를 개조하기 위함이라고 설명합니다. 그리고 마르크스주의 철학의 두 가지 선명한 특징은 바로 '계급성'과 '실천성'이라고 말합니다.

「실천론」에서는 인식발전의 변증법적인 과정을 보다 구체적으로 서술합니다. 먼저 사람의 인식운동은 먼저 오감을 동원한 간단한 실천에서 출발한다고 합니다. 즉 보고 듣고 냄새 맡고 맛보고 만져보고 한 뒤에 획득한 감각을 통해 대상에 대해 인식을 하게 되는데 이렇게 획득한 인식을 '감성인식'이라고 합니다. 이러한 감성인식은 보다 고차원적인 실천을 통해 '이성인식'으로 발전하게 됩니다. 실천과정에서 반복된 감각과 인상은 여러 차례 반복되면서 인식과정에 있어서의 큰 변화를 일으키는데 이 발전과정을 첫 번째 능동적인 '비약'이라고 합니다. 사람은 이성인식을 바탕으로 다시 새로운 사회적 실천을 하게 되는데 이를 두 번째 능동적인 비약이라고 설명합니다. 물론 첫 번째 비약보다 훨씬 더 중요한 것이 두 번째 비약입니다.

「실천론」에서는 주관과 객관이 서로 분열하고 인식과 실천이 서로 벗어나는 것은 좌·우경의 잘못된 인식론 때문이라고 말합니다. 인류의 인식이 발전하는 전체 과정은 곧 실천, 인식, 재실천,

재인식이 끊임없이 순환하는 과정이고, 이 과정이 한 차례 순환할 때마다 사람의 인식은 이전보다 한 단계 높은 수준에 도달한다는 것입니다. 이를 모택동은 '인식운동의 총규율'이라고 규정합니다. 그러면 이러한 인식운동은 완성될 수 있는 것일까요? 인식운동이 완성되었다는 것은 인식과 인식 대상이 완전히 일치하는 것을 의미합니다. 모택동은 다음과 같이 말합니다.

> 사회의 사람들이 어떠한 발전단계 안의 어떠한 객관과정을 변혁시키는 실천에 투신한다면(그것이 자연과정을 변혁시키는 실천이건 사회과정을 변혁시키는 실천이건) 객관과정의 반영과 주관능동성의 작용 덕분에 사람들의 인식은 감성적인 것에서 이성적인 것으로 옮겨가게 되어, 대체적으로 객관과정의 법칙성에 부합하는 사상과 이론과 계획이나 방안 등이 만들어진다. 그런 다음 다시 이러한 사상, 이론, 계획이나 방안을 동일한 객관과정의 실천에 응용하여 만일 예상했던 목적을 실현할 수 있다면 이 사상, 이론, 계획, 방안 등이 그 동일한 과정의 실천 중에서 사실로 변했거나 혹은 대체로 사실로 변하게 된다. 그렇다면 이 구체적인 과정에서의 인식운동은 완성되었다고 볼 수 있다.[3]

모택동은 인식운동의 총규율을 통해 인식 대상과 완전히 혹은 대체로 합치하는 진리를 획득할 수 있다고 주장하지만 '하나의 구체적 과정' 안에서라는 단서를 붙입니다.

---

3) 『毛澤東選集』 제1권, 人民出版社, 1991, 293쪽.

「실천론」에서 또 하나 주목되는 내용은 절대적 진리와 상대적 진리의 관계를 풀어 놓은 것입니다. 우주 전체의 종합적인 발전과 정을 절대적이라고 한다면 그 전체 과정 중에서 각각의 구체적인 과정의 발전은 모두 상대적일 수밖에 없다는 것입니다. 절대적 진리를 하나의 큰 강이라고 한다면 사람들은 이를 전체적으로 인식할 수는 없습니다. 사람들은 각각 일정한 발전단계에 있는 구체적인 과정에 대해서만 인식할 수 있는데 이러한 인식은 단지 상대적인 진리성만 갖는다는 것입니다. 이러한 개인들의 무수한 상대적 진리의 총화가 바로 절대적 진리라는 것입니다. 이러한 논리에 따르면 한 개인이 절대적인 진리를 깨닫게 되는 것은 불가능해 보입니다. 모택동에 있어서 중국 전통의 깨달음을 통한 '천인합일(天人合一)'은 불가능한 것입니다. 그러므로 객관적 현실 세계의 변혁 운동은 영원히 완결되지 않으며 사람들은 실천 중에 진리에 대한 인식은 영원히 완결되지 않는다고 말합니다. 이는 이후에 "사회주의 사회에서도 여전히 계급투쟁을 일으켜야 한다"라는 이른바 '계속혁명론[不斷革命論]'의 바탕이 됩니다.

 이러한 생각을 바탕으로 모택동은 마르크스레닌주의조차도 절대로 완결된 진리는 아니라고 보았고 오로지 당면한 일들에 대한 실천 중에 부단히 진리를 인식하는 길을 개척해 나가야 한다고 주장합니다. 이는 다분히 정치적인 의도도 가지고 있는데, 당시까지 여전히 권력투쟁을 벌이고 있던 왕명을 비롯한 소련유학파를 비판하기 위한 것입니다. 모택동이 보기에 그들은 마르크스레닌주의를 교조화하고 중국의 구체적인 사정을 반영하지 않은 채 코민테른의 지시만을 절대화하고 있었던 것입니다. 발로 뛰며 직접 농민들을 만나고 그들을 조직하고 선동하여 폭동을 일으키고 토지혁명를 진행했던 자신의 실천의 과정이야말로 책상에 앉아 관념적으로 바라봤던 이전의 당 지도부와는 달리 중국혁명이라는 객관 대상을 정확하게 인식할 수 있는 근거라는 것입니다. 이렇듯 실천을 대단히 중시하는 모택동 특유의 인식론은 "조사 없이는 발언권도 없다[沒有調査沒有發言權]."라는 원칙으로 획정되었고 실제로 모택동을 비롯한 실천가들이 종종 회의석상에서 이 말을 사용하여 상대방을 일종의 관념론자 내지는 교조주의자로 낙인찍어 제압하는 데 사용하였습니다.

모택동의 이러한 실천적 인식론은 1949년 대륙을 석권할 때까지 중국혁명에 매우 성공적으로 반영되었습니다. 그는 중국혁명을 하나의 구체적이며 상대적인 과정으로 보았고, 따라서 마르크스레닌주의의 원칙에 집착하지 않고 중국혁명의 구체적인 실천에 유리하도록 융통성 있게 혁명이론을 변용하였습니다. 단계론적 혁명전략은 적대계급과의 통일전선도 가능하도록 했고 농민을 무산계급혁명의 주력군으로 활용하기도 했습니다. 대도시에서의 무산계급에 의한 무장봉기가 아니라 농촌지역이 대도시를 포위하여 고립시키는 전술은 마침내 국공내전에서 중국공산당이 승리할 수 있는 중요한 요인이 되었습니다.

그러나 신민주주의 혁명이 성공한 후 새로 들어선 중화인민공화국이 사회주의를 건설하는 과정에서는 수많은 오류가 있었습니다. 건국 후 얼마 지나지 않아 중국공산당의 사상, 이론, 계획, 방안은 실천과정에서 현실에 부합하지 못하고 실패합니다. 중국의 현실을 제대로 인식하지 못했다고 할 수 있는 것입니다.

1957년부터 모택동이 이끄는 중국공산당은 이른바 '좌경오류'를 범하기 시작하였고 특히 '문화대혁명'에서 그 정점을 찍습니다. 문혁이론은 정통 마르크스레닌주의의 인식론마저 심각하게 벗어난 것이었습니다. 한 때 모택동의 공업비서를 역임했던 이예(李銳)는 그의 저서『모택동의 젊은 시절과 만년[毛澤東的早年與晚年]』에서 "모택동의 젊은 시절 사상이 마치 첫사랑이 만년에 다시 일종의 그리움[懷舊之情]으로 불타오르는 것처럼 되살아났다."[4]라고 표현합니다. 이것은 모택동의 젊은 시절 가졌던 비마르크스주의적 사상이 만년의 문혁이론과 밀접한 관련이 있다는 뜻입니다.

4. 개혁개방 이후의 인식과 실천

등소평(鄧小平)과 모택동의 사상은 서로 다르게 보이지만 '실천적 사상'이라는 점에서는 일맥상통한다 하겠습니다. 등소평은 모택동 사상의 출발점이자 근본점이 바로 '실사구시(實事求是)' 정신이라고 수차례 강조했습니다.

등소평은 집권 후 중국의 발전 전략을 구상하면서 중국의 실제 정황에 집중하여 고찰합니다. 이 역시 모택동의 모순의 보편성과

---

4) 李銳,『毛澤東的早年與晚年』, 貴州人民出版社, 1992, 1쪽.

특수성 이론에 영향을 받은 듯합니다.

　과거 민주혁명을 할 때 중국의 실정에 맞아야 했기 때문에 모택동이 개발한 '농촌이 도시를 포위하는 전략'을 채용하였다. 지금 건설을 할 때에도 역시 중국의 실정에 맞추어 중국식의 현대화 전략을 세워야만 한다.5)

　그는 개혁개방 직전 '기초가 약하다[底子薄]'는 것과 '인구는 많고 경지는 적다[人口多, 耕地少]'는 두 가지를 중국 정황의 큰 특징으로 꼽습니다. 이는 대약진운동 실패 이후 조정 국면에서 유소기(劉小奇)와 함께 극좌 사조를 극복하기 위해 농촌 등지에서 수차례 실험을 진행했던 등소평의 경험 즉, 반복된 실천을 통해 제대로 중국사회를 인식한 것이라 할 수 있습니다. 등소평은 개혁개방을 추진한 후 몇 년 동안의 경험을 다시 총괄하여 21세기 중엽까지 중국의 국민경제의 현대화 전략을 3단계[三步走]로 나누어 제시합니다. 이것이 바로 '사회주의 초급단계론'의 이론적 기초 역할을 하게 됩니다.
　등소평은 당시 중국이 처해 있던 새로운 역사조건의 특수성에서 출발하여 중국의 주요모순은 더 이상 계급모순이 아니라 '인민의 날로 증대하는 물적 수요와 이에 미치지 못하는 낙후된 생산력' 사이의 모순이라 주장하며, 새로운 형세에서 사회주의의 신 임무는 생산력 발전이라고 합니다.

---

5) 『鄧小平文選』 제2권, 人民出版社, 1994, 163쪽.

마르크스 철학은 시종 물질의 제일성을 견지하고, 역사 범주에서 생산양식이 결정적인 작용을 한다는 점 역시 견지합니다. 그러나 이와 동시에 나날이 주체의 작용에 관한 연구에 주목합니다. 왜냐하면 사회의 주체가 객관세계를 인식하고 개조하는 능력은 그가 가지고 있는 객관세계에 대한 지식 및 세계를 관찰하고 개조할 수단과 밀접한 관련이 있기 때문입니다. 여기서 객관세계에 대한 지식이란 자연규율에 관한 것뿐만 아니라 사회발전 규율도 포함되는 것입니다. 등소평 역시 이 부분을 정확히 바라봅니다. 그는 사람의 작용이 정확히 발휘되는 것을 매우 긍정합니다. 따라서 그는 문혁 시기에 망가진 인재와 지식에 대한 존중을 회복시켰고 지식인의 지위와 작용에 대해 새로운 평가를 내립니다. 현대화의 관건은 과학기술의 발전이며 대외개방의 가장 중요한 목적은 외국의 선진 자본과 기술을 끌어들이는 것이었습니다.

이처럼 중국의 마르크스주의는 수용과 전파 그리고 발전과정에서 학술적이고 이론적으로 심도 있는 검증과정을 거친 것이 아닙니다. 오히려 수용과정에서부터 곧바로 현실에 적용하여 효과를 거두어야 하는 것이었습니다. 그들은 마르크스주의를 이용하여 바로 봉건과 외세를 몰아내야 했고 국가를 건설해야 했고 생산력을 높여야 했습니다. 다시 말해 지식 이론으로서의 마르크스 철학은 이들에게 절대적인 문제는 아니었습니다. 마르크스 철학의 인식론을 중국식으로 변용한 것도 꼭 마찬가지 이유였습니다. 그리고 이러한 변용을 거쳐 실천성과 상대적 진리가 유난히 강조된 중국의 마르크스 철학 인식론은 곧바로 혁명이론의 뿌리가 되어 혁명실천을 이끌게 됩니다. 앞서 보았듯이 때로는 찬란한 성공도 거두었고 때로는 참담한 실패를 경험하기도 했습니다.

1990년대 후반부터 중국에는 과거에 함부로 발설하지 못했던 새로운 사조가 조금씩 등장합니다. 개혁개방의 부작용으로 자본주의적 모순을 경험하기 시작하면서 자연스럽게 되돌아 본 것입니다. 신좌파그룹이나 자유주의그룹이 등장하기도 하고 중국의 전통사상을 복원하자는 흐름도 나타납니다. 그러나 이러한 사조들이 서로를 날카롭게 비판하고 뜨겁게 논쟁하면서도 결국 찻잔 속의 태풍이 되고 마는 것은 관변 학계와 정부의 관계가 워낙 긴밀하여 이를 벗어난 논의들은 변화를 추동할 만한 이슈가 되지 못하기 때문입니다. 사실상 학문의 독자성이 보장받기 어렵다는 점 또한 새로운 지식 이론이 생산되기 어려운 조건이기도 합니다.

이와 마찬가지로 중국의 마르크스 철학 혹은 중국화된 마르크스 철학 역시 오랜 기간을 거치도록 매우 정형화 되어있어 큰 변화를 발견하기 어렵습니다. 특히 본 장의 주제인 마르크스 철학의 인식론은 개혁개방 이전과 크게 변화하지 않았다고 보아도 무방할 듯 합니다.

생각해 볼 문제

1. 1978년 5월 『광명일보(光明日報)』에 「실천은 진리를 점검하는 유일한 기준이다[實踐是檢驗眞理的唯一標準]」는 제목의 글이 실렸고 이 글은 전국적 차원에서의 '진리표준 대토론'을 이끌어 냈습니다. 이 토론을 통해 실사구시를 주장했던 등소평이 '양개범시(兩個凡是)'를 내세웠던 화국봉(華國鋒)을 몰아내고 권력을 잡게 됩니다. 그렇다면 결과론적으로 그 효용성이 입증되었다는 이유로 그것을 과연 진리라고 부를 수 있을까요?

2. 유럽의 마르크스주의자들 중에는 모택동을 마르크스주의자로 인정하지 않는 사람들도 많습니다. 그들은 모택동을 중국역사에서 빈번하게 등장했던 농민봉기의 지도자 정도로 규정합니다. 모택동 스스로도 그랬거니와 대부분의 중국인들은 모택동을 굳건한 마르크스주의자로 봅니다. 이러한 시각의 차이는 어디서 기인하는 것일까요?

3. 현재 중국은 빈부의 격차, 범죄의 증가, 환경오염 등 개혁개방의 부작용에 시달리고 있습니다. 이러한 모순에 대해서 대부분의 중국인들은 잘 인식하고 있습니다. 그렇다면 이들이 어떤 실천을 해야만 이러한 모순이 해소될 수 있을까요?

더 읽어보면 좋을 책

1. 서진영, 『중국혁명사』, 한울, 1992.

서진영의 『중국혁명사』는 모택동의 사상을 소개하고 1980년 이후 약 10여
년간 중국 공산당의 혁명 과정을 설명하고 있습니다. 이 책을 통해 우리는
냉전시대에 외면당하거나 혹은 왜곡되었던 20세기 아시아의 역사를 중국 혁명
이라는 틀을 통해 이해할 수 있습니다. 또한 단순히 사실을 나열함으로 역사를
기술하는 것에 그치는 것이 아니라 혁명의 의미를 밝힘으로 중국 공산당 혁명
역사가 일관된 흐름과 발전과정을 가지고 있음을 확인할 수 있습니다.

2. 중국현대철학연구회, 『처음읽는 중국 현대철학』, 동녘, 2016.

『처음읽는 중국 현대철학』은 중국 현대철학의 흐름을 전통 유학의 근대적
전환, 현대 신유학의 등장, 사회주의의 도입과 발전으로 나누어 그려냅니다.
특히 마르크스철학을 바탕으로 중국식 사회주의를 정립한 혁명가이자 사상가
였던 천두슈, 리다자오와 21세기 중국에도 여전히 강력한 영향력을 미치고
있는 혁명가이자 정치지도자였던 마오쩌둥, 그리고 중국의 정치현실의 변화와
모순 속에서 치열하게 사유하고 있는 리쩌허우 등을 통해 현대 중국 마르크스
주의의 개요를 이해할 수 있습니다.

3. 야마코 사토시, 임상범 옮김, 『중화인민공화국 50년사』, 일조각, 2003.

『중화인민공화국 50년사』는 대약진운동, 문화대혁명, 천안문 사건 등을 겪은
중국이 혁명 이후 50년 동안 어떠한 변화를 이루었는지 설명합니다. 중화인민
공화국의 50년사를 살펴봄으로 우리는 현재 중국의 시장경제 도입과 개혁,
개방 정책을 이해할 수 있으며 한 걸음 더 나아가 한중관계를 폭 넓게 조명하고
미래를 향한 새로운 길을 모색할 수 있습니다.

[부록] 동서양東西洋 각국各國 종교 원류宗敎源流

이 글은 『황성신문』 1902년 8월 11일부터 8월 23일까지 9회에 걸쳐 연재된 동서양 각국 종교의 기원과 성격을 설명한 논설입니다. 서구적 근대 지식의 유입과 전통 지식 이론의 충돌·융합 과정을 잘 보여주는 근대 한국의 대표적인 종교지(宗教知) 담론을 담고 있어, 강좌 개발 위원회에서 본 강좌 시리즈의 '부록'에 수록하기로 결정하였습니다. 이 자료는 황종원 교수가 연구 책임을 맡았던 2017년 한국연구재단의 일반공동연구 '한국에 영향을 미친 중국 근대 지식과 사상'의 연구 진행 과정에서 산출한 것으로, 번역물을 발표한 적이 없으므로 이 강좌 시리즈에 포함하기로 하였습니다. 입력 과정에서 영인본 자료의 일부가 판독하기 어려운 상태여서 그것은 판독하지 않고 ●로 처리하였습니다. (편집자)

동서양東西洋 각국各國 종교 원류宗教源流

: 『황성신문』 논설(1902.8.11~8.23)

김경남·허재영 번역

[번역]

○ 1902.8.11.

　대저 종교라는 것은 각기 국가가 으뜸으로 숭상하는 것이니 그설이 불교 서적의 종경 녹융회에서 종교라고 말한 데서 나온 것으로 현금 세계 각국이 그 존숭하는 교리로 종교라고 하니 이른바 종교라는 것은 각국마다 그 취지가 달라 시비와 장단의 어떠함을 논하기 어려우나 기 존봉하는 것은 곧 하나이니, 지금 시비 장단을 논할 필요가 없고, 또 동서양 각국 고대를 살펴도 모두 본국의 종교를 애호하여 외국 종교의 전파와 유입을 말하지 않더니 후세에 이르러 점진하여 자국 종교로 그 취지를 같게 할 따름이며 강제로 외국 종교의 전파와 선교 여부를 강제하지 않는다. 그러므로 서력 1598년 프랑스 앙리 제4세의 유지를 내렸는데 그 조항이 148개 가운데 14관에 예수교와 천주교는 모두 백성들이 스스로 선택하여 따르게 한다고 하고, 또 예수교 신자의 자제가 관에서 설립한 대소 학당, 의원에서 천주교 신자의 자제와 더불어 공부하는 데 차별이 없게 한다고 하였다.

1648면 독일이 카를5세와 전쟁하여 패한 후 오스트리아 황제가 아우구스브르크 화약 제6조에서 예수교와 (천주교) 두 문파를 두어 일문은 일이만 루터를 종지로 하며 일문은 스위스인 칼뱅(칼빈)을 종지로 하되, 오스트리아 왕실에서는 일체 두 종파를 간섭하지 않는다 하였다. 이에 서유럽 여러 나라가 각자 스스로 종교를 행하는 것을 허락하고 국가가 간섭하지 않으니 실로 교안 중 백성을 편안하게 하는 제일 양법이었다.

우리나라에 이르러 성신이 솔선하여 만들고 교화하야 밝히셔서 문명의 기풍을 떨치시니 전국 인사가 존상하는 것은 유교 이외에는 모두 아울러 배척하는 까닭에 불교가 약간 존재하는 듯 없는 듯하여 불과 외방의 산속에서 은둔 서장하는 장소가 될 뿐이니 현재 각국과 교섭한 이후로 각자 정교를 스스로 전수하는 것을 허락하여 마을 문밖에 드는 금령(禁令)을 해제하니 이는 진실로 우리 성상께서 외인에게 성덕을 베풀어 혁신한 것이나 우리 유교에 이르러서는 단지 우리 대한 사천년 국민이 존숭하는 것만은 아니다.

생각건대 열조종이 들은바 밝거늘 만근 이래로 이른바 우리 유교는 쇠약하여 미약해지고 그 기운이 떨쳐나지 않으니 이로 추측해 보더라도 원기가 위미하여 쇠패한 것을 가히 상상할 수 있다. 본 기자가 특히 동양 각국의 종교 원류를 고찰하여 다음에 기재하고자 하니, 무릇 우리나라와 관계가 없는 다른 종교는 생략하여 자세히 밝히지 않고, 우리나라와 관계가 깊은 것은 상세히 그 전말을 기재하여 대강을 보이고자 하니, 우선 임시로 간략히 각국의 종교를 서술하고 끝에서 유교의 본지를 밝혀 그 융성과 종결을 이해하도록 한다.

○ 1902.8.12.(2)

도교는 또한 황로학이라 부르니 중국 삼대 종교의 하나이다. 그 근원은 노담(노자)에서 비롯되니 노담이 주나라 때 왜곡된 사관을 벗어던지고 도덕경 5천언을 지으니 그 말에, 현지우현(玄之又玄)은 중모지문(衆牡之門)이라 하고, 또 도가도(道可道)면 비상도(非常道)요, 명가명(名可名)이면 비상명(非常名)이라 하니, 무명은 천지의 시작이요, 유명은 만물의 어머니라고 하였다.

장자 남화경에 이르기를 지극한 도의 정수는 요요명명하며 지극한 도의 극치는 혼혼묵묵하니, 보지도 듣지도 않아 포신이정(정신을 안에 간직한 채 고요히 있음)이면 장차 저절로 바르게 될 것이요, 반드시 마음을 고요하게 하여 너의 몸을 지치지 않게 하고 정신이 흔들리지 않게 하면 장수할 수가 있고 하니 이것이 그 종지이다.

대개 그 종교는 청정무위를 오로지 중심으로 하고 현묵자수하여 장생하는 술법을 지극히 수련하는 데 이르니 〈진고(眞誥)〉에 따르면 신선이 되는 술법에 다름이 아니다. 또 도과(도과삼경)에 이르기를 도사에는 다섯 유형이 있으니 하나는 천진도사(天眞道士)로 황성자(廣成子) 자부선생(紫府先生) 가운데 황진인(黃眞人) 하상장인(河上丈人) 등이 이들이요, 둘은 신선도사(神仙道士)니 윤궤(尹軌) 두충(杜冲) 적송자(赤松子) 귀곡자(鬼谷子) 유숙경(劉叔卿) 안기생(安期生) 왕방평(王方平) 등이 이들이요, 셋은 거산도사(山居道士)니 허유(許由) 소부(巢父) 왕예(王倪) 선권(善卷) 동원공(東園) 각리선생(角里) 등이 이들이요, 넷은 출가도사(出家道士)니 송륜(宋倫) 팽담(彭湛, 혹은 팽심(彭諶)이라고도 알려져 있음) 봉군달(封君達) 왕자년(王子年) 등이 이들이요, 다섯은 재가도사(在家道士)니 황경(黃瓊) 팽갱(彭鏗, 혹은 전갱(籛鏗)으로 기록됨) 등이 이들이다. 노자 이후에는 윤희(尹喜) 장주(莊周) 열어구(列禦寇) 등이 있어 모두 그 종교로 종지를 삼아 수십만 권의 저서를 남겼다.

한나라 문제 때에 이르러 황제와 보태후(?)가 황노의 말을 좋아하니 문제의 치상영정(治尙寧靜)이 도교의 취지이며, 그 이후 촉 땅에서 장천사도 릉이 용호의 단련술을 연마하여 승천했다고 칭하는 까닭에 지금 도교는 모두 그것을 종지로 삼고, 위진 시대에 이르러 노장의 종교가 세상에 크게 유행하여 당시 사대부는 청담을 즐기다가 신주릉이 잠기는 것을 탄식하고, 진나라 때 갈홍과 위백양은 모두 수련술을 중심으로 하여 백양은 〈참동계〉를 저술하고 홍은

〈포박자〉를 저술하여 금단(金丹)을 만드는 방법을 밝히고자 했고, 당나라에 이르러 노자를 추존하여 현원황제라고 하고 사당을 세우니 당나라 이씨 성이 노자에서 나온 것으로 그 종교를 존봉함이 아니다. 송나라 진종 희종 이래로 수련술이 계속되어 진종 때에 이르러 천서를 받았다고 하여 도가의 황록술을 숭상하고, 조원관을 설치하고, 휘종 때에 더욱 도교를 존봉하여 보록궁을 세울 것을 청원하고 자칭 도군황제라 하였는데, 도장에 경비를 아끼지 않으니 정강의 난(방랍의 난) 이후에 드디어 도장을 폐쇄하였다.

우리나라는 신라 말에 최고운(최치원)이 늦게 수련술을 행했고 고려시대에 곽여라는 사람이 도가의 서적을 연구했으나 그 후에는 들은 바 없고, 조선 초에 격언이 있어 기도 초례를 행하였으나 중종 때에 이르러 조정암 등의 여러 선비들이 왕실부터 힘써 그것을 혁파하니 그 이후로 도교의 초례라는 것이 폐지되었다. 이에 도교를 배우는 것은 역시 그 영향이 중단되었다.

○ 1902.8.14.(3)

석교는 또한 상교이니 인도에서 비롯된 인도 사대 종교의 하나이다. 동양 여러 나라에 그 종교가 널리 퍼져 있으니 불교의 시조 석가여래는 주나라 소왕 34년 4월 8일에 천축국 가유위국에서 태어나 19세에 수도하고 목왕 13년에 성불하여 세존이 되니 대개 이 종교는 허무를 중심으로 하고 자비를 귀하게 여기며 망살을 경계하여 사람이 죽으매 정신은 불멸하고 다시 형체를 받아 선악을 행한 바에 따라 태어날 때, 모두 응보를 받는다고 믿는다. 그러므로 정신 수련을 귀하게 여겨 이로써 부처가 되게 하니, 그 경전에 이르기를 모든 부처의 법신이 진실과 응접이 있어 진실신(眞實身)은 지극한 형체로 오묘하여 구속되지 않으니 특정한 곳이나 형체가 없이 무량하여 감응이 있어 몸이 항상 담연하다. 권응신(權應身)은 화광 육도(和光六道) 동진조류를 일컬으며, 생멸하는 데 따라 응물(應物)이 일정하지 않으니 형은 감생이며 실체가 아니다.

권형(權形)은 비록 용서를 비나 진체는 불천(不遷)이라 하니 대개 중생이 모든 인과 선을 쌓고 욕심과 기호를 버리며 허무함과 고요함으로 밝음을 이루게 하는 것이다. 옛날 선비들이 말하기를 돈독히 수련하여 정진하는 노력은 불교만한 것이 없으나 다만 정련한 후 어떤 것인지 알지 못하니 적멸에 돌아가는 것이 그것이라고 하였다.

한 명제 때 금인의 꿈으로 인해 불서를 구하는 사신을 파견하여 42장과 불상, 사문이 들어오니 이것이 중국에 불교가 들어온 것의 시작이다. 진나라 송나라 때에 이르러 그 종교가 극히 융성하였으나 대개 그 의미를 배우고자 하는 것뿐이었으며 양진 시대에 달마가 동쪽으로 와서 인심의 지극한 선이 곧 옳음이라고 설법하고 모든 것을 벗어버리고 불립문자로 깨우쳐 알게 하여 참선의 취지를 설법하니 이것이 선가의 시작이다. 이에 그 종교가 남북 두 종파로 나뉘어져 선교는 남종이 되고 의의를 중시하는 것(화엄종, 학문종교)은 북종이 되어 육조 때 혜능에 이르러 ●●●하고 다시 ●●●하여,1) (소수림왕) 때에 아도 화상이 불교를 창시하고 신라 눌지

왕에 이르러 흥한사를 창건하고 불교를 일으키더니 애장왕에 이르러 가야산에 해인사를 창건하고 팔만대장경을 판각하여 두니 그 판을 모두 칠한 까닭에 판본이 완연하다. 우리 세조 무인년에 용지 38만 9천 9백여 권으로 50건을 인출하시고, 고려는 국사 도선 이래로 그 종교를 숭상하여 왕궁 이하 여항의 사대부와 부녀가 미연 숭봉하더니 말기에 신돈의 화를 당하고, 우리 국조는 문화가 융성함에 그 종교가 사그러 들었다.

대저 불교, 바라문교, 자이나 교, 조르아스터 교는 곧 인도 4대 종교이니 바라문교 중 〈리그베다 찬송 전집〉은 우진(옥스포드) 태학국(출판사, 또는 도서관)에서 인출 간행하였고, 〈동방성서집〉도 같은 출판사에서 인간되었는데 아리안 4종교 이외 유교, 도교의 각 서적 중 중요한 것을 역출 간행한 것으로 〈인도 고학 총서〉를 유납 대학(빈 대학, 또는 빌라노바 대학) 옛친 씨가 천문 산술 수불 자전 철학 등의 여러 서적과 합쳐 간행하니 근일 구미 각국에 아시아협회, 동양학회가 있어, 불교철학 연구에 주의를 기울이니 영국 수도 런던출판사에서 남방불교의 원서 여러 경전을 인포하고 러시아 왕실국립대학에서는 북방불교의 여러 경전을 인포하니 대개 북방 불교는 대한, 중국, 일본, 서장, 몽고 등의 여러 나라에서 행해진 것으로 범어(산스크리트어)로 경전을 기술하고, 남방불교는 석란(스리랑카), 섬라(태국, 타이), 면전(미얀마) 등 여러 나라에서 행해졌으니 파리어(파알리어)로 그 경전을 서술한 것이다. 남방은 역사적

---

1) ●●는 원문 판독이 어려워 번역하지 못한 부분임.

불교라고 일컫고 북방은 철학적 불교라고 하니 지금 구주의 동양학회 서적이 태단은 북방불교 서적이라고 한다.

○ 1902.8.15.(4)

예수교는 또한 기독교라고 하며, 또 복원교, 구세교라고 하니 그 말에 하느님이 천하에 도가 없음을 가엾게 여겨 그 아들을 보내 유태국(이스라엘) 처녀 마리야(마리아)에게 낳게 하니 그가 곧 야소기독(耶蘇 基督, 예수 그리스도)으로 지금부터 서력 1902년 전(한 애제 때)이다. 재세 37년에 그 무리가 심히 번성하여 그 나라 임금의 시기를 받아 십자가에 못 박혀 죽는 화를 만나니 이는 예수가 화를 입음이 아니라 세상 사람의 죄를 씻기 위해 그 죽음으로 대신한 것이라고 하여, 사후에 하늘에 오른다 하고, 재세 시에 12명의 제자를 두어 그들을 사도(使徒)라고 부르고 온 천하에 다니며 그들로 하여금 만민에게 복음(福音)을 전하게 하되, 믿는 자는 구함을 얻고 불신자는 죄를 받을 것이라고 하니 그 무리 라리(羅彼, 랍비) 등이 간난 험고를 피하지 못하고 아세아 서방의 넓은 땅 여러 나라에 다니며 전법하고 구주에 들어가니

이때 서방 모든 나라가 이교를 엄금하여 복종하는 자는 참화를 피하고, 잘라 죽이고 태워 죽이는 등 악형으로 참살을 당한 사람이 수 십 만에 이르되, 교사는 죽어도 두려워하지 않고 전교에 더욱 힘쓰니, 이로 인해 교도가 더욱 번성하여 더 이상 금할 수가 없으므로 이에 금령을 완화하여 기세가 점점 성해졌다. 태서의 구종교는

자멸하는 상태에 이르고 천주교당이 로마(지금 이탈리아)에 웅거하여 스스로 교황을 옹립하고 정부를 세우니 그 권력이 각국을 능히 압제하며 모든 국왕을 지휘하였는데 각국이 또한 감히 그 명령을 듣지 않을 수 없었다. 그러므로 교황이 더욱 방자하고 탐욕하여 죄를 사하는 표(면죄부)를 판매하고 비록 중죄를 범회도 이 표를 소지하면 죄를 사면 받도록 하였으니, 그 무리들은 교황이 천부의 권리를 받아 도를 행하니 어떤 일이든 착오가 없다고 하고, 그 학설을 만들어 그 논리를 고집하게 하였다. 이때 독일인 루터(路得)는 교정(敎正)으로 교황의 방자함을 나쁘게 여겨 그 죄상을 논하고 종교 본원으로 돌아가자고 주장하여 교황에게 항거하다가 그 죄를 입고 귀양을 갔다. 그러나 북구의 사람으로 불복을 주장하는 사람들이 무리를 지어 창기하니 이것이 항거하는 무리가 되었다.

교황은 항거당을 미워하여 그 교도들이 반역 대죄를 지었다고 하고 날로 죽이고 돌아보지 않으니 그 까닭에 교안이 나뉘고 전화(戰禍)가 백년이나 그치지 않더니, 1598년 프랑스 앙리 제4세(亨利第四王)[2]가 이교도 박해를 금지하는 조치를 내리고, 법을 세웠으며, 1648년 독일과 오스트리아 전쟁 뒤 화약 6조를 맺어 각기 하고자 하는 대로 따르니 교황의 권세가 점점 쇠퇴하여 1807년에는 그 관할 구역이 이탈리아에 그치고, 1878년 비오 9세(碧霞師 第九)[3]가

---

2) 형리 제4왕: 헨리4세. 부르봉가 출신으로는 최초로 프랑스 왕이 되었다. 〈다음백과〉 참조.
3) 벽하사 제9: 비오 9세. 역대 교황들 가운데 가장 오래 재위했고, 자유주의에서 보수주의로 선회한 것으로 유명하다. 재위기간 동안 1854년 무원죄잉태(無原罪孕胎) 교리를 공포했고, 제1차 바티칸 공의회(1869~1870)를 소집했는데, 이 공의회 동안 교황 무류설(無謬說)이 권위 있게 정의되었다. 〈다음백과〉에서 옮김.

죽으니 그 후 천주교도 가운데 레오 제13세(禮育 第十三)가 교황이 되어 신구 두 종교가 형제처럼 지내오니 대개 천주교는 '로마교'라고 하여 교황에게 복종하는 무리이며, 예수교는 항거당이니 서양 사람이 천주교를 칭하여 구교라고 하고, 예수교를 신교라고 부르지만 근본은 하나이다. 신교도들은 사람이 모두 이치를 논할 수 있다고 하고, 구교도들은 오직 권한이 있는 사람만이 이치를 논할 수 있으며 다른 사람은 감히 이치를 논할 수 없으며 단지 그들의 명령을 따라야 할 뿐이라고 하여, 여러 경전을 감추어 사람들에게 보이지 않고, 하층민은 무지하므로 그 그릇된 해석과 해를 끼칠 수 있음을 두려워해야 하니, 오직 (교회의) 업무를 맡은 자와 신부가 능히 그것을 읽어낼 수 있다고 말한다.4) 그러므로 백년 이래 각 사항을 정돈하되 새로 구한 것이 없고 오직 로마 한 부를 따르니 즉 모든 일이 방해가 되어 다만 옛날 구습을 중시하고 새로 배우는 것을 배척하여 신교를 힘써 금지하다가 마침내 그 권리를 빼앗도록 하며 그 경계를 보호하지 않았다.

○ 1902.08.18.(5)

회회교는 또한 여항에 세력이 있는 종교이니 당나라 때 회흘(回紇) 사람들이 중국에 전해 온 까닭에 또한 회흘교라고 하니 그 교조 모한묵덕(아랍어 무함메드, 영어식 모하메드 또는 마호메트)가 서력

---

4) 신교에서는 신의 뜻을 모든 사람이 성경에 따라 이해할 수 있다고 하는 반면, 구교에서는 신부가 이를 대리한다고 믿음.

570년(진 선제 때)에 태어나 632년(당 태종 때)에 죽었는데, 그는 섬미족(셈족) 성인 아백납한(아부라함)의 자손으로 이습마리(이스마일)의 후예이다. 모든 사람이 잡신을 숭배하니, 두문불출하여 도술을 수행하다가 40여 년 만에 깨우침을 얻어 사람들에게 둘도 없는 참된 신을 숭배할 것을 권하니, 일시 그의 친척과 친구들이 왕왕 귀를 기울여 믿는 자가 있었다. 그런 후 사방에 전파되어 요언으로 민중을 현혹하는 것을 배척하니 모한(모하메드)이 미제나(美隄那, 메디나)에 이르러 상제를 숭배하는 교당을 만들고 모여든 생도에게 신교를 열니 이 해를 회흘교 원년이라고 한다. 아라백(아라비아)에 유명한 맥고(貊睪, 메카)라는 성이 있는데, 멕고 사람들이 신교를 기뻐하지 않아 타도할 계책을 세우거늘, 모한(모하메드)이 미지나 신교들을 거느리고 맥고(메카) 사람들과 패덕이(貝德洱, 바드르)에서 싸워 맥성(메카)을 굴복시키고 맥성 사람들의 항복을 받은 뒤 5년이 지나 맥·미(메카 메디나) 두 성에 신교를 펼쳐, 아라백 전 국토 인사들에게 명하여 모두 이를 따르게 하였다. 모한이 군사를 일으켜 사방을 정벌하여 회교로 개종할 것을 협박하되 어기면 군사로 위협하니 사람이 모두 그 횡포를 두려워하여 명을 받들고 근신하였다. 이에 모한이 살아 있을 때 권세를 의지하여 교를 행하다가 그가 죽은 뒤 제자 호모(皓謨 | 纘??/ 칼리프일 듯)가 계속하여 아시아의 서리아(叙利亞), 페르시아(波斯) 여러 나라와 비주(斐洲, 아프리카) 애급(이집트)가 모두 회교를 존봉하는데 말하기를 오직 힘이 없기 때문이라고 하니, 아프리카 북경과 구주 동서 두 경계가 모두 회교의 통치를 받게 되어, 강역의 넓음과 무력의 융성함이 희랍국 애렬

산덕(愛烈珊德, 알렉산더)왕으로부터 로마국 해살(該撒, 시저) 황제 이후 이에 미칠 자가 없었다.

그 종교는 만민으로 하여금 마땅히 둘도 없는 참된 신을 존경하고 복종해야 한다고 하며, 세상 사람들이 다른 거짓 신을 숭배하는 것을 모두 배척하고, 오직 진짜 신만 섬길 것을 권하되, 신의 사자는 다름 아니라 오직 독존하는 존재이니 이를 양도할 수 없다 하였다. 그것을 권하는 사람은 여섯 가지 깊은 믿음이 있으니, 하나는 당연히 진주(眞主, 참된 신)를 믿는 것이요, 둘은 천선(天仙)이 있다고 믿는 것이며, 셋은 천경(天經)이 있다고 믿으며, 넷은 진주의 명으로 세상에 내려온 성인이 있다고 믿고, 다섯은 사람이 죽으면 반드시 소생한다고 믿으며, 여섯은 만사가 천명에서 비롯된다고 믿어 선악이 모두 예정되어 있으며 사람이 임의로 바꿀 수 없다고 하였다. 모한(모하메드)이 장차 죽음에 이른 것을 알고 네모 상자를 내어 자료를 모아 책을 만들어 이름을 붙이기를 천경(天經, 코란)이라 하니 세상 사람들이 당연히 공경 찬송하며 무릇 인세에서 세사를 끝내면 반드시 이를 살펴 깨우치는 날이 있을 것이라 하니, 대개 옛날 성현 마서(모세)의 종교를 모한이 특히 행하고 밝힌 것이라고 일컫는다. (미완)

○ 1902.8.20.(6)

희랍교는 태서에서 가장 오래된 종교이니 그 교는 12신을 존봉하여 각각 주관하는 일이 있으니, 첫째 주수(朱壽, 제우스)는 모든 신 가운데 가장 상위의 자리를 차지하여 군부로 존숭받고, 둘째 포시돈(布施敦, 포세이돈)은 바다를 관장하니 겸하여 지진을 다스리고, 셋째 애포을론(愛布乙論, 아폴론)은 음악을 관장하는 신이며, 넷째 아태미수(阿台美秀, 아르테미스)는 태음을 관장하는 신이니 토지 전담 수렵을 겸하며, 다섯째 발간(發干, 불칸, 헤파이토스)은 불을 관장하는 신이니 화광 도야를 겸하며, 여섯째 희미수(希眉秀, 헤르메스)는 천신의 사자 역할을 하여 상업과 여행의 도리를 보호하며, 일곱째 아뢰수(蛾賴秀, 아레스)는 전쟁을 관장하는 신이니 멸국과 살인하는 일을 좋아하고, 여덟째 희라(喜羅, 헤라)는 제우스의 처로 여신이며, 아홉째 애태나(愛台那, 아테나)는 사람의 지혜를 관장하는 여신이며, 열째 희유야(希兪野, 헤스티아)는 주방과 조리를 관장하는 여신이며, 열한째 대미타(帶美陀타, 데미테르, 세레스)는 농업을 관장하는 여신이며, 열두째 비나수(菲那秀, 비너스)는 미색을 관장하는 여신이다.

무릇 천신 중 남신이 여섯이요, 여신이 또한 여섯이며 그 외에 제반 천신이 있어 각자 사물을 주장하고 또 흉악한 마귀가 있어 그 이름이 하나같지 않으므로 하나하나 모두 들어 말하기 어려우나 대략 그 존봉하는 모습을 보면 12천신이 오림파수(吾臨坡秀, 올림푸스) 산상에 모인다고 하여 주과를 준비하여 제사하며 시를 지어 송덕을 축원하고, 가무 음악으로 숭경하는 예를 행하니, 해마다 4대 제일이 있어 가장 큰 명절이 되니, 이 날을 당하면 남녀 귀천을 무론하고 모두 산하에 운집하여 일상과 같이 하니, 그것이 대략적인 것이다. 지금 러시아에서 이 종교를 숭배하니 우리 대한은 4·5

년 전에 러시아에서 이 종교가 들어오기 시작하여 교당을 설립하였다.

서력 기원 이전 유태국에 마서(摩西, 모세)라는 자가 경서를 짓고 가르쳐 말하기를, 상제께서 사람을 창조하고 그 시조가 죄를 범해 벌을 받았으며, 그 자손이 서로 전해 오다가 대홍수의 재앙에 빠질 것이며, 그 후 각처 흩어져 사는 사람 중 상제께서 특히 유태 민족을 선별하여 성민으로 삼고 모세로 하여금 율법을 펴게 하니 일반 백성들로 하여금 이를 준수하게 할 것이라고 하였다. 또 말하기를 상제는 세계 밖에 존재하여 만물을 창조하시고 만물을 다스리니 하늘과 땅이 다하는 날 만민의 맑고 간사함을 가려 사람을 심문하여 그에 맞게 정할 것이라고 썼다. 대개 유태 시조 아백납한(아브라함)이 기원전 1986년에 태어나 그 때 이미 상제를 믿고, 그것은 한서의 대진국이 하늘에 제사를 지냈다는 등의 말과 같이 야소 탄생 이전 78년으로 그가 온 지 오래되었고, 또 야소교 경전 중 천지가 다하는 때 상제께서 감히 세상을 뒤집는다는 등의 말이 있으니 이 또한 서로 일치하고, 그 시편 선지서에 구주 강생하여 사람을 대신하여 속죄하는 일을 예언하고 안식일마다 교법사가 회당에서 경전의 취지를 강해하고 모든 사람들이 그것을 조용히 들었다. 유태인이 각국에 흩어져 사는 때에 이르러 희리니어(히브리어)로 통행하는 까닭에 그 책 또한 희브리어로 역술하니 곧 지금의 구약이 그것이다.

○ 1902.8.21.(7)

구비아(구주 아프리카)의 고대에 그 교의 종파는 동일하지 않아서 다신교와 만유신교 및 운성과 성석으로 하늘이 내린 신이라고 하고, 또 일월성신의 모든 형상을 신전에 새겨 숭상하며, 페르시아인은 태양을 숭배하여 일컫기를 태양교라 하며, 미주에서도 적인 (赤人) 또한 태양교를 숭배하고 아불 리가(아프리카) 흑인은 수목을 숭배하여 신으로 삼고, 섬라국(태국, 타이)은 비록 불교를 숭배하나 또한 흰 코끼리를 숭배하여 신으로 삼고 부부의 도리를 닦기 시작하여 국토 산천초목과 무릇 신이 창생한 것이라고 하여 그 신으로 숭배하며, 기타 여러 나라는 물을 숭배하는 자도 있고 불을 숭배하는 자도 있으며 토지를 숭배하는 자도 있고 악어를 숭배하는 자도 있으며, 소와 고양이를 숭배하는 자도 있고, 자기의 그림자를 두려워하여 숭배하기도 하니 그 황탄무계하고 혼란스러움은 지금 하나하나 예를 들기 어려우나 특히 그 대략적인 것을 살피면 다음과 같다.

이것이 동서양 각국 종교 원류의 전말이다. 도니 석이니 야소니 희랍이니 하는 이 네 종교는 모두 우리나라와 관계가 적지 않은 까닭에 간략히 진술했을 따름이니 그 개요는 다음과 같다.

○ 1902.8.22.(8)

영국인 이제마태(리처드)가 말하기를 오주에 종교의 분기가 오직 기독교, 유교, 회교, 인도교, 유태교, 석교, 도교의 7개가 있어 경전을 전하니 그 가운데 유교를 논하는 것은 적지 않으나 유교에 이르러서는 우리들이 항상 말하고 익히는 것인즉 서양인의 해명에 의거할 필요가 없으니 그에 대해서는 생략하고, 다른 설을 말하건 대 도교, 인도교, 유태교 등은 오직 자기 나라 사람들만 구제하고 기독교와 회교 불교 세 종교는 세상을 구제하는 데 마음을 기울여 그 경역의 구분이 없으니, 중국이 인도 석가모니를 빌리고, 구주가 기독교에 의뢰하고 비주(아프리카)의 흑인은 회교도에 의뢰하니 모 두 풍속이 옮겨져 만들어진 것이지만, 오직 불교는 공언(空言)되어 보탬이 없고, 회교는 병력을 의지하여 흥교하는 방법을 의지하니 그 이익 가운데 폐단을 면하기 어렵다. 오직 마음을 다해 저서하고 입설하여 세상을 구제하고 인수(仁壽)에 오르게 하는 것은 겨우 기독교뿐이라고 하였다.

독일인 화지안(파버)가 말하기를 도교는 허무에 돌아가고 석교 는 공언에 돌아가니 오직 예수의 도만이 가히 상제(하느님)께 이른 다고 하고, 또 회교는 병력에 의지하여 협제하다가 인정하지 않으 면 횡포하고 살육을 가해 다른 종교의 신을 인정하지 않으니 이는 가장 혹독한 종교며, 불교는 곧 교인이 청정하고 욕심이 없어서 가히 취할 것이 있으나 오륜을 포기한 것이 이미 오래 전에 잘못된 것이다. 사람으로 하여금 그 종교를 따라 들어가는 유가 끊어진 지 오래 되었으니, 그 종교의 옳지 않음은 해명하지 않아도 자명하 며 야소교(기독교)는 오직 사람의 믿음을 귀하게 여겨 모두 마음속 에서 열복하여 나온 것으로 전교자가 힘쓰고 핍박한 데서 말미암은 것이 아니라고 하였다.

　도교의 청결과 석교의 허무는 그 교인이 자신을 정결하게 하고 욕심을 버리는 데서 또한 성도와 부합하나 도가는 청정 한 자만 깨달아 그 기운이 가벼운 청결로만 돌아가는 까닭에 도가 한 데 치우치고, 석교는 일심의 도리를 깨달으나 외물을 모두 허무한 것으로 보아 특히 유교와 멀지 않으며, 도교를 떠나는 것 또한 넌 것이라 하였다. 또한 도교는 허무하고 거짓된 것이 많은데 노자 도덕경 및 윤충, 장자, 열자 등 여러 책들을 일컬어 내경이라 하는 데 근리(近理)를 숭상하나 연홍 부록(鍊汞 符籙) 등 제반 환술을 외경이라 일컫는데 지금 도사는 내경의 이치를 공부하지 않고 외경의 환술을 공부하니 세상에 보탬이 되는 것이 없다 하였다.

　불교 경전은 화엄, 법화, 능엄, 원각경 등 제 경전이 모두 무계한 이야기여서 곧 취할 바가 있겠으며, 범교 회교 태양교 등의 종교는 그 경전이 역본된 것이 없고 오직 입으로 상전하여 무릇 사람들이 이해하기 어려운 까닭에 서양 선비들이 각 종교의 경전을 반복 연구하여 그 중 좋은 것을 가려 버리고 취하는 법을 정하고자 하되 끝내 가능하지 않았다고 하니, 이것이 서양 학자들이 말한 각 종교의 우열론이다.

○ 1902.8.23.(9)

종교 원류의 설을 통합하여 논함

동서양 각국 종교의 원류설은 집필인이 이미 상세히 설명하였다. 다른 나라는 그만두고 오직 우리 대한만을 말하건대 단군 시대는 문헌의 증거가 미약하니 모르겠으나 당시 중국의 삼대가 융성했던 시기에 은나라 태사 기자가 이미 홍범구주를 펼쳤고 주 무왕으로부터 도통을 전하여 조선에 들어와 8조의 교를 시작하니 개물성무며 화민성속(곧 개화)이 되니 우리 동방 문명의 기운이 실로 이로부터 기초한 것이다.

대저 삼한으로부터 지금까지 신라 고구려 백제 삼국을 거쳐 왕씨의 대(고려)에 이르러 존숭한 것은 석가의 종교뿐이며, 홍유 설총은 방언으로 구경의 뜻을 풀이했으나 묘연하여 전하지 않고 간혹 도가의 학문을 수련하여 술수를 연마한 자가 있으나 역시 민몰(泯沒)하여 무계할 따름이더니 고려 말엽에 최문헌, 안문성, 우역동, 이익제, 정포은, 이목은 등의 성현이 계속 이어나와 몽매함을 역고 문명을 창도하니 실로 우리 왕조 문명 기운을 융성하게 하고 아국의 성신(聖神)이 이를 이어, 밝은 덕으로 백성을 새롭게 한 공으로 예악 도의를 드러내니, 태양 가운데 하늘이 만물을 비춘 것이다. 이에 유현을 배출하여 더욱 가르침을 떨치니 문치의 융성함이 천고에 으뜸되고 그 백성들이 그것을 존숭하는 것이 실로 이에 있다. 그러나 근일에 이르러 오주가 연결되고 만국이 교섭하여 각국 선교사가 번역 경전을 들고 찾아오는 자가 끊이지 않으나 각각의 종파를 모두 허락하여 성부의 경계를 두지 않으니 오직 그가 맡은 바대로 다닐 뿐이며, 우리들로 하여금 강제로 따르게 할 수 없으나 대저 어떤 종교를 물론하고 그것을 따르는 중 규칙을 바르게 하면 비록 공사가 나뉘지 않으나 그 인도하는 것이 선을 버리고 악한 마음으로 이끄는 것은 이 종교이든 저 종교이든 다름이 없다. 그런 즉 그 종교의 어떠함을 불문하고 선교사가 날로 퍼져 풍속과 인심이 미혹하며 악화되니, 마땅히 좋은 방향으로 변화되어 하나 지금 풍속의 어지러움과 인심의 열악함이 날로 더 심해지니 그 까닭은 무엇 때문인가. 어찌 종교를 추종하는 자가 단지 권리와 욕심과 협잡만 생각하고 진실한 신앙심이 없기 때문이 아니겠는가.

아, 바르고 광명한 길은 다른 것이 아니라 진선진미하지 않은 것이 없으니, 이를 행하고자 하면 타인에게서 구하는 것이 아니라 우리 자신에게 존재하는 것이거늘, 지금 지금 이미 강자로부터 방향을 돌리기 어려우니 차라리 각자 그 좋아하는 바대로 하고 금지하지 말 것이로되, 지금 세상의 도가 비루해지고 날로 백성들만 고통에 빠져 무법천지로 그것을 구할 길이 없으니, 그런즉 어느 겨를에 (종교의) 옳고 그름을 논하겠는가. 집필인이 진실로 개탄스러운 생각을 금할 길이 없으니 그를 믿는 동포들에게 알려 경계하고자 하노라.

[원문]

○ 1902.8.11.

夫 宗敎云者ᄂᆞᆫ 各其國所宗尙之也니 其說이 出於佛書 宗鏡錄融
會宗敎之言ᄒᆞ야 現今 世界 各國이 以其國所尊崇之敎로 謂之宗敎
라 ᄒᆞ니 其所謂 宗敎者ᄂᆞᆫ 國各異趣ᄒᆞ야 不能無是非長短之殊나 要
之其尊奉則一也니,

今不必論其是非長短이오 且東西洋各國古代를 類皆愛護本國之
敎ᄒᆞ야 不言外敎傳入이로ᄃᆡ 降至後世ᄒᆞ야ᄂᆞᆫ 又其漸進ᄒᆞ야 要使自
國之敎로 明其趣同而已ᄒᆞ고 不强制外敎之傳宣與否 故로 西曆 一
千五百九十八年에 有法國 亨利 第四王5) 諭旨ᄒᆞ야 其款에 其款에
列一百四十八 而其中十四款에 有曰 耶蘇 天主ᄂᆞᆫ 任民自擇而從이
라 ᄒᆞ고, 又曰 許信奉耶蘇敎之子弟가 肆業於官設之大小學堂醫院
ᄒᆞ야 與天主敎子弟無異라 ᄒᆞ고,

又一千六百四十八年에 德國이 經奧師(?)華達化尼戰敗之後ᄒᆞ야

---

5) 형리 제4왕(亨利 第四王): 앙리 4세(1553~1610). 부르봉가 출신으로는 최초로 프랑스 왕이
되었다. 원래는 프로테스탄트였으나 종교전쟁이 끝난 뒤 파리를 얻고 프랑스를 재통일하기 위하
여 가톨릭으로 개종했다(1593). 앙리 4세가 프랑스 국왕이 된 후 왕국을 평정하는 데에는
9년이라는 세월이 걸렸다. 앙리 3세에게 충성을 맹세한 많은 가톨릭교도들이 그를 저버리고
탈주하는 바람에 군대는 차츰 사기를 잃어가고 있었다. 오랫동안 망설인 끝에 1593년 칼뱅교를
버렸다. 이후 앙리의 조언자들 가운데 가장 유명한 쉴리 공작 막시밀리앵 드 베튄은 국가 재정을
개편하고 경제를 안정시켰으며 따라서 나라는 번창해 갔다. 그의 뒤를 이어 두 왕의 치세가
화려하게 꽃을 피운 것도 앙리가 토대를 놓았기 때문이다. 앙리 4세는 결코 조용히 앉아 지내거
나 생각이 깊은 사람은 못 되었지만 탁월한 정치적 통찰력 덕분에 나라를 효율적으로 다스릴
수 있었다. 그는 해양 활동과 식민지 확장에 관심이 많아서 사뮈엘 드 샹플렝의 캐나다 탐험을
지원했다. 〈다음백과사전〉

與奧皇 訂立●●和約[6) 第六條에 有曰 耶蘇敎 ●● 兩門ㅎ야 一門은 宗曰耳曼人 路德[7)ㅎ며 一門은 瑞士國人 葛勒芬[8)호딕 奧廷에 一體 相待에 ●不過間이라. ●● 於是에 歐西 諸國이 皆許各敎自行을 善ㅎ고 絶不制以●●ㅎ니 實●敎案中息事 寧民之第一良法이라가

至于國朝ㅎ야ᄂ 聖神率作ㅎ시며 治化休明ㅎ시샤 丕振文明之風ㅎ시ᄆ 全國人士之所尊尙者ㅣ (儒●)敎以外ᄂ 皆斥屛之故로 釋敎ᄂ 若存若亡ㅎ야 不過外方山人의 隱遁棲藏之所而已러니, 現今自各國交涉以來로 特許各敎之任自傳授ㅎ야 洞闢門戶에 大弛禁令ㅎ

---

6) 정립●●●화약(訂立●●●和約): 아우구스브르크 화약. 1517년 10월 31일 마틴 루터가 비텐 베르그 성 테제의 문에 95개 조항을 내걸면서 시작된 종교개혁은 활화산처럼 동구 유럽과 북유럽으로 확산됐다. 이러한 가운데 1531년 끈질기게 개신교의 씨를 말리려던 카톨릭의 군주 카를 5세에게 맞서기 위한 개신교 영주들의 모임이 있었다. 그것이 쉬말 칼트에서 맺어진 군사동맹이었다. 1546년 오스만 제국의 침공이 잦아지면서 황제 카를 5세는 끝내 개신교 영주들을 공격 했다. 이 일로 수년 동안 제국 내에 국지전을 벌어지면서 황제는 수차례의 승리를 거두고 있었다. 개신교는 제국 내에서 서서히 소멸되는 듯 했다. 여세를 몰아 이들은 마침내 당시 종교 개혁의 1세대 중심지인 비텐 베르크까지 진격하고 있었다. 비텐 베르크를 점령한 카를 5세는 이미 1546년 다시 말해 1년 전 세상을 떠난 루터의 무덤에 서서 자신의 승리를 선포하기 에 이른다. 신성 로마 제국의 신하들은 황제에게 루터의 무덤을 파헤쳐 부관참시를 권했으나 그는 고개를 저으면서 다음과 같이 말했다. 〈나는 죽은 자와 전쟁하러 온 것이 아니다〉 당시 비텐 베르크를 점령한 황제 카를 5세는 개신교도들의 끈질긴 저항에 심신도 지쳤고 종교적 자존심도 많이 상해 있었다. 1555년 9월 오랜 전쟁으로 제위에 있던 카를 5세는 모든 일생들이 가는 석양의 길을 외면하지 못한 채 거동조차 불편해진다. 그는 자신의 동생인 공작 페르디 난드에게 개신교 관용을 위한 중재를 요청한다. 이것이 아우구스 부르그 협약이었다. 카톨릭과 개신교의 영주들이 모여서 다음과 같이 협약한다. 〈영주의 종교가 그 지역의 종교이다〉 이것이 바로 〈신앙속주주의〉 원칙이다. 즉 영주가 카톨릭이면 그 백성들은 카톨릭만 믿어야 하고 만약 영주가 개신교이면 그 백성도 개신교도가 된다는 이야기이다. 하지만 이 합의는 개신교 지역은 용인 하지만 확산은 금지 시킨다는 것을 포함한 간교한 합의셨다. 3년 후 당시 세계사에서 가장 영향력 있는 통치자라던 카를 5세 일명 찰스 5세는 광범위한 개신교 확산을 지켜보면서 말라리아로 세상을 떠난다. 아우구스 부르크 협약으로 이루어진 개신교 관용은 세계 역사에서 가장 비극으로 불리는 종교전쟁인 30년 전쟁으로 비화된다. 그것이 1618~1648까지의 30년 전쟁이었다. 〈전주선교중앙회〉의 자료를 옮김.

7) 로덕(路德): 마틴 루터.

8) 갈록분(葛勒芬): 칼뱅.

니 此誠 我聖上一視無外之盛德而至吾儒之敎ㅎ야ᄂ 非但我大韓四千年國民之所尊崇者라.

抑我 列祖列宗之所聞明者어늘 挽近以來로 所謂吾儒之敎ㅣ 衰替蓁葬에 ●晦莫振ㅎ니 推此而觀之라도 元氣之萎靡頹敗를 槩可想矣라. 本記者ㅣ 特究 東洋各國宗敎之源流ㅎ야 著記於左호ᄃᆡ 凡他敎之無關於我韓者ᄂ 略而不詳ㅎ고 其最有關係於我韓者ᄂ 詳載其顚末ㅎ야 以示其大綱ㅎ며 姑且先述各國之敎ㅎ고 末諭儒敎之旨ㅎ야 要以會其極而歸其終ㅎ노니 (未完)

○ 1902.8.12.(2)

曰 道敎ᄂ 又曰 黃老之學이니 支那 三敎之一也라. 其源이 出於老耼(노담, 노자)[9]ㅎ니 耼이 周時에 爲柱下史ㅎ야 著道德經五千言ㅎ니 其言에 曰 玄之又玄은 衆牡之門[10]이라 ㅎ고, 又曰 道可道면 非常道오 名可名면 非常名이니 無名은 天地之始오 有名은 萬物之母라 ㅎ고,

莊子 南華經에 曰 至道之精은 窈窈冥冥(요요명명)ㅎ며 至道之極

---

9) 노담(老耼, 생몰연대 미상). 성(姓)은 이(李), 이름은 이(耳), 자는 백양(伯陽),또는 담(聃). 노군(老君) 또는 태상노군(太上老君)으로 신성화되었다. 도교경전인 『도덕경(道德經)』의 저자로 알려져 있다. 현대 학자들은 〈도덕경〉이 한 사람의 손에 의해 저술되었을 가능성은 받아들이지 않으나, 도교가 불교의 발전에 큰 영향을 미쳤다는 사실은 통설로 받아들이고 있다. 노자는 유가에서는 철학자로, 일부 평민들 사이에서는 성인 또는 신으로, 당(唐, 618~907)에서는 황실의 조상으로 숭배되었다. 〈다음백과〉

10) 현묘지현 중모지문(玄之又玄 衆牡之門) 또는 중묘지문(衆妙之門): 〈노자〉 제1편의 구절. 어둡고 어두운 것은 모든 신비한 문이다.

은 昏昏黙黙(혼혼묵묵)ᄒ니 無視無聽ᄒ야 抱神以靜어던 形將自正이오 必靜必淸ᄒ야 無勞汝形ᄒ며 無搖汝精이면 乃可以長生11)이라 ᄒ니, 此其宗旨也라.

　盖其敎ㅣ 專主淸靜無爲ᄒ며 玄黙自守ᄒ야 以至於修煉長生之術故로 其眞誥12)●●이 無非神仙黃自之術이오 且道科言에 凡道士ㅣ 有五13)ᄒ니 一은 天眞道士니 如廣成子紫府先生中 黃眞人 河上丈人14)屬이 是也오, 二는 神仙道士니 如尹軌 杜冲 赤松子 鬼谷子 劉

---

11) 至道之精 窈窈冥冥 至道之極 昏昏默默 無視無聽 抱神以靜 形將自正 必靜必情 無勞女形 無搖女精 乃可以長生 目無所見 耳無所聞 心無所知 女神將守形 形乃長生: 지극한 도(道)는 깊고 어두우며 지극한 도의 극치는 어둡고 고요하다. 보려 하지도 들으려 하지도 말고 정신을 안에 간직한 채 고요히 있으면 육체도 저절로 올바르게 될 것이다. 반드시 마음을 고요하게 하여 너의 몸을 지치지 않게 하고 정신이 흔들리지 않게 하면 장수할 수가 있다. 눈에 비치는 것이 없고 귀에 들리는 것이 없으며 마음에 분별이 없으면 너의 정신을 지키게 될 것이고 육체는 곧 장수하게 될 것이다. 『장자(莊子)』외편 재유 3장(外篇 在宥 03章).

12) 진고(眞誥): 도교 저서의 일종. 20권. 진고는 '진인이 입으로 전수한 말씀'이라는 뜻이다. 진(晉)의 애제(哀帝) 흥녕연간(興寧年間, 363~365)에 신이 내려준 계시라고 가탁하여 양희·허밀(許謐)·허홰(許翽)가 지었으며, 양(梁)나라의 도홍경이 편집하고 주를 달았다. 운제상(運題象)·견명수(甄命授)·협창기(協昌期)·계신추(稽神樞)·천유미(闡幽微)·악진보(握眞輔)·익진검(翼眞檢) 등의 7편으로 나뉜다. 신선과 진인이 인간과 모여 도를 전수해 주는 일, 신선과 진인이 도를 닦고 덕을 쌓는 공덕을 가르치는 일, 그리고 답성(踏星)·존신(存神)·안마(按摩)·복기(服氣)·복약(服藥)·양생(養生) 등의 방술에 대해 기술하고 있다. 전 16권은 신선과 진인이 전수해 준 부분이고, 후 4권은 양희·허씨·도홍경이 기록한 것이다. 책의 내용이 잡다하고, 인과응보·윤회·환생 같은 불교사상도 많이 포함되어 있다. 견명수 1편에만 불교의 『사십이장경(四十二章經)』에서 취한 부분이 20군데나 있다. 이 책은 도교의 서적과 신선·진인의 어록에서 빠진 부분을 인용하고 있고, 도교와 과학기술사에 관한 자료를 보존하고 있기 때문에 후대에 매우 중요시되고 있다. 〈다음백과〉

13) 도가(道家)의 도사(道士)에 대해서는 한국고전번역원의 성백효·김신호 공역, 『오주연문장전산고』도장류1, 도장총설을 참고할 수 있음. 도사에 있어서도 다섯 가지 등급이 있다. 『삼동도과(三洞道科)』에 이르기를 "도사가 다섯 가지이니, 첫째는 천진도사(天眞道士)로 고현(高玄)·황인(黃人)의 따위이고, 둘째는 신선도사(神仙道士)로 두충(杜沖)·윤궤(尹軌)의 예이고, 셋째는 산거도사(山居道士)로 허유(許由)·소보(巢父)의 무리이고, 넷째는 출가도사(出家道士)로 송윤(宋倫)·팽심(彭諶)의 무리이고, 다섯째는 재가도사(在家道士)로 황경(黃瓊)·전갱(錢鏗)의 무리이다." 하였다. 〈한국고전번역원〉 성백효·김신호 공역 참고.

14) 하상장인(河上丈人): 노자의 학생으로 전란을 피해 북방으로 간 사람들을 북파 또는 하상장인

叔卿 安期生 王方平之屬이 是也오, 三은 山居道士니 如許由 巢父 王倪(왕예) 善卷 東園 角里之屬이 是也오, 四는 出家道士니 如宋倫 彭湛(팽담, 彭諶) 封君達 王子年之屬이 是也오, 五는 在家道士니 如 黃瓊(황경) 彭鏗(팽갱)之屬이 是也오, 老子之後에 有尹喜 莊周 列禦 寇之屬이 盖宗其敎ᄒᆞ야 有著書數十萬言ᄒᆞ고,

至漢文帝朝ᄒᆞ야 帝與竇太后로 好黃老言ᄒᆞ니 文帝治尙寧靜이 是 其道旨也오 至後爾時에 蜀中張天師道陵[15]이 修龍虎中丹之術ᄒᆞ야 稱云昇仙而去 故로 至今道敎者ㅣ 皆宗之ᄒᆞ고 至魏晉之際ᄒᆞ야는 老莊之敎ㅣ 大行於世ᄒᆞ야 當時士大夫竟尙淸談이라가 致有神州陸 沉之歎ᄒᆞ고 晉時에 葛洪[16] 魏伯陽은 皆主修練之術ᄒᆞ야 伯陽은 著 參同契ᄒᆞ고 洪은 著抱朴子ᄒᆞ야 以明金丹之旨ᄒᆞ고, 至唐時에는 追 封老子爲玄元皇帝ᄒᆞ고 立廟祀之니 爲唐姓之李가 出於老子故也오, 非尊其敎也라. 宋自陳希夷來로 繼有學修煉之術者러니 至眞宗時에 因天書之ᄒᆞ야 崇尙道家釀籙(?)之術ᄒᆞ야 至設璪轅(?)於觀[17]ᄒᆞ고 徽

이라고 함.

15) 장릉(張陵, 34~156): 장천사도로 불리며 오두미교를 창시한 사람. 장진인이라고도 불림.

16) 갈홍(葛洪, 283~343), 중국에서 가장 이름난 도교 연금술사. 포박자라고도 함. 유교 윤리와 도교의 비술을 결합시키려고 애썼다. 어린시절 유교 교육을 받았으나, 성장한 뒤 도교의 신선술에 깊은 관심을 갖게 되었다. 그의 대표적 저작인 『포박자(抱朴子)』는 두 부분으로 나뉜다. 그 첫부분인 내편 20장에는 그의 연금술에 대한 견해가 적혀 있다. 여기에서 금단이라는 연금약액(비금속을 황금으로 바꾼다)을 만드는 법, 방중술, 특이한 식이요법, 호흡과 명상법을 소개하고 있으며 심지어 물 위를 걷는 법과 죽은 사람을 살리는 법까지도 다루고 있다. 둘째 부분인 외편 50장에서는 올바른 인간관계를 위한 윤리적 원칙의 중요성을 강조하고 당대 도교의 개인주의자들에게 퍼져 있던 쾌락주의를 격렬히 비판함으로써 유학도다운 면모를 보여주었다. 〈다음백과사전〉

17) 『오주연문장전산고』에, 송 진종(宋眞宗) 대중상부(大中祥符) 원년(무신)에 천서(天書)를 얻었는데, 황제가 이르기를 "신인(神人)이 성관(星冠 도사가 쓰는 관)과 붉은 옷을 입고 나에게 고하기를 '마땅히 천서를 내릴 것이니, 정전(正殿)에다가 황록도량(黃籙道場)를 베풀라.' 하는

宗時에는 尤尊奉道敎ᄒ야 立上淸寶籙宮ᄒ고 自稱道君皇帝라 ᄒ고, 歲醮道場에 靡費不貲러니 靖康亂 後에 道場이 遂廢ᄒ고

我韓은 新羅之季에 有崔孤雲이 晩托於修鍊之術ᄒ고 高麗之代에 有郭輿者ᅵ 宪道家之書나 其後는 絶無聞焉ᄒ고 國朝에 有昭格言ᄒ야 管理祈醮之러니 至 中廟朝ᄒ야 趙靜庵 諸公이 在臺閣에 力爭罷之ᄒ니 自此로 道忽其醮之者ᅵ 遂廢라. 於是學道敎者ᅵ 亦從而息影焉ᄒ고,

○ 1902.8.14.(3)

曰釋敎는 又曰 象敎니 出於印度ᄒ야 印度 四大宗敎之一也라. 東洋諸國에 其敎를 廣ᄒ니 佛祖 釋迦如來 以周昭王 三十四年 四月八日로 生於天竺 迦維衛國ᄒ야 年十九에 修行証道라가 穆王 十三年에 成佛世尊ᄒ니 盖其敎는 爲虛無로 爲宗ᄒ고 貴慈悲 誠妄殺ᄒ야 以爲人死에 精神이 不滅ᄒ고 隨復受形ᄒ야 生時所行善惡이 皆有報應 故로 所貴修煉精神ᄒ야 以至爲佛ᄒ니 其經에 曰 諸佛法身이 有眞實 有接應ᄒ야 眞實身은 謂至極之体ᅵ 妙絶拘累에 不可以方所形無量ᄒ야 有感斯應에 體常湛然ᄒ고 權應身은 謂和光六道ᄒ며 同塵鳥類[18]ᄒ야 生滅隨時에 修短應物일ᄉᆡ 形有感生이오 体非實有라.

것을 보았다. 나는 조원전(朝元殿)에서 재계하고 신의 주문(呪文)을 저장해 두었다. 그런데 마침 황성사(皇城司)에서 아뢰기를 '왼쪽 승천문(承天門) 지붕의 남쪽 귀퉁이에 황색 비단이 치미(鴟尾)위에 내려져 있다.'라고 알렸다."는 내용이 실려 있다.

18) 화광육도 동진조류: 불보살이 대중을 구제하기 위하야 빛을 감추고 속세(티끌)로 들어가더라도 물들지 않는다는 뜻.

權形은 雖謝나 眞體는 不遷이라 ᄒ니 大槩 要衆生이 一切積仁善絶嗜慾ᄒ고 習虛靜成通照也라. 先儒氏謂 篤修精進之工은 莫如釋敎나 但精一之後에 無如何物學 故로 歸之寂滅者ㅣ 此也라.

漢明帝時에 因金人之夢ᄒ야 遣使求佛書 四十二章과 佛像沙門而來ᄒ니 此ㅣ 佛通支那之始而至晉宋之際에 其敎癡盛이나 皆 宗其義學而已러니 及梁晉通間에 達磨東來ᄒ야 說人心至善에 即此便是라 ᄒ고 一切掃蕩ᄒ야 不立文字ᄒ고 勦除知解(초제지해)에 說出禪旨ᄒ니 是爲禪家初祖라. 於是에 其敎分南北二宗ᄒ야 禪爲南宗ᄒ고 義爲北宗而至六祖惠能ᄒ야 ●●ᄒ고 更當有大懲創ᄒ야(이 부분은 판독 안 됨)

不變創獸林王時에 阿道和尙[19]이 始興佛敎ᄒ고 又至新羅 訥祗王時ᄒ야 創興翰寺ᄒ고 始興佛敎러니 至哀莊王ᄒ야 建海印寺于伽倻山ᄒ고 刊八萬大藏經藏之ᄒ니 其板을 皆漆之故로 板本이 宛然이라. 我 世祖 戊寅에 用紙三十八萬 八千九百 餘卷ᄒ야 印出五十件ᄒ시고 高麗는 自國師 道詵以來로 尊尙其敎ᄒ야 王宮 以下로 閭巷士女ㅣ 靡然崇奉이러니 末流之弊ㅣ 竟有僧 旽之禍ᄒ고 國朝는 文化邸隆에 其敎ㅣ 寢息ᄒᄂ니라.

夫 佛敎, 波羅門敎, 쟈이나 敎, 쏘트아스타 敎(조르아스터 교)는

---

19) 아도화상: 아도화상. 고구려 승려, 我道, 阿道라고도 하며, 어머니는 고도령(高道寧), 위(魏)나라 아굴마가 왕명으로 고구려에 왔다가(240~248) 도령과 사이에서 아도를 낳았다고 한다. 5세에 출가하고 16세에 위나라에 가서 아버지 아굴마를 만나고 현장 화상에게 수학하고 19세에 귀국하다. 다시 어머니의 명으로 신라에 가서 포교하려 하였으나 신라 미추왕 2년 신라인들이 불교를 싫어하여 3년 동안 지금의 선산 모례라는 사람 집에 숨어서 살았다. 마침 신라 공주가 병이 들어서 사방으로 의사를 구할 때에 스님이 왕성에 들어가 병을 치료하니 왕이 기뻐하며 절을 짓고 불교를 일으키게 하였다.

卽 印度之四大 宗敎니 波羅門敎 中 梨俱吠陀(리구페타)[20]의 讚歌全集은 印行於牛津(우진, 옥스퍼드) 太學局(태학국, 도서관일 듯)ᄒ고 東方聖書集도 亦同局出版 而阿利安 四 宗敎가 外 儒敎 道敎 各書 中 要義를 皆譯刊者也로 印度古學叢書를 維納大學[21] 옛친 氏ㅣ 合刊 天文 筭數 數佛 又 字典 哲學 等 諸書ᄒ니 近日 歐米 各國에 有亞細亞協會 東洋學會 而以佛敎哲學 硏究로 注意 故로 英京 倫敦出版社를 印佈南方佛敎 原書諸經ᄒ고 俄國帝都大學은 印佈北方佛敎諸經ᄒ니 盖 北方佛敎ᄂ 大韓 支那 日本 西藏 蒙古諸國所行者니 以梵語로 述其經典者오, 南方佛敎ᄂ 錫蘭(석란, 스리랑카) 暹羅(섬라, 태국, 타이) 緬甸(면전, 미얀마) 諸國所行者니 以巴利語(파리어)[22]로 述其經典者也라. 南方은 稱歷史的 佛敎ᄒ고 北方은 稱哲學的 佛敎ᄒ니니 今歐洲 東洋學會 書籍이 太半 盖北方佛敎書云이라 ᄒ고

○ 1902.8.15.(4)

曰耶蘇敎ᄂ 又曰基督敎오 又曰復元敎 曰救世敎니 其言에 曰 上帝憫天下之無道ᄒ샤 降送其子ᄒ야 托生于猶太國 處女 摩理耶ᄒ니 是卽 耶蘇基督 而距今西曆 一千九百二年前(漢哀帝時)也라. 在世布化三十七年에 以其徒衆大蕃으로 被國君嫌猜ᄒ야 遭十字牌上釘殺

---

20) 리구페타(梨俱吠陀): 리그베다. 바라문교 경전 찬송가의 하나.

21) 유납대학(維納大學): 유납(維納)은 '빈'의 중국식 차자임. 유납대학(維納大學)은 미국 펜실바니아에 있는 빌라노바 대학교를 지칭함. 여기서는 어디인지 명확히 드러나지 않음.

22) 파리어(巴利語): 파리어, 파알리어. 고대 인도 남방의 언어, 소승 불교의 경전에 사용된 언어.

之禍ᄒ니 此ᄂᆞᆫ 非耶蘇之被禍라 爲洗滌世人之罪惡ᄒ야 代受其死故로 死後에 復昇降天이라 ᄒ고, 其在世時에 造弟子十二人ᄒ야 稱爲使徒ᄒ고 命之曰較(?)曹而往普天下ᄒ야 傳福音與萬民호ᄃᆡ 信而受洗者ᄂᆞᆫ 得救ᄒ고 不信者ᄂᆞᆫ 定罪云故로 其徒 保羅彼●等이 不避艱難險隨ᄒ고 歷 亞細亞 西方 大碼塞耶路●冷 諸國ᄒ야 廣傳法乳ᄒ고 始入歐洲ᄒ니

時 泰西諸邦이 嚴禁異敎ᄒ야 服從者ᄂᆞᆫ 必被慘禍ᄒ야 以鉅殺燒殺等惡刑으로 每遭慘殺이 至數十萬人이로ᄃᆡ 敎師ᄂᆞᆫ 死且不怕ᄒ고 傳敎愈力ᄒ니 於是其徒益繁ᄒ야 禁制不能일ᄉᆡ 乃遂弛其禁令ᄒ니 氣勢寢盛ᄒ야 泰西之舊宗敎ᄂᆞᆫ 竟至自滅ᄒ고 天主敎黨이 據有羅馬(今伊太利)ᄒ야 自立爲敎皇ᄒ고 設置政府ᄒ니 其權力이 能壓制各國ᄒ며 指揮諸王ᄒᆞᆫᄃᆡ 各國이 亦不敢不恭聽號令 故로 敎皇이 益恣其貪慾ᄒ야 設賣票恕罪之法ᄒ고 雖犯重罪라도 持此票紙者면 罪輒寬赦ᄒ니 盖其徒ㅣ 以爲敎皇이 有天賜之權ᄒ야 旣替天行道ᄒ니 作事에 萬無一錯이라 ᄒ고 著書立說에 多執此論ᄒᆞᆫᄃᆡ 於是日耳曼人路德이 本以敎正으로 惡敎皇之恣橫ᄒ야 論列其罪狀ᄒ고 倡立復元敎ᄒ야 以與敎皇抗이라가 雖被罪譴이나 北歐之人이 主張不服之論者ㅣ 遂群起而倂倡ᄒ니 是爲抗拒黨이라. 敎皇은 疾惡抗黨ᄒ야 坐其徒以叛逆大罪ᄒ고 日殺不辜ᄒᆞᆷ이 緣敎案而興戰禍ᄒ야 百年 不息이러니 一千五百九十八年에 法國 亨利第四王이 下消珥敎禍之詔ᄒ고 另立定法ᄒ며 一千六百四十八年 日奧戰後에 又訂立和約六條ᄒ야 令各從所好ᄒ니 敎皇之勢 從此寢衰ᄒ야 一千八百七年에 其管轄區域이 歸伊太利佔奪ᄒ고 一千八百七十八年에 碧霞師第九 終ᄒ니

厥後 天主敎中에 選擧 禮育 第十三爲敎皇ᄒ고 新舊二敎ㅣ遂懽如弟兄之相待ᄒ니 盖天主敎ᄂ 一曰 羅馬敎니 卽服從敎皇之黨也오 耶蘇敎ᄂ 卽抗拒黨也니 西人이 稱天主曰 舊敎ᄒ고 稱耶蘇曰 新敎라 ᄒ되 其本은 一也라. 新敎之人은 曰入人이 皆當論理라ᄒ고 舊敎之人은 曰惟有權者아 可論理오 餘人은 不敢論理니但使之聽其號令而已라 ᄒ야 秘藏諸經에 不以示人ᄒ고 動謂下民은 無知ᄒ야 恐其誤解胎害ᄒ리니 惟有職事人及神父者ㅣ始得讀云 故로 西人이 於幾百年來로 整頓各事에 無不求新而獨羅馬一府則凡事阻遏ᄒ야 祗以昔年舊習爲重ᄒ고 輕新學而斥之ᄒ야 力禁求新이라가 竟使其權利盡奪ᄒ며 區域莫保者ㅣ此也라 (未完)

○ 1902.8.18.(5)

曰 回回敎ᄂ 又曰 倚勢閭敎(의세려교?)니 唐時에 由回紇[23]傳入漢土 故로 又稱 回紇敎(회흘교)라 ᄒᄂ니 敎祖 慕罕默德(모한묵덕)[24]이 生於西曆 五百七十年(陳 宣帝時)ᄒ야 卒於六百三十二年(唐太宗時)ᄒ니 閃彌族(섬미족) 聖人 亞伯拉罕(아백납한)之支子 伊什馬俐之苗裔也라. 閃諸人之崇拜雜神ᄒ고 杜門潛修道術이라가 行年四十에 出具心得ᄒ야 勸人崇拜尊無無二上之眞神ᄒ니 一時族戚友朋이 往往有傾忱信受者나 然而傳播四方에 多斥以妖言惑衆일ᄉ 慕罕이 至

---

23) 회흘(回紇): 몽골 고원 및 중앙아시아에 투르크 족이 건국한 나라.
24) 모한묵덕(慕罕默德): 마호메트.

美隄那ㅎ야 創造禮拜上帝之堂ㅎ고 招集生徒에 大興新敎ㅎ실시 稱是
年爲回紇敎元年이라 ㅎ니라.

阿喇伯에 有名城曰貊皐니 貊皐之人이 不悅新敎ㅎ야 設計傾軋이
어늘 慕罕이 率美隄新敎徒ㅎ고 與貊皐人大戰於貝德洱ㅎ야 直抵貊
城ㅎ야 受貊人之降ㅎ고 歷五載에 貊美兩城에 暢行新敎ㅎ야 令阿
喇伯全土人士로 皆靡然從風ㅎ고 慕罕이 興師伐四隣ㅎ야 脅令改奉
回敎호딕 違則興兵威刧ㅎ니 人皆畏其暴橫ㅎ야 奉命惟謹이라. 是
以慕罕生時에 旣藉權勢ㅎ야 以行聲敎라가 及其沒後에 弟子 皓謨
ㅣ纘承師緖ㅎ야 亞洲之叙利亞 波斯諸國과 斐洲之埃及이 皆改奉回
敎曰惟力不贍故라ㅎ니 斐洲北境과 歐洲東西二境이 皆受回敎之轄
治ㅎ야 彊域之廣武備之盛이 自希臘國愛烈珊德王과 羅馬國該撒皇
帝以後로 無有能及之者러라,

盖其敎ᄂ 以爲萬民이 當順服尊無二上之眞主라 ㅎ야 盡斥世人之
崇奉諸僞神ㅎ고 勸之專事一眞主호딕 主之使者ᄂ 非他라. 惟我獨
存이니 當仁不讓也라 ㅎ고 其勸人深信이 有六事ㅎ니 一曰當信有
眞主오 二曰當信有天仙이오 三曰當信有天經이오 四曰當信有眞主
命之降世之聖人이오 五曰當信人死必甦에 受主勘斷이오 六曰當信
萬事皆由天命ㅎ고 善惡皆已豫定ㅎ야 不能以人意改變이라 ㅎ며 慕
罕이 自知死期將至ㅎ고 盡發行篋ㅎ야 裒集成書ㅎ야 名曰天經이라
ㅎ니 西文에 謂之古蘭經이 是也라 其開宗明義第一篇에 曰造化一
者ㅣ大慈大悲ㅎ니 世人이 當恭敬讚頌이오 凡人在世에 畢乃世事면
必有按籍會稽之一日이라 ㅎ니 盖古聖摩西之敎를 慕罕이 特推衍而
申明之者云이러라 (未完)

○ 1902.8.20.(6)

曰 希臘敎는 泰西最久之敎니 其敎는 敬奉十二天神ᄒ야 各有所
主ᄒ니 一朱壽는(주수, 제우스) 諸天神中 最占上位ᄒ야 兼君父之尊
ᄒ고 二布施敦(포시돈, 포세이돈)은 掌海之神이니 兼王地震ᄒ며 三
愛布乙論(애포을론, 아폴론)은 掌音樂之神이며, 四阿台美秀(아태미
수, 아르테미스)는 掌太陰之神이니 兼土田獵ᄒ며 五 發干(발간, 불칸,
헤파이토스)는 掌火之神이니 兼光陶冶ᄒ며 六 希眉秀(희미수, 헤르메
스)는 爲諸天神之使者ᄒ야 掌保護商旅之道ᄒ며, 七 蛾賴秀(아뢰수,
아레스)는 掌戰爭之神이니 喜滅國殺人之事ᄒ며, 八 喜羅(희라, 헤라)
는 朱壽之妻니 女神이며, 九 愛台那(애태나, 아테나)는 掌人之智慧之
女神이며, 十 希兪野(희유야, 헤스티아)는 掌廚竈之女神이며, 十一
帶美陀(대미타, 데미테르, 세레스)는 掌農之女神이며, 十二 菲那秀(비
나수, 비너스)는 掌美色之女神이니,

凡 天神 中 男神이 六이오, 女神이 亦六이오, 此外 又有諸般天神
ᄒ야 各有事物之主張ᄒ며 又有凶惡之魔鬼ᄒ야 其名不一ᄒ야 不能
一一枚擧어니와 畧論其尊奉之狀컨딕 十二天神이 會遊 吾臨坡秀
山上이라 ᄒ야 備犧牲酒果而祀之ᄒ며 以詩로 頌德祝願ᄒ고 以歌
舞音樂으로 伸崇敬之禮ᄒ나니 每一年에 有四祭日이 爲最大名節ᄒ
야 若當此日이면 無男女貴賤히 皆雲集山下ᄒ야 以爲常ᄒ니 此其
大槪也라. 今俄國에 崇尙此敎ᄒ니 我韓은 四五年 前에 從俄國始來
ᄒ야 設立敎堂ᄒ니라.

西曆紀元 以前 猶太國에 有摩西 ●著經 立敎曰 上帝創造人物 而

及始祖犯罪受罰에 子孫이 相傳이라가 大洪水煙沒爲災ᄒ고 後來 各處分居人民中에 上帝特選猶太族爲聖民ᄒ야 以摩西로 設律列ᄒ야 使庶民遵守라 ᄒ고, 又曰 上帝在世界之外ᄒ야 創造萬物ᄒ며 治理萬物ᄒ야 俟至天窮地盡之日에 旋別萬民淑慝(선별만민숙특)을 如人世之鞠獄(인세지국옥) 而定爰書라 ᄒ니 盖猶太始祖 亞伯拉罕이 生於紀元前 一千九百九十六年 而其時에 已崇信上帝 故로 ●漢書 大秦國이 有祭天禮拜 等語ᄒ야 在耶蘇降生以前 七十八年 則其來 盖已久矣오 且耶蘇經中에 亦言天地窮盡之時에 有上帝勘斷霹魂等語ᄒ야 亦與此相符ᄒ고 又其詩篇先知書 中에 預言救主降生ᄒ야 代人贖罪之事ᄒ고 每於安息日에 敎法師ㅣ 在會堂講解經旨ᄒ야 令衆人靜聽이러니 及猶太人이 散居各國에 以希利尼語를 爲通行之音 故로 其書를 亦希語譯述ᄒ니 卽今舊約이 是也오. (未完)

○ 1902.8.21.(7)

歐斐亞(구비아) 古代에 其敎門不一ᄒ야 有多神敎 萬有神敎와 及隕星成石(운성성석)으로 爲天賜乙神ᄒ며 又有日月星辰諸像等神廟塑像ᄒ야 在在崇奉ᄒ며 波斯人은 尊奉太陽故로 稱曰太陽敎라ᄒ며 美洲中赤人도 亦崇奉太陽敎ᄒ고 阿弗利加之黑人은 以樹木으로 爲崇奉之神ᄒ고 暹羅國은 雖服從佛敎나 又崇奉白象之神ᄒ고 日本은 有儒釋神三敎ᄒ니 以爲其立國之始에 有別天神ᄒ고 又有伊邪那岐神伊邪那美神이 始修夫婦之道ᄒ야 化生國土山川草木及群神蒼生之類라ᄒ야 崇奉其神ᄒ고 其他諸國은 有以水爲崇奉者ᄒ며 有以火

爲崇奉者ᄒ며 有以土爲崇奉者ᄒ며 有以鱷魚爲崇奉者ᄒ며 有以犢
以猫爲崇奉者ᄒ며 至有以自己之影子로 爲畏奉者ᄒ니 其荒誕糅雜
은 今不必一一枚陳이오 特擧其大槩如右ᄒ니

此ㅣ 東西洋 各國宗敎源流之顚末也라. 曰道 曰釋 曰耶蘇 曰希臘
此四敎ᄂ 皆有不淺之關係於我韓 故로 略述耳 槩要如左ᄒ노니

○ 1902.8.22.(8)

英人 李提摩太 氏曰 五洲立敎 紛岐에 惟 基督敎 儒敎 回紇敎 印度
敎 猶太敎 釋敎 道敎 七門이 傳有經典이라 ᄒ니 其中 論儒敎者ㅣ
不爲不多나 至於儒敎ᄒ얏ᄂ 吾輩之所恒言習其聞者則不必籍西人
之論而發明其義 故로 今姑闕之ᄒ고, 試觀其說컨디 曰道敎 印度 猶
太 等 敎ᄂ 專救本國人士ᄒ고 基督敎 及 回釋 三敎ᄂ 心期普救一世
ᄒ야 絶無畛域之分(절무진역지분)ᄒ니 如中國이 聘印度釋子ᄒ고 歐
洲ㅣ 聘基督敎ᄒ고 斐州(비주, 아프리카) 黑人은 聘回敎徒ᄒ야 皆操
移風易俗之槪이나 惟釋敎ᄂ 空言無補ᄒ고 回敎ᄂ 藉兵力以興敎術
ᄒ여 擧不免利中有弊로디 惟殫心竭力에 著書立說ᄒ야 冀斯世之盡
登仁壽者ᄂ 僅基督敎耳라 ᄒ고,

德人 花之安(화지안, 독일인 파베르) 氏曰 道歸於虛ᄒ고 釋歸於空
이나 惟從耶蘇之道 則可歸上帝焉이라 ᄒ고, 又曰 回回敎ᄂ 藉兵力
以脅制이라가 否則橫加殺戮ᄒ야 不欲他敎有遺神ᄒ니 此ㅣ 必之最
酷者오, 佛敎則敎人淸淨寡慾이 亦有可取之處나 棄置五倫이 旣屬
大謬라. 使人盡從其敎 則入類滅絶이 久矣니 其敎之不正은 不辯自

明이오 耶蘇敎는 雖 貴乎人之信從이니 皆出於心悅誠服이오, 非由
傳敎者勉强逼脅이며,

　道敎之淸潔과 釋敎之虛無는 其敎人潔身寡慾이 亦有合於聖道者
나 道家는 得一淸字ᄒ야 其氣歸於輕淸故로 歸道一邊ᄒ고 釋敎는
悟道理於一心而外物을 俱視爲空寂ᄒ니 不特離儒敎遠이라. 離道敎
亦遠矣라 ᄒ고, 又曰 道敎는 多處僞ᄒ야 如老子道德經 及 關尹莊列
等諸書는 謂之內經 而尙近於理나 其鍊汞符籙諸般幻術(연홍부록제
반환술)은 皆謂外經 而今之道士는 不學內經之理ᄒ고 學外經之幻ᄒ
니 悉無補於世ᄒ고,

　釋經은 如 華嚴 法華 愣嚴 圓覺 等 諸經이 皆無稽之談則曷足取乎
며 若梵敎 回敎 太陽敎 等 敎는 其經이 無譯本ᄒ고 惟有相傳之口音
ᄒ야 不令衆人通曉 故로 泰西之士ㅣ 於各敎之經에 反覆硏究ᄒ야
欲擇其稍善者ᄒ야 以定去取로ᄃᆡ 終不可得也라 ᄒ니 此ㅣ 西士所
論各敎之優劣也라.

○ 1902.8.23.(9)

統論宗敎源流之說

　東西洋 各國宗敎之源流之說은 執筆人 已述之詳矣라. 他國은 姑
毋論ᄒ고 只就我大韓而言之컨ᄃᆡ 檀君之代는 文獻이 無徵ᄒ니 尙
矣어니와 當中國 三代盛時에 殷太師箕聖이 旣陳洪範九疇ᄒ샤 以
傳道統於周武王ᄒ시고, 東來朝鮮ᄒ샤 始設八條之敎ᄒ샤 開物成務

ㅎ며 化民成俗ㅎ시니 我東邦文明之運이 實肇基於此矣라.

逮夫三韓以降으로 歷 羅麗濟 三國ㅎ야 以至王氏之代히 所崇奉者ㅣ 釋氏之敎而已오, 弘儒侯薛聰은 以方言解九經之旨나 湮晦而莫傳焉ㅎ고 間或有學道家修煉之術者나 亦泯沒而無稽焉이러니 至麗氏季葉ㅎ야 崔文憲 安文成 禹易東 李益齋 鄭圃隱 李牧隱 諸賢이 相繼崛起ㅎ야 闢廓秕糠ㅎ고 倡明斯文ㅎ니 實啓我 盛朝文明之運而我國家聖繼神承ㅎ샤 以明德新民之功으로 著禮樂道義之化ㅎ시니 如太陽中天에 萬象咸照라. 於是儒賢輩出ㅎ야 翼贊聲敎ㅎ니 文治之隆이 誠卓冠千古而斯民之所尊崇者ㅣ 實在是矣라. 然而至于近日ㅎ야는 五洲連軌ㅎ고 萬國交航ㅎ야 各國敎師之抱經譯文而至者ㅣ 朝夕接踵而皆許其各樹門戶ㅎ야 無畦畛城府之限則惟當任其所趨而已오 不可强之使從吾之好나 然而夫無論何敎ㅎ고 律之以中正之規則 雖不無公私之分이나 要之其導人於爲善去惡之心은 無此敎彼敎之殊矣니 然則不須問其門路之如何ㅎ고 敎士ㅣ 日廣則風俗人心之迷惡이 宜亦日變而化善矣어늘 今風俗之渝迷와 人心之劣惡이 乃反日甚一日ㅎ니 其故何哉오. 豈非趨敎者ㅣ 只出於利慾藉挾之計ㅎ고 初無眞實信服之心故而然歟아.

嗚乎라 中正光明之道ㅣ 非不盡善而盡美니 如欲行之면 不求諸人而實在我者언마는 今旣不能於强其回棹則 寧各自隨其所好而任之無禁이로되 今世道卑下에 日趨焚溺ㅎ야 殆無法以可拯救之ㅎ니 然則又奚暇與論於趣向之正否也歟아. 執筆人이 誠不勝慨然歎息之想일식 申以警告信敎之諸同胞也ㅎ노라.